走上學術這條不歸路

周慶華◎著

序：自我驚奇學術生命的躍動

　　所有新事物的發現，都起始於驚奇；而驚奇的形態，又可以五花八門。像宗教家的冥契、哲學家的默會、文學家的靈感、禪學家的頓悟和科學家的想像等，無不盡情在展演真理認知或美趣感應的反俗化旅程。

　　它的殊異況味及其欣遇機制，也許卡洛爾（Lewis Carroll）《愛麗絲夢遊奇境記》裏頭呈現的譎怪事物有得比擬；而陶淵明〈桃花源記〉所徵候的幻境不再，也能給出「及時把捉」的警示；甚至愛因斯坦（Albert Einstein）創發的相對論公式 $E=MC^2$，更足以引起連類懷抱，定要有「成效見眾」才罷休。

　　我從懵懂於世到找著文字生計的道路，事後想來也算是一椿堪稱驚奇的遭遇。尤其是進入學術界，所體悟的事項，已大爲超出我當初的設想。不但彼得斯（Robert L. Peters）《研究所這條路》、甘迺迪（Donald Kennedy）《學術這一行》和希爾斯（Edward Shils）《知識分子與當權者》等內蘊諸多可互勘的經驗早就無所稀罕，並且連古今中外再艱深的著作也畏怯不了。而有誰知道，我所以會幾十年來如此闖蕩發掘學術的天地，竟是緣於一本完全無法閱讀的中譯哲學書。

　　細數這段歷程，我先把自己所屬傳統備列於經史子集的學

問理出一個脈絡，然後逐次摸索起哲學、語言學、倫理學、文學、美學、歷史學、宗教學、文化學、政治學、經濟學、社會學、心理學、教育學、傳播學、人類學、數學、物理學、生物學、資訊學和各種應用科技等來自西方的知識流派，最終則透過對比取長的方式將它部勒成文，試圖站在制高點上發爲匡世的綸音。雖然離實際改造塵寰的路途還很遙遠，但所著書俱在，總有「影響力終將發生」可以期待。

處在自己的國度，而不能對內部罅隙或盲流有所諫諍，是一件理該慚愧的事。只不過它能否趁願對治社會的失格，卻又深深考驗著諫諍者的識見。好比當代新儒家所從事「道德主體轉出知性主體」的政治工程，就儘屬偏計枉顧，全然無助於國喪民困險境的改善。理由就在：自近代以來，國人熱中於嫁接西學，相關的道德主體幾已棄捨殆盡；而如今所引進卻還在半生不熟階段的知性主體，又隨著全球化浪潮四處漂浮而漫無止歸，以至想要據此挽回民族自信心，就不啻是緣木求魚。

這終究得以絕去西學的干擾，而返身從新體驗自我文化的優著益世成分，才可望有一脫胎換骨式的變革。至於內裏所會關係此一信念增長的函數，則不妨把它想像成一陣風，而讓即將出現的效應，就像派克（Linda S. Park）《碎瓷片》所說的「一陣風吹來，關上一扇門的同時，通常也會吹開另一扇門」，機會到了就順勢而行，從此不必擔心何處可以達陣的問題，畢竟一切都還沒開始就先退場，永遠也辦不成大事。也因此，從原先同爲救亡圖存的淺層關懷，轉向批判西學誤導而知所規模

人類前景的深層理想，也就成了我這一路耽戀學術的最大蘄
嚮。

　　舉世勢必不能再追隨西方創造觀型文化一支強爲耗能下
去，它的挑戰自然／媲美上帝舉措，所演成的資本主義猖狂和
殖民征服災難等，已經無緣保證人類的明天；只有東方中國傳
統的氣化觀型文化和印度興起的緣起觀型文化，分別所見的縮
結人情／諧和自然及自證涅槃／解脫痛苦等韌性魅力，才能予
以刊削救渡，而有效緩和能趨疲（entropy）危機，以及確保
大家還可以在地球上存活。我的學術生命，就是盡瘁於這一淑
世偉業的建言，縱使前路漫漫且奧援難有，但行來卻孤獨而不
寂寞，其餘就留給上蒼去作見證。

　　最後感謝生智文化公司葉忠賢先生的慨允出版，以及總
編輯閻富萍小姐和責任編輯謝依均小姐等團隊的辛勤編務。他
們代我見證了一顆學術心靈的無盡流衍必要有出版社惠予成
全的美好補償；尤其是葉先生的寬宏大量和低調不願我把他寫
進書裏的氣節，更讓我心折不已！

　　　　　　　　　　　　　　　　　　　周慶華

目　次

序：自我驚奇學術生命的躍動　1

鴻濛要開　9

啟蒙從一本哲學書起始　10

初嚐胸懷傳統文化的滋味　13

嘆惋科玄論戰的餘沫太早沈埋　18

在亂流中穩操孤舟前進　25

新局勢難了引發更新的憂慮　30

進修路上關卡重重　39

前進回顧找最切光譜　49

深造新的起步　50

學術隨解嚴風潮乘勢開張　75

困勉摸索西方現代理論的歷程　83

初期研究方向的底定　93

預感取得學界通行證還在更遠處　102

博士學位暗中跟我招手　107

又是新一波的挑戰　114

兼課生涯仰人鼻息外一章　125

從媒體到出版界連番探路的波折感悟　131

求職原來還得看命運　142

運行東南有驗　**149**

流落邊疆竟然比在京城暢快　150

開始有據地東海岸藉以安身立命的覺知　156

師範長存我決意要獨行　164

語言文化躋升盱衡全局的資源　173

宗教在我心倏忽幻滅　180

再度搭上兒童文學的列車　186

延續研究所的一段恩情　194

臺灣文學退場紅學接替登場　202

語教系成立碩士班兼行探討語文教育　210

開課細數已有一長串　217

中式符號學的建構推衍　224

一系列綜合文學論述的完成　232

死亡靈異跨域學科的連帶形塑　240

相關方法學的開展　247

走訪了一趟哲學後花園　253

佛教文化的深情寄望　259

致力於轉傳統為開新的識見搏造　265

最後一瞥華語文教學　271

關懷焦點化　279

　　後全球化時代批判論述的規模　280

　　生態災難逼出新的靈療觀　286

　　歸結於整體救渡的文化治療　293

　　論學還在北部友朋中圓桌會議式進行　298

　　構思建言東大改造成小而美的大學　305

　　有我在的學校就是最好的　311

　　夥伴合作締造的佳績　318

還有一段蒼茫路　327

　　遺憾太早來臨要隨語文教育研究的中止而滿懷　328

　　創作和理論相互印證的階段性結算　333

　　最當感謝的一些出版人　339

　　提早退休後新的學術承諾　344

附錄：作者著作一覽表　351

鴻濛要開

啟蒙從一本哲學書起始
初嚐胸懷傳統文化的滋味
嘆惋科玄論戰的餘沫太早沈埋
在亂流中穩操孤舟前進
新局勢難了引發更新的憂慮
進修路上關卡重重

啟蒙從一本哲學書起始

　　從小就不喜歡社交的我，居然考取師專，以後要去當老師，教很多陌生人。這是一個艱難的抉擇，曾讓我惶惑且憂思許久，最後則是貧窮逼迫我妥協了。如果不是家境不允許別作考慮，我可能會去讀高中或直接唸工商學校，從此跟那個令我惴惴不安的好為人師絕緣。

　　還記得筆試上榜省立臺北師範專科學校的消息傳開後，我父親就迫不及待地去打聽口試所得通過的關卡，領著我四處拜訪鎮內一些人；不知道他聽誰說屆時要測試體能和繪畫等項目，硬要我跟那些人討教熟悉門路。結果口試那天，只有抽背青年守則和被令蹲下站起，以便驗證沒有口吃和不是跛腳就了事，白費了那段日子的苦練技藝。

　　入學後，我一直不去想教書的事，只沈浸在學校藏書和報紙雜誌的閱讀裏。身上有多一點零用錢，就跑去牯嶺街和光華商場的舊書攤及國際學舍的書展買書；同時也受到別人文章的激發而開始寫作投稿，頓時像掙脫牢籠般的舒暢，把來時路曾懷過的當漁夫、做小生意和給人送貨等念頭一概丟到九霄雲外。

　　住宿生活有諸多不便，但學校從校長到教官都相當開明，並沒有片面要求我們死板過活，大家都可以盡情的學才藝、談戀愛，甚至到校外兼差賺錢貼補家用。我既然一頭栽進了文字

堆裏，就狠下心準備當一個專業的文人，不斷摸索出路。當時投稿也有了一點成績，校內外刊物常登出我的文章，藉此益發印證從書裏看來的論說，一條不必拋頭露面也能成就自我的寫作路隱隱然在眼前浮現。

經過幾年師培教育的薰陶，我也逐漸意識到教書的命運是躲不掉了，所以試著參與一些服務性的社團和接觸相關的行業，並兼行大量閱讀各類教育書籍，還勤作筆記，以備將來教學所需。原以為這個領域不過如此罷了，就將當初的恐懼轉成輕忽以對。但沒想到當我借到一本題為《教育哲學》的翻譯書後，卻全然改觀了。我不但無法卒讀其中任何一個章節，而且感覺上它還像是莫測高深的行家敵視著我的狂妄。先前「只要肯自修無不能上手」的牢固信念，突然間被掃蕩得潰不成形！雖然哲學為我所陌生，但教育卻是早已了然於胸，為何在整本書中偏偏找不到它的踪跡？我很洩氣的把書還了回去，從此知道世上有一樣學問會嘲笑我的無知。

後來經由自己的苦心鑽研，當然知道了「教育哲學」裏面不會有技術性的東西，它不是在講教育的理論，就是在後設思考教育的問題，完全屬於形上抽象的道理；想要從中找出班級經營、教學技巧和心理輔導等實務策略，一定會敗興而歸。只是那時的懵懂，給我的刺激太大，彷彿有一個幽靈始終盤踞在我的心頭，讓我夜夜不得安眠。

西方人談啟蒙，喜歡從「神困人思」講起，以為人有自由意志，應該要致力於找尋專屬於人的前景，而不要一輩子活在

上帝陰影的籠罩中。不意這經過文藝復興、宗教改革、政治變動和工業革命等歷程，終於促成理性大為擡頭，而開啟了現代除魅一波又一波的思潮。縱使二十世紀後半葉遭到了解構主義和資訊社會的挑戰，而自行分化為更多的小陣營，但有關理性啟蒙一事卻絲毫也沒有退潮，直到如今西方人都還在網路世界裏力拚一個新創美盛的無障礙國度。

相對的，我們傳統的啟蒙觀，僅限於童稚的啟導開悟，而不涉及自由意志、理性一類的精神歸趨。所謂「匪我求童蒙，童蒙求我」（《周易‧蒙》）、「蒙者，物之稚也」（《周易序卦》）、「無以教天下曰蒙」（《稽覽圖》）和「蒙謂蒙昧，幼童於事多闇昧，是以謂之童蒙焉」（孔穎達等《周易正義》）等，都說到蒙是一種未知狀態。因此，啟蒙就是把未知轉成有知的過程。而這在古代，則有許多成人所編教材，包括《三蒼》、《急就篇》、《孝經》、《論語》、《女誡》、《千字文》、《開蒙要訓》、《蒙求》、《太公家教》、《兔園冊》、《百一詩》、《雜鈔》、《雜字書》、《三字經》、《百家姓》、《神童詩》、《千家詩》、《二十四孝》、《對相四言》、《朱子治家格言》、《日記故事》、《幼學瓊林》、《龍文鞭影》、《唐詩三百首》、《昔時賢文》、《女兒經》和《弟子規》等，期待能藉為「開蒙養正」，教導學童向上。這樣它就跟西方為求理性和自由意志滋長的啟蒙觀相去甚遠了。

我對學術的關注既然是從一本外來的哲學書開始，那麼兼有上述兩種意涵的啟蒙感覺就緣此而生了。換句話說，那本哲

學書暗示我必須自啟智慧擺脫闇昧，而所對應的則是近代西方人特別專擅的理性思辨成果。這到底會激盪出什麼樣的火花，起初我一點把握也沒有。只記得當時學校圖書館全採閉架式，得先填妥借書單，交給館員後，找來書蓋好期限章，我才能一窺究竟。當天，那位值班的女館員乍見書名，又發現我是第一個借閱，不免多瞄了幾眼，嘴裏還嘖嘖兩句：

「乖乖！這種書很硬呲，你啃得動嗎？」

「試試看吧！」我說。

把書還回去時，她握著試了一下書的溫度，半信半疑的說：

「你的勇氣可嘉，只是不知道讀懂了沒有。」

「還沒有。」我老實回答，「不過，有一天我會把它弄懂。」

初嚐胸懷傳統文化的滋味

師專畢業後，我按 T 分數被分發到市郊學校，先教了一個多月書，然後去服憲兵預官役。因為部隊調動頻繁，又逢島內爭民主的浪潮遍地開花，事煩勤務多，所以就沒有心情再去延續先前的志趣。而為了人生不願這麼早定調，中間還一度想要絕去教職，幾乎把零碎的時間都用來準備高考；但勉強應試了一次，卻心虛得很，低分落榜後就再也沒動過二度上陣的念頭。

兩年軍旅生涯，我不斷地思考未來的方向，畢竟教書只是一份職業，僅能保證基本的飯碗，此外就不曉得它可以讓我成就什麼。曾經試過其他才藝，像繪畫、音樂和雕刻等都有興趣，

但想到那得花大筆錢才能學會，我又打退堂鼓了。有一次，看到連上一位弟兄取來只剩二絃的吉他自彈自唱，那副怡然陶醉的模樣，真教人羨煞！後來我也就便撚弄撩撥，卻是生澀異常，心裏還一併估量著：我連一把吉他都買不起，怎麼學呀！立即又被雙重的失落感擊垮，強烈意識到其他才藝路已經不通，要趁早死了這條心。

那麼就繼續編織文人夢吧！紙筆廉價，又到處有書，我就不相信文字世界沒有自己的容身處。本來寫作僅限於詩和散文，這時也開始試著寫小說，眼界漸漸有變寬的感覺。由於文章屢屢上報，有些弟兄知道我的文筆可以信賴，所以常來探詢我能不能幫他們寫情書。

「排仔！拜託一下！」他們終於派了代表過來說，「我們剛認識幾個女孩子，不知道要怎麼跟她們通信表達愛意，請你代筆幾行，讓我們不致太過丟臉！」

禁不住對方的苦苦哀求，我就依他們所描述相遇的情況各自草擬了一份交回。原希望他們自己謄好再寄出，但有的等不及就直接仿我的字跡寫妥信封丟進了郵筒。結果所有的去信，全部石沈大海。據側面消息，那些女孩子接到信後，覺得他們不可能有這種文采；同時從他們的粗魯樣，也看不出有能耐寫一手工整字。這我就愛莫能助了，因為我總不能連他們的「草書」和「輕佻口吻」也一併模擬了再給吧！

在獨立連憲兵隊，照理應該要有較多的自主性，卻又不然！上級每隔幾天就來視察，盡是挑剔和指責，絲毫不在意我

們的感受。比如說，他們每次開口就是這一句：

「部隊這麼散漫，你是怎麼帶兵的！」

聽到這句話，我很想回他們「我們就是這麼帶兵的」，但考慮到後果可能連隊會被整得雞飛狗跳，吃不完兜著走；況且一個值星官頂嘴，除了自我遭殃，還會拖累連上長官，於是儘管氣憤難當也得忍住。

此刻我才覺得這些人都不讀書，總認為嚴格約束是帶兵唯一途徑，殊不知部隊的戰鬥力從來無不緣於帶心而非帶身。他們大概都沒看過西漢李廣和程不識的故事。《史記·李將軍列傳》記載：「程不識故與李廣俱以邊太守將軍屯。及出擊胡，而廣行無部伍行陳，就善水草屯舍止，人人自便；不擊刀斗以自衛，幕府省約文書籍事，然亦遠斥候，未嘗遇害。程不識正部曲行伍營陳，擊刀斗，士吏治軍簿至明，軍不得休息，然亦未嘗遇害⋯⋯是時漢邊郡李廣、程不識皆為名將，然匈奴畏李廣之略，士卒亦多樂從李廣而苦程不識。」最後是他們過世時，李廣的「軍士大夫一軍皆哭！百姓聞之，知與不知，無老壯皆為垂涕」；而程不識則連史家都懶得記他一筆。

我和同僚帶兵，一向寬而不嚴，甚得弟兄敬服；而對於練體能、出勤和執行上級交付的任務等，彼此也都頗有默契，很少會懈怠誤事，像這樣還要把他們控管得喘不過氣來嗎？可見一個只講階級服從的地方，人性也會遭到嚴重扭曲，最終僅剩冰冷的紀律和令人痛恨的制度！我尤其不能諒解的是，有些新上任的主官，理當要謙和對待部屬而快速融入部隊的運作，但

他們卻自以為了不起，總要升一把火將全連燒得滾燙，搞得大家敢怒不敢言。他們也許仗著現在是平時，別人奈何不了；卻沒想到這如果到了戰場，弟兄的槍口很可能會轉過來對準他們。在我退伍前夕，就聽見數起士兵血洗長官的遺憾事！那段期間正逢憲兵擴編，不少野戰部隊倉促被納入營隊，那些行兇案件就是有人沒搞清楚狀況，管教失當，造成士兵心理失衡，而釀至玉石俱焚的下場！

由於雜書看多了，有關中西文化的差異也慢慢地有所領會，而益加惋惜現今我們所過的生活越來越疏離傳統，茫無所適。放眼所見的，不僅整套體系如政治、經濟、社會、教育和軍事不斷地盲目在仿效別人，而且連內在的脾性和對人的溫情也隨著妄擬西方法制刻酷而快蕩然無存了。

國人普遍不察西方一直存在著戴爾瑪（Claude Delmas）《歐洲文明》一書所說的兩個系統：一個是貶低個人的創造精神，並且將自身發揚光大的希望寄託於羣眾集體和民族的創造力（如資本主義工業體系的集中化或列寧式的集權）；一個是跟集體主義相抗衡的作為一種哲學思考的個人主義。前者會授予國家以一種特權的地位；後者則顯現出對特殊人物或超人或上帝選民的崇拜。這都有西方文化的特殊因緣在制約著，很難易地重演。但不料自從鴉片戰爭以來，一連串的戰事失利，使得國人對自我文化的信心大為潰決，轉而全力擁抱對方而妄想圖存。只是當中的難度很少有人去正視，導致前者僅僅學到皮毛；而後者則根本沒有機會契入。原因就在人家有個萬能的神

在誘引，誰都可以尋隙去發展超常的本事，終而榮耀或媲美了他們所信仰的上帝；而我們大多卻只會關起門來鬥力消磨志氣，渾然不知自我所屬傳統向來也有高華道德和卓犖才情的一面。

這是說我們從未擅長於藉戡天役物成就自己而顯示生來特能仰體上帝造人的美意，但才份的優為發用卻能營造出一種雍容華貴且無所耗費的諧和美感來；而一旦不察此旨強要棄我從他後，永遠學不會西方人的科學迷情和哲學逞思的命運就註定了。至今國人所夢想搏造的百年西化大業，怎麼看都是一個律動不起來的生活形態！是否也是因為西風胡亂吹拂的緣故，所以沒有本事現才又有機會掌權的人，就那樣借體例壯膽而作威作福的橫行於世了。

一九七九年，我服兵役的後半段，恰巧遇到中美斷交，國內又有美麗島雜誌社事件，內政外交疲困不堪，本應藉機大肆改革，從新思考尾隨別人過日子的非合理性；但整體上中毒已深，難以擺脫西方文化的糾纏，許多角落始終存在著「消化不良」的病症，徒讓有識之士頓足浩嘆不已！

「社會不是民主了嗎？為什麼我們還不能票選自己的主官？」被操怕了的弟兄總是這樣疑惑以對眼前的現象。

事實上，我們都沒有能力體察民主在西方社會遍及深入的那種樣態，老是以紙老虎的威權虛聲恫嚇自己人，遇有阻力就橫眉豎目相向，完全不給對方自由辯難的空間。因此，在政治選舉上是人人都有一票了，但對於為什麼擁有那一票卻曖然不

知，自然它也不可能被引入還開放不及的軍中去胡亂冒險了。

「我們也是有苦說不出，」我以基層軍官的身分安撫弟兄說，「即使大家退伍重返社會，也不會因為擁有那一票而感覺有多少的自主性。」

「那為什麼還要有選舉？」他們肯定不知道自己身在何處才會這樣質疑。

「這就要怪百年來國人自己不爭氣，以為別人的東西都是好的，學了老半天不成又不肯放棄！」我也只能這般為他稍微解開一點謎團。

這時候，我著實察覺到了西化不再是國人的福份，只是不清楚要怎麼提供諍言，把大家導引回來，重為接續自我所屬的文化軌道。換句話說，我難以認同百年來全盤西化的作法，那只會越發喪失自己的面目而又僅能仰人鼻息過活，全然無望超前。正如軍中的層級壓制，只不過是將西式管理的空殼引進而濫用家長權威施力的結果，待在裏頭已經是活受罪，更別說有誰會像西方好武的人可以被吸引去研發科技或磨鍊將才了。

嘆惋科玄論戰的餘沫太早沈埋

想當年孔子一心嚮往於從政，卻無法在自己的母國有一番作為；而周遊列國所遇見的狀況又幾乎雷同，最後不得不重返魯國，但以開班授徒為業而終了殘生。稍後特能私淑而企圖重振他那志業的孟子，也是同樣的際遇，每逢國君要勸他們行仁

政，對方總是「顧左右而言他」，從不願意嘗試體現看看，馴致自己有氣難嚥而齎志以歿。

顯然這跟亞里斯多德（Aristotle）的觀念大不相侔。亞里斯多德認為「一個人倘若在德行上超越了同城公民，他就不再屬於那座城市了」，意思是這時你就得選擇離開或隱居起來，不要再過問政事。所以像孔孟那樣到處去碰壁的情況，基本上是西方人所不會做的。而這也可以反觀，西方人不走從政這條路，還是有很多事可做（像亞里斯多德自己就寫了十多部有關政治、哲學和自然科學的書），而中國人卻只能一心戀著政治。這樣的差異，應該引發大家的警覺心，別輕率的拿西方的東西套在自己的頭上。但很遺憾的，百年來國人彷彿都已喪失了相關的反省能力。

退伍後，返回學校教書，上述這一文化困境經常縈繞在我的心中，很想從自己身體力行突破走出來，卻又不確定能發揮什麼影響力，可以促使大家一起向沒了重心的生活告別。只覺得眼前密密麻麻的學生，侷促在狹小的空間，個個浮躁好動，成天喧嚷不止，酷似要把教室校園的空氣煮沸，無時無刻不聲嘶力竭的在吼勸他們耐心過完這無奈的上學時光。

先前所接受教育學的啟蒙，素材絕大部分來自西方。師長們很喜歡引及的有兩種說詞：一是兒童就像張白紙，你給它塗上什麼顏色，它就會成為什麼樣的圖畫；另一是給我一打孩子，我可以把他們教成什麼家什麼家。這跟我們傳統的教育觀相去甚遠，如孔子所說的「不憤不啟，不悱不發，舉一隅不以

三隅反，則不復也」（《論語‧述而》）和孟子所說的「教亦多術矣，予不屑之教誨也者，是亦教誨之而已矣」（《孟子‧告子》）等，都隱含有某些抗拒力存在我們所要教導接觸的對象，並無法像西方人那麼樂觀。但曾經懵懂失察的我，卻為上面那兩種說詞深深動容過，初期也是抱著同樣的信念在面對眼前的孩子，希望我也能夠把他們帶上成材的道路。只是日子久了，漸漸感覺每一個孩童早就全身塗滿了色彩，而制式的課程、教材和評量方式等也沒得讓人有可以恣肆施展的空間。想到這裏，驀地竟不由自主的悲哀起來：這樣不知道自己能起什麼作用的教書生涯，居然要重複數十年到退休呵！

剛開始，學校派我擔任一班二年級的導師，五十幾個學生好像約好了淘氣吵鬧不斷，連中場休息時間我在處理級務或批改作業，也得兼聽他們接二連三的告狀；而一時排解不了他們的紛爭，還得延續到下節課，動一點老師的威嚴，給他們訓斥個夠！但每次在撂重話後看他們一臉無辜的表情，我又忍不住講幾則笑話試圖緩和那僵化的場面。這時全班從新沸騰起來，叫嚷聲此起彼落，而將我內心的掙扎又推深了一層：難道我也要仿效別人扳著臉孔或採更嚴厲的措施來維持教室的秩序麼！就在一次幾近是發火般的痛罵他們一頓後，以為這在威嚇上理應是很到家了。不料才一下課，就有一個女生走過來含情脈脈的對我說：

「老師，你剛才生氣的樣子好好看哦！」

聽到這句話，我彷彿在原地不知所已！原來連我發脾氣都有

人在欣賞呀，那我還有什麼辦法建立教室的常規，讓想要的更純粹化的教學環境可以形成？每次放學送走孩子，就像打了一場敗戰，深重的疲累感已經迫使我面臨滿片的荊棘，而意識到未來還有很多事得從頭學起。

果不其然，我很快的遇到了第一個攸關前途的關卡。有些男同事，一退伍就去參加大學夜間部插班考，急切於進修生涯的規畫。我當初的想法是，學問自己追求就行了，不一定要去拿個大學文憑，所以就一邊看書一邊著手編寫《國語》教學活動設計，同時還自提計畫幫學校創辦校刊。當中編寫教學活動設計，是有感於所見部編教科書和教學指引中的提示過於簡略，且嫌它呆板不中看；而創辦校刊，則是因為一個有六、七千個學生的新學校竟然還沒有專屬的刊物，於是就將我在師專所參與過編班刊和編校刊的經驗以及長期對報紙雜誌的觀摩心得派上用場。但不久又發現，縱使我花幾年時間把十二冊《國語》的教學活動都編寫出來了，又怎麼樣？不僅那些文稿只能躺在抽屜裏無所作用，而且教科書每隔幾年就會更新一次，屆時我是不是又得重來一遍做這種不知伊於胡底的工作？而校刊創辦後，前幾期我獨自策畫編輯，仿綜合雜誌多元充實內容，雖然常常要跑印刷廠，以及得剪刀漿糊忙到雞啼報曉方休，但看到學童連上廁所都捨不得放掉那本刊物，頃刻所有的勞累都化為烏有。不意後來換了新校長，他極力干涉校刊的編輯，除了強迫把原先多花樣的形態改成單調的學生集體作文簿，還硬安插他所屬意的人選進入編輯部。一本由我義務創辦

的刊物轉瞬間變了質，而學童的興致也就此被完全打消。我眼看一切已無從挽回，只好黯然退出，同時絕口不再過問它的運作。就在面前似乎無路可走的情況下，我匆匆忙忙的也踏上了從來沒有想過的進修路。

讀中文系，經史子集的課程都得沾一點，但沒有一樣有機會深入，必須靠自己勤讀相關典籍，才能逐漸熟悉當中的門道。而為了使每一次第的學習更有效率，我多半採取論述求圓的策略，一有所得不是先形諸文字投稿，就是累積到課程結束再寫成一本專書。後者雖然自知要找到出版社很不容易，但它們每每給我一種「功力大增了」的實質獲益感覺，確是無比的珍貴，對於往後撰寫大部頭的書總有前備經驗儼然已具的莫大好處。因此，如今還壓在箱底的《文字學》、《周易新裁》和《論語新釋》等著述，偶爾取出翻閱固然會嫌內裏甚多地方於理未洽而心有赧然，但倘若沒有那些耗時細撰的經歷，後來的更上一層樓就難以想像了。

因為我所關心的重點仍然擺在傳統文化為何淪落到不辨面目的地步，所以在耙梳古書以外更積極於了解現代中國究竟出了什麼問題，怎會讓西方文化全然攻克，牢牢的凌駕宰制了去！這時我接觸到了發生於一九二三年甚為熾熱的科玄論戰的資料：先有亞東版《科學與人生觀之論戰》，後有帕米爾版並改名為《科學玄學論戰集》，書裏收錄了主論戰人張君邁和丁文江各三篇文章，以及其他參與論戰的人如梁啟超、胡適、任叔永、孫伏園、章演存、朱經農、林宰平、唐鉞、張東蓀、

菊農、陸志韋、王星拱、頌皋、王平陵、吳稚暉和范壽康等或
一篇或多篇文章。那一場論戰由主張「科學對於人生觀問題無
能為力」的張君勱發端，引起丁文江的強烈反擊，批評張說是
玄學鬼復辟，並力倡人生觀的建立除去科學方法別無他策；然
後看熱鬧的人紛紛加入戰局，但同情張說的人卻多「閃爍其
詞」，結果可想而知那看好科學人生觀的陣營大獲全勝。

　　在這場論戰中，要屬吳稚暉講的話最為尖刻聳動。他順著
玄學鬼說一路罵下去，連傳統文化都逃不過他的大刀砍殺：「這
國故的臭東西，它本同小老婆吸鴉片相依為命。小老婆吸鴉
片，又同升官發財相依為命。國學大盛，政治無不腐敗。因為
孔孟老墨便是春秋戰國亂世的產物。非再把它丟在毛廁裏三十
年，現今鼓吹成一個乾燥無味的物質文明，人家用機關槍打
來，我也用機關槍對打，把中國站住了，再整理什麼國故，毫
不嫌遲。」（〈箴洋八股化之理學〉）至此科玄論戰不再有火
花亂迸，因為主張玄學人生觀那一方已經勢單力孤且欲辯乏力
了。

　　三十五年後，張君勱聯合唐君毅、牟宗三和徐復觀等人，
在香港發表〈中國文化與世界——我們對中國學術研究及中國
文化與世界文化前途之共同認識〉宣言，另闢戰場，開啟當代
新儒家關懷世道人心的扉頁。特別是在解決中國文化出路的問
題上，他們強調先守住中國傳統的「心性之學」，而後再試為
開出兼容外來科學民主的新「外王之學」（把孔孟原先所熱中
的仁政外王顛倒過來去接軌人家民主科學的外王學）。然而，

一條西化道路已經走了半個世紀，從亞里斯多德以降的政治觀或泛政治觀大量傳入，正在醞釀濡化，不可能再回頭；當代新儒家那些皇皇言論也因實際上轉化無力而引不起眾人的興趣，相關力保自我文化傳統顏面的說詞從此徹底的沈闇下去！

　　一部中國現代史演變成這副模樣，的確令人感傷！殊不知這般委屈求全向西方靠攏所得付出的代價，就是大家不再了解自己所屬文化傳統是怎樣綿延輝煌了幾千年，以及中間還締造了漢唐盛世和融化過蒙滿異族統治等；只因為暫時被人家的船堅炮利轟開了大門，感受到一股從未有過的外來文化衝擊，就打心底拜服而不分青紅皂白的妥協於對方，試想我們終究成了什麼人！從早期洋務運動的「師夷之長技以制夷」或「中學為體，西學為用」，到五四新文化運動的迎接德先生（Democracy）和賽先生（Science）而全盤西化，以及晚近海峽兩岸隨順全球化的浪潮而攀附西方資本主義的驥尾等，不過是短短一個世紀中國傳統氣化觀型文化就從世界除名，而我們卻還烙印著黃種人的印記，在西方人看來仍舊是次等民族！請問這樣長此以往，我們還能拿什麼來炫人自豪？

　　百年來只有當代新儒家還知道一點傳統文化不能棄守，並且極力於掀揭西方社會理性不足所漫布的虛無主義煙幕，而倡議西方人應該反過來學習我們心性學中那一「圓而神的智慧」和「溫潤而惻怛或悲憫的情懷」等。但他們的入手處卻是夢想以「道德主體轉出知性主體」（也就是經由良知的自我坎陷而勉強去追隨西式的科學民主成就），不僅搞偏方向而無濟於

事，還嚴重耽誤到從新發揚傳統文化以拯救世界危殆的進程。而這都要怪科玄論戰的餘沫太早沈埋，沒有機會出現看中玄學一方的言論；不然扭轉傾斜的局面或許早就開啟了，不必迄今還在隨人騎虎難下而無所策畫未來。

處在這樣尷尬的時代夾縫中，對於我自己所摸索傳統的學問自然會增添一種「深感前景未明」的困惑。可以說我比先前更惦記著這一路窺探國學的旅程，將會在那裏設定終點；而眼看國人普遍著迷西學也被西學牽著鼻子走卻只能苟且偷生的窘況，那無力回天的孤寂感又不時侵襲著我。每天望著一羣毛躁且不知明天的孩子，我的心有如刀割，不禁要問蒼天：「到底我要教他們什麼？我抗拒得了體制而改教傳統的東西嗎？」

在亂流中穩操孤舟前進

就在矛盾心理一再交纏的時刻，學校要我改教高年級，而我腦海也有個突發的想法冒出來了：我可以用對比取優的方式教學童呀！於是就把《三字經》、《論語》、《孟子》、《唐詩三百首》、《千家詩》和諸子百家等帶進了課堂，一方面利用晨間和生活倫理課為他們講解，並聽取背誦和觀察實踐；一方面在各科教學中隨機穿插說明，併同書寫回饋，一起自我檢驗成效。漸漸地，我發現他們的氣質變好了，學得多的彷彿像個知識小巨人般連走路都有風。而插曲則是有幾個男生用《三字經》保護了班上的女生。

據他們回報，那次隔壁班一位男生想追求某某女生，寫來的情書被截獲，他們覺得那個男生有點猥瑣，不能讓他得逞。所以就在一次下課時間，把對方約出來，幾個人圍住他。領銜的那位，劈頭就問：

「你會背《三字經》嗎？」

對方搖頭表示沒學過。問話的人緊接著自己從「人之初，性本善。性相近，習相遠。苟不教，性乃遷。教之道，貴以專。昔孟母，擇鄰處。子不學，斷機杼⋯⋯」熟練的背出一大段，然後正色的告訴對方：

「你看，我會背都不敢追她，而你不會背還妄想追她⋯⋯」

不等他說完，那個男生就自慚形穢的摸著鼻子走人，從此再也不敢隨便寫信騷擾班上女生。我雖然知道會背《三字經》和追求女生並沒有什麼邏輯關連，但有感於他們的「善用所學」，也就笑笑的默許了那一次的義行。

當然，也會有意外凸槌的時候。好比有個女生聽我講完《論語》後，回家就跟她父母槓上了。大概是她父母為某事嘮叨個不停，她就這樣頂了回去：

「孔子說，父母也會犯錯。你們別以為都是我一個人不聽話⋯⋯」

她父母氣到差點抓狂，隔天跑來找我，臉色慍慍的問我這是怎麼一回事。我知道是那個女生斷章取義了，孔子明明是說「事父母幾諫；見志不從，又敬不違，勞而不怨」（《論語·里仁》），但她僅截取前半段來跟父母對嗆，而刻意略去後半

段的「為人子之道」。面對這種現象，我也無從說什麼，只能安慰她父母幾句，畢竟這孩子已有自己的見解，將來不難獨立去謀生，作父母的大可任由她去，不必過度干涉。

　　為了跟他們共同成長，我也比平常更加倍的研讀古代典籍，嘗試理出一點頭緒來，以便在引導他們時可以有體系或有條理的出示約略的文化生活輪廓。如有學童對「鼫，五技鼠也。能飛不能過屋，能緣不能窮木，能游不能渡谷，能穴不能掩身，能走不能先人，此之謂五技」（《說文解字》）這個描繪印象特別深刻，一直鞭策自己精進學業，別落得像鼫鼠「五技而窮」的下場，我就會再增加「庖丁解牛」、「陽春白雪」和「螳螂捕蟬」等故事，讓他感應揣摩，希望他未來的人生旅途可以更順遂一點。又如有學童喜歡張志和〈漁歌子〉中的轉品修辭「青箬笠，綠蓑衣，斜風細雨不須歸」，我也會別為提供柳宗元〈江雪〉、崔顥〈黃鶴樓〉和李白〈將進酒〉等作品，給他多方比較取捨，期盼他在遭逢各種難題時知道怎麼轉換心境。至於他們能夠領悟多少，或者是否可以延伸經驗去因應世事的變化，那就不是我所能計慮的了。

　　那段期間，我一旦能攏總綰合研讀心得的，都著成文字成品。除去撰寫專書，還以適合在刊物發表的單篇呈現。當中於略具統貫性的短製方面，則有〈文學批評的標準〉、〈中國詩的本質〉、〈中西兩大語言世界〉、〈後現代社會的價值觀──從語言權威的失落談起〉、〈甲骨文綜論〉、〈放眼人間談鬼神〉、〈神鬼故事的禁忌意義〉、〈《周易》一些外圍問

題的省察〉、〈《論語》仁字的意義及其相關問題〉、〈「名家」的歷史地位〉、〈古籍現代化的方向〉和〈臺灣文化論述的出路〉等（後來一併收入《文苑馳走》一書中），這些容或有疑義未了，但自估相關的學思已經有一定的規模，可以上契傳統文化的某些內在理則了。而此時學童的一些表現，也讓我真實感受到不必好為人師的教學相長樣態。

這個可能性，自然是緣於我向來不敢以教師自居，所以學童一有凸出才藝的流露，就都成了我經驗擴編的絕佳機會。好比有學童已能閱讀全本的《三國演義》、《西遊記》、《水滸傳》和《紅樓夢》等，他對我所說的道理自會多帶懷疑的眼光，此刻我的自信就得升級讓它變成一種可能的見解，而將認同與否的權利留給對方。這麼一來，縱使毋須自我退卻優質化了論說的信念，但不會再無謂惹來反抗思想宰制的和諧性卻獲得了保障。

此外，對於數理能力特盛的學童，我也發現他們的強項在在可以彌補我的不足。例子如有一天，興致一來談到外星人的課題。我分析判斷外星人如能到地球來，至少得滿足三個條件：第一，他們的壽命要很長，才能在浩瀚的太空中旅行；第二，他們不須吃太多東西，因他們所攜帶的食物有限；第三，他們的交通工具得超快速，否則抵達不了地球。我才說到這裏，還沒進一步舉證，已經有一名男生從座位上兀自發出連串堅定的反駁聲：

「才不是這樣！根據物理學的講法，兩點間的距離成一條

直線最短,外星人只要找出跟地球的直線距離,很快就可以到達地球。」

是啊,我怎麼沒有想到這一點?只有笨外星人會漫無目標飛行後才「偶然發現」了地球。剎那間,他那專業的看法確實令我悚然一驚!忙不迭的嘉許他後,回家趕快找書來惡補,最後又再得到一個全新的結論:外星人根本不來自外太空,而是老早就住在地球南北軸線中空或某些隱蔽的地方。那是丹尼肯(Erich von Däniken)《文明的歷程》和巴克萊(David Barclay)《揭開幽浮之謎》等科普書所大膽推測的。只可惜那班學童畢業了,不再有機會跟他們擡槓,唯有留下我自個兒進行下一波更謹慎的「追尋之旅」。

經過這一次孤舟獨穿亂流的成長歷練,我開始對古代聖賢的處境有了新的理解:原來孔孟也想在有生之年幹一番大事業,只不過他們別無長才,也不像道家人物甘願隱身藏志,所以就將大部分的熱情投注在政治上。因此,如果要問為什麼西方的民主科學會讓我們過敏(引進後一直患有適應不良症),那麼從孔孟那裏就可以略知一二答案。換句話說,孔孟的熱中政治,是要實現「聖人之治」而護住尊尊等級系統的完整性,以回應氣化成人有質差得分辨善後的觀念;跟西方人在同為受造者的意識下試圖保障大家的等值參與性不成衍變成權力制衡的民主作法,可說是相差十萬八千里!而科學是西方人一併藉為仰體上帝造人的美意所發展出來的,它在優選觀的支持下兼供應資本主義和殖民主義所需的資源,從而體現原罪意識必

有塵世急迫感的理念：一方面圓了西方人自我尋求救贖的美夢；一方面又順便取得宰制支配他人的好處（不必盡在從政上滿足權力欲望）。而這豈是沒有一神信仰且不務跨域無限征服逞威的國人所能想像體驗的？恐怕孔孟復活，也會痛斥我們這些敗家子太過沒有志氣：稍微震懾於別人表面的光風威勢，就急忙要把自己已深鑄的文化因子清除乾淨，而胡亂前去撿拾人家的唾餘！王陽明曾經有詩說「拋卻自家無盡藏，沿門托缽效貧兒」，這用來印證現代國人的行事，理應是要發揮一點震聾發瞶的效果，但很遺憾的願意將它引為特大借鏡的人已經寥寥可數了。

新局勢難了引發更新的憂慮

考上淡江大學夜間部中文系第二年，我結婚了。剛以一篇〈那十五張存根〉得到第七屆聯合報小說獎，岳父大人才放心把他的寶貝女兒嫁給我。據說他被朋友問及未來女婿是做什麼的，他毫不遲疑地回說「作家」。這讓我暗自汗顏了許久！因為他在國中教書，朋友都是同行，如果說女婿也在小學教書，一定會被瞧不起，所以攜出一個作家頭銜，彷彿是異類而比較神氣，殊不知那時要靠稿費維生可能早就餓死了。

更難堪的是，我家族那邊得獎消息也早就傳遍了，親戚碰面突然多出一些跟我有關的話題；而我覺得沒什麼，能避開就盡量避開，反而成了一名不敢面對現實的逃兵。那時我父親已

經在跟吳念真父親合夥代人辦桌,大概對方也知道我能寫作,
想來挫點銳氣什麼的,以至常有意無意的在我父親面前炫耀他
兒子改寫電影腳本收入轉豐的事蹟。

「阮念真最近寫一篇劇本,又擱賺一百萬。」吳念真父親
說著,眉飛色舞起來。

「阮子得獎那篇小說,才四萬⋯⋯」我父親發現不能跟人
家比,立刻把話吞了回去。

事實上,吳念真父親所以高興,是因為他又可以坐在家裏
等錢花,而我父親卻還得賣勞力去礦坑挖煤支薪或有親友央請
幫他們辦幾桌筵席賺點外快,畢竟我教書兼寫稿的收入實在無
法養活全家呵!於是所得的那個小說獎,在我來說就像莫名其
妙的吹皺一池春水,不但沒有機會興奮,還意外的驚顫了好一
陣子。

記得去領獎那天,曾得過聯合報小說獎的吳念真也受邀去
觀禮,我們乘坐同一部電梯,卻無緣打招呼,因為他不認識我
而我也懶得跟他提及父執輩老相識的事。這一錯過,往後就是
兩條平行線,彼此從事的工作再也找不到交集點。這本不會岔
出有新友誼的發展,所以也沒什麼好遺憾的。倒是領完獎後,
時任《聯合報》副刊主任的詩人瘂弦寫了一封親筆信來,鼓勵
我多寫作,並且要我把稿子直接寄給他,不必經過其他編輯的
手(恐被過濾掉),而我卻轉向愛上了鑽研學術,從此不再耽
戀小說,大為辜負他的好意,始終耿耿於懷!

那陣子所以放掉小說,一方面是生活圈太狹小,少了新經

驗的刺激，變不出什麼可看的名堂；一方面是我正忙於吸取理論資源，企圖直接站上制高點處來看這個世界，因此就荒於別為構設跟小說有關的故事情節了。

隔沒多久，我另一篇〈黑板下的沈思〉獲得省教育廳徵文獎，同步於《師友》雜誌刊出，還得到評審人顏元叔頗高的讚譽，登時學校同仁賀喜聲連連，一些請託事也跟著接踵而來，如代筆撰稿、為報名師鐸獎的老師寫推薦文，以及隨團去參加國語文競賽等，剎時間還頗為忙碌。我知道這是大家看得起我，所以都一一的接下了。當中參加國語文競賽得過幾次區賽和縣賽作文項的名次後，我就退出改為指導學童且負責學校主辦的單項作文比賽事宜，在校內也算是個紅人了。但每逢學校要替我提請競爭校外的傑出青年獎或孝行獎一類的榮銜時，我卻一概予以婉拒，表面上推辭以「我不夠傑出」或「孝順父母是我分內該做的」為理由，實際上是我根本不認同那種獎勵都要申請，還得去排排站領獎，而不是公家單位主動發覺你優秀把獎送來給你。也由於我對那些不清不楚的聲譽沒興趣，所以就能夠專心的做好每一件受託事，而自由自在的悠遊於天地間。其實，那段日子，連學校運動會司令臺上的對子、同仁退休致賀的嵌字聯，甚至代擬畢業班的感謝詞等，都留有我的字跡。包括先前創辦校刊在內，形同一個學校的文事都我一人承擔了。只是這些全部不會有人去紀錄，而我對此類「舉手之勞」也從未貪戀搶功，以至自始至終我又像個隱士斂跡在五丈紅塵裏。

　　八〇年代初期，距離臺灣退出聯合國及中美斷交等外交挫折並不遠，但心理上感覺卻早已毋須再療傷止痛了；加上十大建設陸續完成，原靠加工出口的經濟形態，升級變成代工生產高科技產品，許多人富起來了，「臺灣錢淹腳目」的名號就在這時不脛而走。社會消費力大增的結果，一併反映在國人出外旅遊上，常聽說有暴發戶身懷巨款赴歐洲採購，一支折合新臺幣兩百萬元的勞力士錶都是現金交易的，看得洋人心花怒放，而開始注意在世界地圖上鮮少被標出的福爾摩沙小島。還有隨著臺灣擠進亞洲四小龍的行列，國內的泡沫經濟也逐漸浮現出來：除了要面臨新一波的國際競爭環境，還得因應自我社會內部快速竄起爭自由平等權益的浪潮，兩相纏疊更讓人覺得明天不可期待，畢竟肆無忌憚的內耗惡鬥和跟許多發展中國家紅海搶食殘殺等絕不是幸福生活的保障，相關的亂局紛擾已經悄悄地進駐大家的心靈而變成日夜不去的夢魘！

　　在我的家鄉東北角，一夕之間礦場連鎖倒閉，並且災變不斷，不是坍塌灌水，就是氣爆毀坑，一家家封井告別臺灣的礦業歷史。一些倖存者（包括我父親和認識的親友），頓時失去謀生的管道而成了新的無業遊民。他們都尚未感受到富裕生活，就先淪落社會底層而等著別人輕視的眼光！臺灣的經濟是起飛了，但沒沾溉到好處的人卻又彼彼皆是，他們全是新興電子業抑制或棄捨的孤兒，呼天搶地也沒人理會！我父親算是抗壓性很強的人，這時也不免要感嘆幾句：

　　「好舉人怎樣攏有錢賺，善赤人袜找一個頭路就比啥恰艱

苦，這個世界是屬於好運的人，不是咱！」

　　窮困陪著我的家人走過臺灣富足的年代，我們一樣節衣縮食的在面對這個變動快速的社會，深深覺得不知如何參與它的脈動。而我個人所在意的是延續半個多世紀以來的西化思潮將何以了時的問題！「安貧樂道」一直是我所認為傳統讀書人的典型，但現今的知識分子卻大為變質在倡議引導整個社會的走向，盲從西方人的科學民主成就而亦步亦趨的緊隨在後以討得影附的榮光，風骨固然不論了，更嚴重的是這條路走下去連安身立命都沒得討較！

　　很多人或許不了解，西方的民主制度固然是源自古希臘雅典時代的「公民自治體制」，但它長期以來卻都沒被看好。如同時期的柏拉圖（Plato），就認為民主是一種短多長空的非理想政體；而亞里斯多德也認為民主制政體是佔多數的人們所控制的政體，經常流於暴民政治，都把民主制度和最糟糕的政體畫上等號。即使到了十八世紀，民主制度也還被視為是摧毀文明和傳統價值的源頭；甚至跨越到十九世紀連一個夠格的民主政體也沒有出現（縱然有美國自認為建立了第一個民主政體，也因為那時還做不到普選而不能算數）。直到二十世紀初，才有幾個能讓成年男女擁有投票權的國家（如澳大利亞和紐西蘭等），而開啟所謂真正民主的世代。顯然民主是西方人經過漫長的試煉而帶終結性的歷史選擇；而它的無可批評，也僅僅如邱吉爾（Winston Churchill）所維護的「等到所有的政治制度都實驗過了，才能說民主是最壞的一種政治制度」那樣，並

非本身是最終的真理。更何況它所內蘊的人人有機會分一杯羹
而又不想讓某些人長享好處的情況下，就會發生美國某一脫口
秀藝人所諷喻的「民主制度下的政客，就像是尿布，必須經常
更換」那般，始終都在玩「你上我下」相互扯爛汙的遊戲而使
社會永無寧日！

　　還有西方的科學技術，縱是經過十八世紀工業革命的催生
後一日千里，但在西方社會內部卻也從未間斷過批判它的聲
浪。如女性主義就不恥它的父權體制生產和再生產模式；綠色
生態思想也直斥它是人類悖離大地母親的狂妄產物；新左派文
化批評和新自由經濟主張更指責它是禁錮自由的牢籠和幸福
繁榮的最大敵人。而醞釀自非西方社會的後殖民理論，同樣毫
不留情的批評它是西方中心主義的遺毒，儼然有要「去之而後
快」的態勢！可見科學的所向披靡只是一種錯覺，反對它的聲
音及其行動仍然存在世界各個角落。

　　這樣就不知道長期以來國人瘋迷民主科學是什麼道理（而
唾棄舊生活方式又是遵循何種邏輯）。倘若說追求民主是為了
體現西式的自由平等精神，那麼能否真實如此實踐就得多加保
留。且看民國初期撰著《中國人的精神》的辜鴻銘對它的撻伐
和憤恨程度：「當今人們愛奢談什麼追求自由，可是我敢說，
要獲得自由、真正的自由只有一條路，那就是循規蹈矩、學會
適當地約束自己。看看革命前的中國吧，那裏沒有教士，沒有
警察，沒有市政稅和所得稅……那時的中國人享有較世界其他
各民族更多的自由。為什麼？因為革命前的中國人循規蹈矩，

懂得如何約束自己，如何按照一個良民的標準去辦事。然而革命以後，中國人的自由不多了，這是由於當今中國有了那些剪了辮子的時髦之徒，那些歸國留學生的緣故。這些人從歐美人那裏，從上海的歐美羣氓那裏，學會了怎樣放蕩不羈，怎樣不按一個良民的標準來約束自己的行為，從而變成了一羣烏合之眾。」辜氏是留學歐洲多達十一國通曉西學的人，連他都這樣瞧不起民主制度的運作（詆斥它是在掛羊頭賣狗肉），那些井底蛙或淺碟子思想的人又何能預知民主制度即將把中國帶到怎樣悽慘不堪的境地？

再說到了二十世紀末，全世界有超過半數政權都在仿效歐美先進國家實施民主制度，但它們也不過是被影響且操縱來方便獲利，以遂行該先進國家優勢宰制的欲望（因為只有強迫所在國實施兩黨政治，那些先進國家才可以從中投機牟利）。而實際上，許多第三世界國家輕易實施民主制度後，不但社會動盪不安（一黨上臺執政，一黨在臺下鼓噪叫囂和扯後腿），而且還把自我珍貴的傳統文化棄守得蕩然無存；即使是發展中國家，也由於內質難變，在實施民主制度的過程中除了容易滋生政黨林立而相互傾軋不已（已失兩黨政治理性制衡的本意），對於背後支持的母國更是俯首貼耳而不敢擅作主張別為涉外發展（好比臺灣一地，連總統就職典禮的演講稿都要送請美國人過目，可以想見國格淪喪的一斑），結果是永遠在世道中浮沈而無所止歸。這就是原無民主思想而硬要走上民主一途的國家的宿命，所有不適應症和惡化內政的苦果最終還得自己去承

受（那些伸手進來的歐美先進國家，在它們眼看一切都搞糟了，很快就可以撒手不管，而任由對方自生自滅）。

　　至於科學，大家的迷信也僅止於它有所助益現實物質生活的改善，但卻看不到裏頭隱藏了兩個大問題：一個是科學技術的成就預設了西方民族或種族的優越感，將科學技術視為是進步主義的象徵，並且合該成為一世界性和必然性的時代潮流；一個是科學技術現代化帶來了能源枯竭、生態破壞、環境汙染、溫室效應、臭氧層破洞和核武恐怖等後遺症。前者不僅無法驗證，還有誤導的嫌疑（證諸許多第三世界國家實施科技現代化的終局，幾乎要瀕臨崩潰破產的邊緣，可以確定這點）；而後者則一旦惡果造成了，全世界的人從此就沒有一個可以逃過能趨疲（entropy，熵）法則的制約及其不可再生能量即將到達臨界點而使地球陷於一片死寂危機的威脅，更別說在這個過程中大家為了爭奪資源以維持自我存在優勢，早已磨刀霍霍的相向殺戮，所有毀滅性的武器一再的被研發出示，而使得全體人類不斷地籠罩在極度駭懼的氣氛裏！

　　令人非常不解的，一個有著悠久歷史的老大中國，百多年來一直困折於西化的洪流中，徒讓西方勢力介入而分隔了海峽兩岸，不是凜於對方的先進技術而反過來形塑自我只會參與耗能行列的科技官僚體制，就是被迫貿然採取四不像的民主政治形態而內鬨挫志且疲憊有餘，完全沒了原屬泱泱大國的氣度和尊嚴！以至少許有識之士（如章太炎、劉師培、王國維、梅光迪、梁漱溟、熊十力和當代新儒家等）也因為維護傳統文化的

殷切，而被自詡新派的人毫不留情的冠以保守主義者，並試圖要加以抹除或將他們掃入歷史的塵霾裏（時報版《近代中國思想人物論──保守主義》一書可以為證），渾然不知那是以「打倒孔家店」、「反吃人的禮教」和「把線裝書丟進茅廁」等激進派為標準的，無視於後續西化的殘害而原想保有國格的那些言論的正當性。現在看來，會這樣不辨是非而胡亂評論的人，才是值得悲憫的一羣，有前景的歷史舞臺勢必不再有容受他們的餘地！

在那個還在感嘆民族沈哀的階段，每當選舉屆臨，我們這羣小學教師都要被徵召去參與選務工作而可以就近投票，但自從看透了民主虛偽的本質，我就再也沒有簽領過票，而逕自冷眼旁觀著手中握有那一票的人是如何無奈的在進行盲目的投擲。

「投吧，」得空身旁同事總是激切的慫恿我，「不要浪費自己神聖的一票！」

「你確定那是神聖的一票？」我這時也裝不出好臉色給他看，「如果那些候選人都是遜咖，還要投給他們嗎？」

「總會有人當選，你不投，連從爛蘋果堆中挑個好點的機會都沒有。」

「我寧可被誤解過度自信，也不願跟他們和在一起！」

「你逃避，社會照樣不會讚美你！」

這就是民主的弔詭：遊戲規則永遠只對少數背景特殊的候選人有利，絕大多數的選舉人僅能棄權或作違心的選擇。而一

個不認同該遊戲規則的人，只好無盡的在邊緣游走。但我有堅持的理由，也許那一天國人都領悟了要過有尊嚴的生活，在決定從新選取制度時，我會投下自己這一票。

此外，我還看到了另一個荒腔走板的現象，政府為了推動科學教育，有一陣子竟然強迫每個中小學生人手一件科學作品參展，結果展出最多的是一條電線纏住一顆燈泡再接上一粒乾電池。

「那是什麼？」我問學童。

「手電筒呀！」他們亢奮的回答，「你不知道嗎？」

天呵！現今的手電筒都已做成袖珍型，可以放在口袋裏攜帶，他們還在土法煉鋼製作這種手指捏到發燙才能閃出一點亮光的玩意兒麼！我確實極為困惑的看著那些能否以「手電筒」稱呼的東西，一時間還真難以適應學童臉上那興高采烈的表情。本就不喜科技產品羼入擾亂生活秩序的我，這回更痛恨起那一畸型政策的捉弄！可能有人反應或教育當局自己察覺這樣勞民傷財的辦理科展卻沒有一點績效，所以就逐年減卻從全班合作一件作品到全校選作幾件作品到最後宣布停止，終於大快人心！

進修路上關卡重重

二次大戰後，世界劃分為民主自由和共產極權兩大陣營，相互對峙且時有衝突。而剛結束滿清王朝卻又陷入內亂外患不

斷的老大中國,也在該兩大陣營的左右下很快的分裂為兩個政治實體:戰敗的國民黨政權退居臺灣,靠美國人撐腰;戰勝的共產黨政權佔據中國大陸,走蘇修道路,彼此相隔一個海峽長年在冷戰較勁。

時序推衍,海峽兩岸各自的強人政治終結,新的領導人上臺,執政方式有了改變。臺灣從一九八七年起政治鬆綁,開放中國大陸旅遊探親,並逐步通郵通航通商,近三十年的敵對關係開始解凍。而世界局勢也因為一九九〇年代蘇聯解體和東西德統一等,從此進入一個後冷戰時期,原先兩大陣營的對峙轉成新的宗教衝突和區域戰爭。這一看來對海峽兩岸都有利的情勢(沒有上述宗教衝突和區域戰爭的波及包袱),卻由於彼此都在盲動躁進而釀成空前的紊亂不安!

臺灣一地,在美國的羽翼下,勉為實踐民主政治,並尾隨美式資本主義的進程,成為對方的中下游工廠;但完全不知道人家的資本主義是以研發優勢在為民主政治護航或加分(但指它對內的作用而暫不計對外為殖民主義的幫兇),致使引進後不只自己沒有能力承負而困處於代工和仿冒的情結中,而且還未優質化政治的運作前卻先墮落為惡性競爭的工具(也就是官商勾結成一個個壟斷性的集團,不論在朝或在野,都以自我政黨集體的政治利益為考量,掠食排他兼踐踏不曾牢固的民主根基,而民眾則僅僅是剩餘才考量的對象)。影響所及,社會呈兩極化發展,意識形態對立嚴重,上下擾攘脫序,沒有了時。

至如中國大陸,歷經文化大革命的慘敗教訓後,不再信奉

它的社會主義宗主國蘇聯，而要走有自己特色的路，從經濟改革開放通向世界自由市場，大興土木、招商引資、追趕西方科技成就和貿易布局全球等，結果外表出現了一個社會主義式的資本主義怪物（社會主義和資本主義原是水火不容，現今卻弔詭的結合在一起），而內裏則是仿冒猖獗以及「中國製造」的劣質產品氾濫成災，比經濟起飛時的臺灣還像「臺灣製造」（不排除臺商登陸後，「橘逾淮而為枳」所促成的）。

此外，海峽兩岸有志一同的是，一些靠政治裙帶關係起家從商致富的人，始終在引領社會奢靡風尚的潮流，而部分高官藉機貪瀆所得贓款，則偷渡流向海外藏匿，一旦情勢不對就遠走高飛去坐擁金山銀山，而把爛攤子留給別人收拾，搞到全民一邊隨著瘋狂的向錢看齊，一邊又擔憂所過生活缺乏保障（攢錢只是為了逃離現時所生存的土地，卻又不知目的能否達成；即使目的達成了，也未必清楚移民後的生活是否如所想望的那樣）！

遙想一九三〇年代，在對日抗戰的前夕，由官方所發起的新生活運動，曾經旗幟鮮明的要對治西化錯亂所造成的生活破敗，而依《革命文獻》第六十八輯所載和南京新生活叢書社版《新生活運動須知》的搜羅所見，則有蔣介石對「國人野蠻」的批判（〈新生活的意義和目的〉）、鄧雪冰有關「新生活運動不成功就會亡國」的威嚇（〈新生活運動之發動及其進行〉）和賀衷寒將陳獨秀及胡適所倡導「新文化運動」帶出來大加撻伐（〈新生活運動之意義〉）等，最具動見觀瞻。尤其是後者，

當時說的是多麼的斬釘截鐵:「自從自由主義介紹進來之後,就把中國弄得不能統一了;自從階級鬥爭的學說介紹進來之後,就把中國社會弄得不能夠安寧了。這都是大家所共知的……新文化運動的結果。」(〈新生活運動之意義〉)只可惜它沒能形成實質的政策,以釜底抽薪的方式來扭轉頹勢,徒使一場神聖的民族振興運動流於口號,最終還落得被人暗諷為法西斯主義在中國的化身(想用政治力量阻撓新文化運動的開展)。這又是科玄論戰的翻版,揀到便宜的永遠是那些率先得勢的人,因為他們煽動輿論或蠱惑民心的手段早已偏矯且不必負責的搶先一步進站歷史舞臺的前沿。如此一來,還有誰能夠施展良策將這個文化離根的中國救出西化的泥淖?

我所以這樣說,並不是純粹基於維護顏面必要的民族主義,而是還有憂心世界被西方資本主義所全球化後導致的能趨疲危機;而這危機無法仰賴西方人來化解(因為他們不可能退卻或收斂而拱手讓出已經在宰制世界的優勢),只有從新召喚原不會增加地球負擔的東方文化才可望奏效。因此,這時的厭棄各種西化主張,也就有確保存活尊嚴和顧慮人類前途的兩面性。縱使還是得在舉世全球化的「惡劣循環」中苟延殘喘,但我仍舊沒有放棄還可以有的一點淑世的心;以至在痛斥所見一切不合理的現象後,總會設法把那可能的救渡方案形塑出來。

讀過古書的人,應該都知道中國本有如《禮記·禮運》所說「大同社會」那樣的制度設計:「大道之行也,天下為公。選賢與能,講信修睦。故人不獨親其親,不獨子其子。使老有

所終，壯有所用，幼有所長，矜寡孤獨廢疾者，皆有所養。男有分，女有歸。貨惡其棄於地也，不必藏於己；力惡其不出於身也，不必為己。是故謀閉而不興，盜竊亂賊而不作，故外戶而不閉，是謂大同。」而對於權傾天下的國君或帝王，也有孔子為他們量身訂作的「修己以安百姓」（《論語·憲問》）和「博施濟眾」（《論語·雍也》）這些德能形象，以及孟子所諄諄告誡的「民為貴，社稷次之，君為輕」（《孟子·盡心》）和「推恩足以保四海，不推恩無以保妻子」（《孟子·梁惠王》）這些胸懷氣度；甚至還被普遍寄予成就最高聖王或聖人的厚望，如「聖王之盛德，人民不疾，六畜不疫，五穀不災，諸侯無兵而正，小民無刑而治」（《大戴禮記·盛德》）和「古之治天下者必聖人。聖人有國，則日月不食，星辰不隕，勃海不運，河不滿溢，川澤不竭，山不崩解，陵不施谷，川浴不處，深淵不涸」（《大戴禮記·誥誌》）等，目的大概都是為了足以執行或促成那一美好制度的實踐（不管它是不是孔孟等身後才被規模出來）。此外，當國君或帝王有所不能時，不論他是被推舉的還是世襲的或是僥倖得到的，都可以經由禪讓或革命的方式將他汰換。至於有關他的養成過程，也會朝著超常德能的方向去致力，那就不言可喻了。只不過這一理想向來大多存在古哲的心中，並未經常體現於大家所知曉的朝代，導致不明就裏的現代人誤以為傳統社會一無是處，也找不出有什麼可以自豪的學問。其實，那美好的制度還有待實現；而我們也不能因為該美好制度的實現不易，就否定它的價值或疏於嘗試上契

的欲力。

　　這是以家族作為社會結構基本單位的氣化觀型文化所輾轉形塑最合理的生活模式；除非我們有辦法更換腦袋（改變世界觀）和全然絕去家族紐帶，否則都不可能走入西方的世界或過西式的生活（已移居海外的華人，事實上還是跟族人羣聚，很難成功打入當地社會）。換句話說，緣於氣化積聚的關係，人一誕生就虯結在一起，必須分親疏遠近才方便於經營有秩序且獲保障的生活，於是以血緣為依據的家族就一個個的形成了。而由親親系統抽出部分人來組構更大國家的尊尊系統，也是相應的取得了和諧政治的效果。所以歷來只有對絕對性聖王仁君的迫切需求（就像家族裏要有稱職的家長或族長），而沒有被設想成採普選的方式來產生一個權宜操作且僅能符合相對多數選眾所望的領導人。後者不但德能有待考驗，並且施政時還會被自己所屬政黨裏脅以及遭遇反對黨的掣肘，不可能有表現的機會。而這經由不斷選舉，政績乏善可陳也就一再的重演；而社會的裂痕脫軌更是只能加深惡化下去（不像古代的聖王仁君善政美績還有一絲可期待值）。

　　很明顯國人還沒有好好的充實或穩定這一生活模式，就急著邯鄲學步而走上民主政治的道路，後果是家族半解體了（家族成員逐漸分屬不同的政黨），社會秩序紊亂了（大家競相忙於糾眾互軋），國家前途也沒了（誰也無法保證這樣搞下去還會有什麼遠景）。相對的，西方的創造觀型文化因為內蘊平等受造的意識，必然以個人為社會結構基本單位，所訂政治規範

有嚴密的法律作基礎（由人神的約定延伸到羣眾的約定，凡是不遵守該約定的，不僅會身陷牢獄，而且還會受到上帝的懲罰，那是比什麼都嚴峻的），因此大家在行使權利上至少不會有無理取鬧的情事發生；而整個社會提供了多元管道讓眾人能夠適性發展，以至熱中選舉而棄正常營生於不顧的荒謬景象也就不大可能出現。

當我把上述這些糾葛了百年的問題條理清楚後，新的難題又來了，我儘有救渡的方案，但要向誰說去？那裏有我可以逞議的餘地？平時寫的一些專書還未見天日，而短論早先發表的固然為數不少，卻又受限於刊物性質而無從夾帶完篇，想來有一種破釜沈舟再往研究所行去的念頭已隱約成形：我必須取得學術界的通行證，才有可能找到發抒的管道；否則一直困縛在學校這個小天地，連參與一點外在環境波動的機會都沒有，更別說相關的見解有人幫你傳播了。

大學畢業那一年，我就報考了幾家校外的中文研究所，但都未被錄取。一來我因為家裏出了狀況，身心還在極度疲憊中而短少準備的工夫；二來傳言中學術界的門戶之見果然在應試時見識到了，有此雙重困擾，自然無緣登上榜單。當時家裏方面，內人生產前夕，腦血管破裂，昏迷送醫治療，先剖腹取出嬰兒，再施行腦部手術；母女都渡過難關後，漫長的復健撫育，不但勞動我祖母和我母親輪流來幫忙，還有我也幾近要輟學才能兼顧家庭和工作。所以第一年報考研究所只能草草應付了事，畢竟有大半心思仍在驚慌忙亂中飄蕩。至於學術界的門戶

之見方面，我原以為專業科目「遍讀」就足夠因應了，那曉得並不是這麼一回事。倘若沒有設法蒐集到該校所開設課程的資料，那麼你就是唸通透了也沒用。如去應考臺灣大學中文所那一場，文字學科目竟然只出了幾道見都沒見過的古籀字要我們分析它們的形構特徵並糾正訛謬。幾乎是交白卷後，才走出考場，我就遇見兩名女生在走廊竊竊私語，還拿出她們的筆記來比對：

「欸，你看，剛才考的那些字都在這裏吧！」

「對哦，幸好我也記住了一大半。」

她們說著，不禁相視擊掌歡呼了起來，完全沒理會其他來「陪考」的人臉上的鬱結！而我自己則哀嘆了幾聲，不等其他科目考完，就決定以後再也不報考這一家了。

實際上，別的學校也差不多，出的試題明顯都有在保障自己學生的跡象，不然那些用詞題意應該要讓每個考生看得懂或不必陷入猜測出題者所要答案的泥潭才對。偏偏我這個人就是不信邪，不願跑去旁聽或拜託人購買幾本他們課堂的用書，以至接連三年都名落孫山。這時我父親急了，二度來電勸我把室內電話的數字改掉：

「恁那支電話，對中間唸過來唸過去都有65，會落伍，不好啦，緊去電信局申請換號碼！」

我父親略通命理，猜測我的考運跟那支電話有點關連，但我壓根都不肯相信「天會絕人之路」，縱使已經落榜了三次，我還是會繼續報考下去。至於那支電話，就讓它維持那唸起來

確是很順的「落伍」聲，因為我還住四樓且是四年級生而身分證又有兩個零，這些看來都跟運勢有關的諧音字如果也都要改，那麼我早就煩透別想過活了。何況我也在私忖，先前考師專和中文系都一試即中，總得滑鐵盧一次才見老天不致給同一個人過多福份。好比影片《四根羽毛》裏頭的經典臺詞：「上帝會把我們身邊最好的東西拿走，以提醒我們得到的太多。」將上帝改成我們的神明，仍然可以說得通。這樣我也就不必為那一連串的挫折而灰心喪志了，畢竟活路還在前面，我努力了就會看見它的。

前進回顧找最切光譜

深造新的起步

學術隨解嚴風潮乘勢開張

困勉摸索西方現代理論的歷程

初期研究方向的底定

預感取得學界通行證還在更遠處

博士學位暗中跟我招手

又是新一波的挑戰

兼課生涯仰人鼻息外一章

從媒體到出版界連番探路的波折感悟

求職原來還得看命運

深造新的起步

　　沒考上研究所那段期間，或許是命中註定要有的等待，等
待我把諸事處理完畢，也等待一個適當機會的來臨。這是事後
回顧所得出的結論，在當時我只覺得確實有要轉換跑道，另外
尋找可以更方便發言著述的環境，但還不至於全然認定只有報
考研究所一途，所以落榜並沒有影響到我持續鑽研學術的心
情。而依照我的習慣，應考一事只要準備個把月就行了，不必
把餘暇都用來啃跟考試有關的書籍，或者無謂的去翻閱試作考
古題，以至幾近有整年的空閒時間我就自由悠遊於古籍的國
度，直到考期到了才重拾舊有興致，披閱早已被我整理成套的
筆記。

　　所謂「自由悠遊於古籍的國度」，這是我對支配生活的感
覺，事實上我已經有計畫的在重行閱讀古書，把歷來重要的典
籍再理一遍，看會有什麼新的發現。這時我為了彌補記憶力有
限的缺憾，又將師專時代養成勤摘記批注的功力派上用場，遇
到新穎或特殊的片段，立即筆錄；而有可以相勘的資料，也會
尋出併為註記。久了，那些筆記竟然自成系統，不斷地刺激我
聯想到更多的事。好比過去只約略理出傳統氣化觀型文化的整
體特徵，而對於系統內各流派也僅留意它們各自的次旨歸，比
較忽視它們在操作上還會有的細微差異；但這次我注意到了一
些有助於釐清思路（或說可權為定位發微）的典故。如：

葉公語孔子曰：「吾黨有直躬者，其父攘羊，而子證之。」
孔子曰：「吾黨之直者異於是！父為子隱，子為父隱，直
在其中矣。」（《論語‧子路》）

臧與穀二人，相與牧羊，而俱亡其羊。問臧奚事？則挾筴
讀書。問穀奚事？則博塞以遊。二人者事業不同，其於亡
羊均也。（《莊子‧駢拇》）

往者東走，逐者亦東走；其東走則同，其所以東走之為則
異。故曰同事之人之不可不審察也。（《韓非子‧說林上
引惠施語》）

這分別代表儒家、道家和名家的倫理態度：一個重視行為的動
機；一個重視行為的結果；一個兼察及行為的動機和結果，彼
此各有為達綰結人情（要在事情的發端就提住心量）、方便逍
遙（直等事情到終了才決定取捨）和循名責實（對上述二者的
理論性仲裁）等取徑的不同。但不論如何，這都有別於西方創
造觀型文化所常見的功利主義道路。後者在仰體上帝造物互有
差異的旨意下，只從個人切身的利益著手規畫，然後才企望社
會全體福份的增加；而不像中國傳統緣於團夥為生的前提，一
開始就考量到人際關係網絡的實存性，而無所謂個體權益優先
的悖理計慮。這如果再加上印度佛教所開啟緣起觀型文化一
系，那麼我們又會發現它的解離觀念又要把大家帶到人我俱泯
的另一境界。所謂「一切有皆歸於空；無我，無人，無壽，無

命，無士，無夫，無形，無像，無男，無女……法法相亂，法法自定」（《增壹阿含經》）、「觀父母所生之身，猶彼十方虛空之中吹一微塵，若存若亡；如湛巨海流一浮漚，起滅無從」（《楞嚴經》）和「一切諸法，悉皆空寂，此名空解脫門……涅槃先道，當如是學」（《父子合集經》）等，無不意示著擺脫各種網羅以進入涅槃寂靜境地，乃人生最終的歸趨。可見三系文化實有著不可共量的道德命題，不是隨便倡議「相涵化」或「溝通交流」的人所能輕易改變。

當我對於這種現象越有體認後，就越無法諒解百年來國人將自我文化棄如敝屣的作為，那不但挺不住自己的道德主體，而且還很容易掉入別人所為我們設計的陷阱。比如說西方人普遍以為只要你做得到的事就是對的（像跟銀行貸到巨款而無所愧惡之類）；而他們輾轉發展出來的資本主義也毫不留情的把競爭對手徹底加以摧毀。這種只在意自己得利和成功的行徑，原是中土社會所忌諱的，但現今在對方的殖民征服中卻已宛如被水銀瀉地般無孔不入我們生活的各層面，幾乎人人都被迫或被感染以追求最大經濟效益為標的。殊不知這已嚴重遭到套牢（被收編為人家經濟鏈的一環），以及大意參與了耗用地球有限資源的行列（西方人因為相信死後有天國可以去，所以不在意塵世深受蹂躪剝削；但非西方世界中人卻還要在地球長久居住，而不能沒有上述的警覺），再不回頭恐怕就要同歸於盡了（西方人是否真有天國可寄身還不確定，而他們的行徑卻已緊相將大家帶往能趨疲而終至滅絕的末路）！

　　姑且再以武力的展演為例，先秦時代宋襄公的那種道德自恃，就很可作為表率。據史書的記載，它發生於一次戰役中：

> 襄公與楚成王戰于弘。楚人未濟，目夷曰：「彼眾我寡，及其未濟擊之。」公不聽。已濟未陳，又曰：「可擊。」公曰：「待其已陳。」陳成，宋人擊之。宋師大敗，襄公傷股。國人皆怨公。公曰：「君子不困人於阨，不鼓不成列。」子魚曰：「兵以勝為功，何常言與！必如公言，即奴事之耳，又何戰為？」（《史記·宋微子世家》）

在傳末史家有段評論「襄公既敗于弘，而君子或以為多，傷中國闕禮義，褒之也，宋襄之有禮讓也」，這所稱許宋襄公可作為重禮義的典範，無非就是起因於戰爭的重點在利益的衝突而不是要顯示自己人格的卑劣；因此在不乘人之危的正義原則下交戰而敗陣了，那是實力不如人，毋須反過來自我怨怪不使用詭詐手段。相對的，東晉時代所發生的淝水之戰，勝利的一方就比前者多了不太光明磊落的計謀。那時前秦符堅率八十七萬步騎大舉南侵，東晉宰相謝安派遣他的弟弟謝石和侄兒謝玄等率八萬精兵迎戰。謝玄叫使者前去要求秦兵稍稍後退，讓晉兵渡過淝水決一勝負。符堅答應了，但晉兵卻趁對方後退紛亂之際，撥出八千人急攻秦軍，又設埋伏在秦軍陣後大喊：「秦兵打敗了！」秦軍因此潰決，死傷無數，僅存部分殘眾北竄而去。這在相當程度上是東吳聯蜀抗魏所進行赤壁決戰的翻版，贏的一方美其名為「以寡擊眾」，實際上是詐術用盡，遠非宋襄公

仁德有禮讓的作風可以相比。但同樣的不管如何,這也都沒有
再發展出戰爭本身以外的偽神聖思維;而它在西方就截然不同
了。

　　通常以武力作為權力媒介,在大多時候還會透過武器或其
他強制手段(如集體施暴和制度性壓迫等)來衍生效應而造成
難以估計的殺傷力。所謂「我們分布全球,掌控了地球大部分
能量和產能,還開始向內太空(海洋深處)和外太空伸出觸角。
我們的陰暗行為,比起其他動物也有獨特的地方,包括滅族、
凌虐取樂、嗑藥以及大規模地消滅其他物種」這一戴蒙(Jared
Diamond)《第三種猩猩:人類的身世與未來》書中所提到人
獨具的各類非善行,就是這種情況的概括說明。換句話說,武
力原也可以是威嚇性的(未必要具體施展),但當它一旦淪為
鬥狠或屠殺的工具後,就無法免除仇恨相向的暴力色彩。而這
一暴力色彩,在大規模的毀滅性戰爭中最為明顯,也最容易引
起譴責的聲浪。即使戰爭也有竇耶爾(Len Doyal)等《人類
需求:多面向分析》書中所說的有基於自衛、自保和保鄉等多
樣理由而被合理化,但最後倘若沒有非武力/非暴力的手段介
入排解或其他意外的變數(如天災、癘疫和神祕力等)來和緩
沖淡,那麼「一戰還一戰」的惡性循環勢必無從避免。尤其在
西方,戰爭常被賦予形象化的美學意涵(如它可將人的天資和
能力激發到極致,以及能為那些冒險犯難而征服敵人的英雄戴
上不朽的皇冠等),馴致世間有很多衝突或許可採取和平手段
來化解的最後都訴諸武力鬥爭。這曾被波伊曼(Loius P.

Pojman）《生與死：現代道德困境的挑戰》一書歸結為有戰爭浪漫主義或戰爭現實主義的理論在背後支持著：戰爭浪漫主義者相信戰爭對人類是一件好事，因為它可以消除社會的殘渣，造成適者生存的事實，並且可以引導出人性最好的部分，包括勇氣、毅力、銳利的精神、持久力、抵抗力、英雄氣概和智慧等；而戰爭現實主義者則相信戰爭是「必要之惡」，還因此衍生出功能主義（如果戰爭確實會帶來最大的整體好處，那麼戰爭就是合理的）、社會契約論（當戰爭有利於一個國家，它就有作戰的理由）和道義論（戰爭必須滿足「由一個合法的政權宣戰」、「以正當理由宣戰」、「宣戰是最後一條路」、「宣戰的意圖是為了帶來和平，而且尊重、甚至愛你的敵人」、「比例問題」和「差別待遇」等正義原則）等戰爭觀念。但不論怎樣，戰爭的集體性仇視對抗及其後果難料等困擾，都不是給予合法或合理地位就可以善了。

這是說戰爭幾乎是強者對弱者所發動的侵略；而弱者為了抵禦外侮，當然也要跟著強化武裝，以至人為的災禍和死亡的威脅等就永無止息！還有戰爭假使不能禁止，那麼它的連帶效應就是一些類暴力的征服行動（如對他國的政治控制、經濟剝削和文化殖民之類）也會被法制化。就像現今的國際組織如聯合國，表面上都在說要維護世界和平，實際上卻是強國利用它來為自己謀利：所訂種種具有懲罰性條款（如經濟制裁和武器禁運之類），也都是為了排除自己在遂行操縱他國的過程中所會遭遇的阻力，而沒有能力反對的弱國就必須被迫接受它的適

法性。當今世界許多地方存有饑荒和各種疾病流行，全是由這些有形無形的戰爭所引起的；而因戰爭的需要所發明的摧毀性武器以及滲透和分化等戰略戰術，更使得人類隨時處在個體死亡和集體大滅絕的恐懼中。因此，武力的權力媒介向度是一種非正常的影響或支配姿態，它的高度侵略性本質永遠無法取得像其他的權力媒介（如智識、才藝、異稟和能力之類）那樣的正當性。而這乃是自居「上帝選民」優勢的西方創造觀型文化中人才會搬演的戲碼，它的可被譴責已經不是單一武力對他者的侵擾（上述戰爭現實主義所說的正義原則僅為門面話，內裏其實是以對自己有利的為正義），而是整體文化無理迫近肆虐所造成舉世慘悽的日漸全毀惡果！

由此可見，國人蔑視自我傳統文化而隨西方踏步起舞，所迎向的顯然是一條充滿坎陷的不歸路，最後恐將都要被連累而以獰惡面目呈現，不再有些許的獲益慰藉可以安然自處。每次痛思至此，就更激起我急於從傳統學問中尋繹可以在今天社會「反其道而行」的資源，以確保自我主體不被汙染，而免於繼續偏詖險存於世。

經過這一堅確信念的應對歷練，我得進一步思索廣泛運用古書的現實問題。因為前者在抗衡西方文化的凌駕摧抑方面，我已有決心力戰而會陸續以著述發聲，但現階段較為急迫的則是從內部裝備厚植實力，所以解決上述問題也就責無旁貸了。這一方面也是有鑑於國人不知轉傳統為開新（終淪為西方文化的俘虜）所必要搏造的對策，可以預見前途將會滄漫迢遙。但

不這樣自我激勵且付諸行動，也不知道我還能別為成就什麼。

縱然這種志氣在現時社會也不是全然未見，只不過懷抱者依舊憚於西化實踐的威力，凡是談到古籍現代化就盡是設想「迎合」、「化用」和「通氣」於對方，一點也起不了正本清源的功效（畢竟其他國人多已在人家後面緊跟不捨，所取得眼前的「好處」勝過以往，這類不痛不癢的籲請豈能改變他們的志意）。如今真正需要的是從新讓古人的智慧內化進自己的生命，才可望在逐漸變化氣質中接軌於久被淡忘的傳統生活，而有所減緩隨人歧出致禍的步伐。這時所需求的古籍現代化（現世代或當世化），就是一個全套式的考量，包括古書所載事理在當今的意義（價值）定位、詮釋策略的規畫和綜取所需等裏外整合見效的全方位作法。為的是規模一個可據為具體實踐古為今用理想的模式或方案，而在心理距離上以反科技文明的戕害生靈和反科層制的桎梏人性等為基底（決然不混同於今人所步西方科學和民主後塵的苟合加括號的「現代化」潮流）。而這則可以舉實例來以見一斑。

首先是古書所載事理在當今的意義（價值）定位。這得找出古今類同的情境，以確定「古可以補今」或「古可以範今」的立足點；此外還得分辨古今所處該情境者應世態度或應世策略的短長，以保證古今相互對諍的必要性。如《尚書‧湯誥》所載：「其爾萬方有罪，在予一人；予一人有罪，無以爾萬方。」像商湯這樣有擔當的君主，比起當今一些政府首長動輒咎責部屬或預先恐嚇（如在用人前後向媒體放話「做不好就換人」之

類），相去不啻千里！試問當今行政效率不彰，大家辦事不力，是不是正因為「離心離德」（人人駭怕得咎丟官）的緣故？那麼商湯的作為豈不是合適當今人的榜樣？又如《論語·子張》所載：「孟氏使陽膚為士師，問於曾子。曾子曰：『上失其道，民散久矣！如得其情，則哀矜而勿喜。』」曠觀古今，這一「哀矜而勿喜」的胸懷，似乎很少在領導階層駐留，有的只是相互標榜擒兇多少、緝毒多少和懲亂多少等。殊不知這大多源於領導階層的教養無方和自亂陣腳，以及對「民不畏死，奈何以死懼之」的錯誤評估等原因。眼見法網越發嚴密，而作奸犯科卻日漸增多，我們的領導階層豈能再為高破案率沾沾自喜而不重拾「哀矜而勿喜」的心情去做點有效的教養或相關補救工作？由此可以得出這麼一個思考的模式：今人遇到了什麼問題，這個問題今人是怎麼解決的，解決的成效又怎樣，古人解決類似問題是否更高明而有可以借鏡參考的地方？似乎只有把古書所載事理做這樣的意義定位，才能確保古籍現代化的必要性。

其次是詮釋策略的規畫。依經驗，古書所載事理，除了有我們可以直接感受得到的，還有我們無法直接感受得到的，這就必須靠詮釋才能奏效。尤其是集部所收一些隱喻性特高的文學作品，倘若沒有經由詮釋，根本難以領會它的精義（或言外之意）。而詮釋也是使古書再生的不二策略。如杜牧有首〈赤壁〉詩「折戟沈沙鐵未銷，自將磨洗認前朝。東風不與周郎便，銅雀春深鎖二喬」，有人說解為「孫氏霸業，繫此一戰，社稷存亡，生靈塗炭，都不問，只恐捉了二喬，可見措大不識好惡」

（許顗《彥周詩話》）；有人說解為「牧之實有不滿公瑾之意。牧嘗自負知兵，好作大言，每借題自寫胸懷，尺量寸度，豈所以闊神駿于牝牡驪黃之外」（賀裳《載酒園詩話》）；有人說解為「言公瑾軍功，止藉東風之力，苟非乘風力之便以破曹兵，則二喬亦將被虜，貯之銅雀臺上。春深二字，下得無賴，正是詩人調笑妙語」（薛雪《一瓢詩話》），一首詩被詮釋了再詮釋，每被詮釋一次它的生命豈不是又翻新了一次？又如《紅樓夢》，被索隱派紅學家說解成是一部仇清悼明的隱書；被考證派紅學家說解成是曹雪芹的自傳或家傳；被評論派紅學家說解成是在「描寫人生的苦痛及其解脫方法的」或在「批判封建社會的黑暗內幕的」或在「敘說一個理想世界的興起和發展及其最後的幻滅的」，紛紛紜紜，充分顯示了《紅樓夢》這部小說還有不斷被更新生命的可能。然而，如何確定一種詮釋使古書「再生」比別的詮釋更有意義，卻是我們當下最需要考慮的。根據詮釋學家的說法，人一定要運用他已知或已經驗或對存有的領悟來從事詮釋的工作。但這並沒有比詮釋者的意圖或目的來得重要，如各派紅學家都在上述的詮釋循環中進行他們對《紅樓夢》的詮釋，看不出彼此有什麼差異，但他們的意圖或目的就大有不同了。當中把《紅樓夢》說解成是在描寫人生的苦痛及其解脫方法的，可能是為了引導同胞再造涅槃境界；而把《紅樓夢》說解成是仇清悼明的隱書的，可能是為了激發國人的民族情感（近代中國深受列強侵凌）；而把《紅樓夢》說解成是在批判封建社會的黑暗內幕的，可能是為了響應（中國

大陸）建設共產社會的時代使命；而把《紅樓夢》說解成是在敘述一個理想世界的興起和發展及其最後的幻滅的，可能是為了喚起世人從新經營一塊淨土樂園，幾乎各有各的懷抱（不排除他們另有謀取利益和樹立權威等企圖），不可等同看待。因此，詮釋勢必是一種策略運作。而我們可以繼續努力的是，設法在既有詮釋策略外，開發一些新的詮釋策略，以便自己或他人在實際詮釋時確定能夠獲益，從而使得古籍現代化的轉繹成為可能。

再次是綜取所需。今人所處環境多不單純，所擔負的工作也頗複雜，所需要用來自處和處世的資源自然相對的增加，這時我們無法只依賴某一家某一派的思想觀念就能應付裕如，而必須取攝各家各派的思想觀念才有可能。鑑於歷來各家各派學說紛然並陳，很難說沒有我們可以綜合攝取的機會。如主張入世的儒家信徒和主張遯世的道家信徒，彼此雖然「鳥獸不可與同羣」，但入世路卻多梗塞（如孔子、孟子這些大儒都極不得志），有淑世熱情的人最好先有「社會陷溺未必是事實，即使是事實也未必只有我一人才能拯救」的心理準備，以免在「壯志未酬」或「出身未捷身先死」時，引發自怨自艾或長使英雄淚滿襟的感嘆！這時學學莊子「寧遊戲汙瀆之中自快，無為有國者所羈，終身不仕，以快吾志」（《史記‧老子韓非列傳》）也不錯，不一定要去爭功而不得後才來怨嗟時運不濟（更何況除了從政，還有很多途徑可以表現入世情懷呢）！又如今人一邊倡導教育，又一邊嚴明司法。前者預設了人性是善的（這樣

教育才有可能），後者預設了人性是惡的（認為人有劣根性，所以要用司法來懲治或警戒犯罪）；既然預設人性是善的，又預設人性是惡的（兼取古代各家對人性的論斷），豈不是相互矛盾？這一矛盾現象卻很少有人去正視。其實，人性不是光由一種論斷就可以了結，善惡是兩種相反的價值判斷，它完全緣於人論說的需要而設定的（不是人性天生就有善惡的區別），而在這設定背後又有權力欲望在起終極性的作用。因此，設司法、辦教育，表面看來不大搭調，實際上都是統治階層藉以遂行權力支配的兩種手段，而不關「善惡」的爭辯（今人盛行別為辯論人性「向善」或「善向」，基本上也是失落了重要的焦點）。了解這一點後，我們不但能看透古人的「用心」，還可以對諍權力欲望的合理性，一舉數得。這是古籍現代化可以最見宏效的作法。而它跟前二者相互為用後，就更加確立傳統文化從新發光一事能夠平穩進展且有遠景可以期待。

　　上述所規模古籍現代化以為益世的模式或方案，顯然已經綿密無漏而可據為具體實踐了；只不過迄今為止仍是一個尚未啟動的狀態，以至留予末尾唯一的期待就是「大家趕快上路」。縱然我們無法寄望它能夠立即取得改變現時制度的效益，但長此以往卻可以保證有助於降低西方文化的蹙迫壓力以及悔悟自我棄己隨他的荒唐舉措，因而在深入思考民族前途和政經制度百年大計等自決上有正面的促進作用。

　　就在思索廣泛運用古書問題的過程中，我也一併面臨了來自緣起觀型文化這一系可能更有利於調整應世策略而遲未能

決定加以取捨的困擾，畢竟佛教傳入中土且跟傳統儒道思想爭衡已有兩千年歷史，而現今提倡新能趨疲世界觀的人又多看好它可以發揮警世或淑世的功能，我豈能「無動於衷」？沒錯，像雷夫金（Jeremy Rifkin）《能趨疲：新世界觀──二十一世紀人類文明的新曙光》、赫基斯（Bradley K. Hawkins）《佛教的世界》和賈許（Gary Gach）《佛教一本通》等書，對於佛教的可被借重無不是一片讚許聲；而暢談儒道佛重行會通的時論，也多得不可勝數，但這樣俱在眼前的佞佛奧衍情境卻是更難想像能夠推上改革風尚的舞臺，我可得好好的再作一番分辨。

所以這樣說，乃因為有歷史累積的經驗在佐證，致使我還不能相信由印度佛教所開啟緣起觀型文化這一系可以有效的引來解決人世間的難題。理由是它的空苦解脫教義，縱使也展現了一種足以跟創造觀型文化所見天國觀念相抗衡的高尚蘄嚮，但它卻又走上了另一個完全棄執的極端；這不但少有人能夠契會且實踐無礙，而且還把特別繁雜的眾多人倫及其權益糾葛等問題蔑視不提，自然無法應驗於現實環境。只是它早已在中土社會生根發芽了（前後成立過成實宗、俱舍宗、三論宗、法相宗、律宗、淨土宗、密宗、天臺宗、華嚴宗和禪宗等宗派），同時具有攏總衍繹教義效果的大小乘經論諸如《長阿含經》、《中阿含經》、《增壹阿含經》、《雜阿含經》、《般若經》、《華嚴經》、《法華經》、《涅槃經》、《勝鬘經》、《解深密經》、《秘密法經》、《陀羅尼經》、《金剛經》、《維摩

詰經》、《楞伽經》、《圓覺經》、《阿彌陀經》、《無量壽經》、《觀無量壽經》、《大毘婆沙論》、《俱舍論》、《唯識十二論》、《大乘五蘊論》、《瑜伽師地論》、《攝大乘論》、《大智度論》、《百論》、《中論》、《十二門論》、《大乘起信論》和《淨土論》等也都點滴進駐了人心，以至要說它「更難想像能夠推上改革風尚的舞臺」，就得有更充足的解說來釋疑。

　　基本上，緣起觀型文化傳入中國，它那一臻致涅槃寂靜境界的終極解脫理想，並未真實受到感應而得著普遍實踐的機會（很難想像在印度嘗見的瑜伽行苦修也能夠移植且大為風行），倒是它的消業觀念和唸佛法門等俗諦掀揭特別吸引人，從中彌補了氣化觀型文化所說人死還原為精氣後不定會在另一時空再行聚合成人的不足，以及多了眾佛的庇佑力量可以增加一層安於死亡的保障。因此，國人很少參透稍早菩提達摩東來跟梁武帝對話中所流露的信息：

> 帝問曰：「朕即位以來，造寺寫經渡僧不可勝紀，有何功德？」師曰：「並無功德。」帝曰：「何以無功德？」師曰：「此但人天小果有漏之因，如影隨形，雖有非實。」帝曰：「如何是真功德？」答曰：「淨智妙圓，體自空寂，如是功德，不以世求。」（《景德傳燈錄》）

梁武帝向來從事的正是國人所一致耽念且企圖強為踐履的；而菩提達摩拈出的「淨智妙圓，體自空寂」實為佛教徒修行的最

終標的，反成了國人解會上的障礙而始終罕見相應的表現。但試想如果國人真的走上了那一終極解脫的道路，又會怎樣？恐怕屆時所有的政治體制、社會組織、家庭結構和經濟形態等都要崩解，而迫使大家一起虛無流散！是否也由於有這種疑慮，致使國人寧可護住本有的東西而擯棄緣起觀型文化的介入干擾，從而讓它停留在個人練性或倫理分合層面產生理論疏通上的作用。這麼一來，要再從新召喚緣起觀型文化來益世或淑世，也就少了「現實可用」的基礎。

我們看，創造觀型文化所蘊涵的窮為發展科學一項，乃是為挑戰自然／媲美上帝（想成為上帝第二）而導致耗能縱欲的下場，這固然無法靠它來保障人類的明天，但相對的緣起觀型文化所崇尚的自證涅槃／解脫痛苦而趨向斷能去欲一途，卻又難符人性而走進了死胡同，二者都不合為世人藉以安身立命的價值選擇。這時原著重絡結人情／諧和自然的氣化觀型文化，所見特知減能節欲的作為，就成了最能應時所需的生活形態。無奈百年來國人已經不察自我所屬文化傳統有這樣的特性，而一直在尾隨創造觀型文化，以撿拾對方的唾餘而圖謀倖存！

正因為我也一併透視了緣起觀型文化無從有所助益人類逆反能趨疲而行（雖然它在某種程度上仍有「救急」的作用），所以更加確定必要重揚氣化觀型文化的信心，從此不再懷疑還有什麼更有效的對治西化和全球化的途徑。而這一部分，也正好是晚近那些自居通達的少數西方人的盲點所在，畢竟他們所痴心寄望於緣起觀型文化，只不過是尚未知悉氣化觀型文化的

實可大用罷了。

經過這一番分疏後，我覺得可以放心的來作更能力矯時流的相關詮釋工作。這是最新的文化使命，也許回過頭去有機會找到同道（總會有類似的情境），但還是以能為現時需求最為切要。因此，在面對古書時就不宜再跟前人僅如「聖人也者，道之管也。天下之道管是矣，百王之道一是矣。《詩》言是其志也，《書》言是其事也，《禮》言是其行也，《樂》言是其和也，《春秋》言是其微也」（《荀子‧儒效篇》）或「《詩》以道志，《書》以道事，《禮》以道行，《樂》以道和，《易》以道陰陽，《春秋》以道名分。其數散於天下而設於中國者，百家之言時或稱而道之」（《莊子‧天下》）這樣平實尋繹為已足，而必須像前面所說的積極於開發新的詮釋策略；並且在絀合為篇章發表出版時，也當無暇再去理會從來生命歷程可能的憂患悲愁，因為縱使「夫詩書隱約者，欲遂其志之思也。昔西伯拘羑里，演《周易》；孔子戹陳蔡，作《春秋》；屈原放逐，著〈離騷〉；左丘失明，厥有《國語》；孫子臏腳，而論《兵法》；不韋遷蜀，世傳《呂覽》；韓非囚秦，〈說難〉、〈孤憤〉；詩三百篇，大抵賢聖發憤之所為作也。此人皆意有所鬱結，不得通其道也，故述往事，思來者」（《史記‧太史公自序》）這種種坎壈增志的案例都成真，也未必有助於我們要在現今時空尋得更好安頓自己和濟助他人的辦法。

這整體上是在自我激勵「向前展望」（所有過往經驗都得作為挹注此一動力的資源，而不時興近代以來傳自西方「別有

用心」的拼圖或再現一類的考索旨趣），而因應任何強敵的施惠或買辦者的誘惑，所要有的骨氣就藏在「不食嗟來食」的故事裏。那即便是發生於我們自己文化系統內的人性掙扎，但也無妨藉以聯袂拒外，畢竟想確保尊嚴則非如此不可：

> 齊大饑，黔敖為食於路，以待餓者而食之。有餓者蒙袂輯屨，貿貿然來。黔敖左奉食，右執飲，曰：「嗟，來食！」揚其目而視之，曰：「予唯不食嗟來之食，以至於斯也。」從而謝焉，終不食而死。曾子聞之，曰：「微與！其嗟也，可去；其謝也，可食。」（《禮記·檀弓》）

文末所綴曾子那段話，不妨把它看作是教化者的老婆心切，倘若當真要那般「貪生苟活」，那麼先前強護堅持的顏面已失，而往後恩報的念頭噬心也將沒有了時，痛苦恐怕更甚於剎那的忍餓殞命！相仿的，當今的處境國人不加倍培養「不食嗟來食」的高格調，又豈有更合適的應對方法？

找到這個前提後，我就能繼續披覽遺緒且直言蔭今而不諱了。好比我所撰〈易卦編排的哲學思考與方法〉一文，對於《周易》這一出自卜筮源流的經書究竟要如何看待，則有多方的探尋和研議。我先以上個世紀七〇年代出土的安徽阜陽的竹簡《周易》（只存今本《周易》六十四卦中的四十多卦；卦畫方面，僅見〈臨〉、〈離〉和〈大有〉三卦；陰爻作「ㄇ」）和長沙馬王堆的帛書《周易》（沒有篇題，六十四卦齊全，卦序跟今本《周易》不同；卦爻辭和今本《周易》比較，甚多異文

和假借字;陰爻作「⌐」「∟」)為對勘系,而有諸多發現。如今本《周易》中的陰爻「⌐」「∟」,一向都被視為跟陽爻「—」相對,而代表陰氣或陰物或地(水陸二分),但從竹簡《周易》和帛書《周易》來看,「⌐」或「⌐」「∟」,象徵性並不強;而且何以彼此畫法有這樣的差異,也無從理解。因此,古來的相關說法,教人如何相信?又如今本《周易》都有篇題,前人大多認為《周易》成書時已定,但我們所看到的竹簡《周易》和帛書《周易》卻沒有篇題,以至前人所肯定的卦名,以及「乾」、「坤」、「坎」、「離」、「震」、「艮」、「巽」和「兌」等八個三畫卦組成六十四個六畫卦,又教人如何想像?又如今本《周易》的卦爻辭,不論被前人指證歷歷的分繫於某些聖人名下,或者籠統含糊的歸屬於官家卜筮流脈,都無礙於它的權威性,但我們比較竹簡《周易》和帛書《周易》,卻有那麼多的異文(其實從陸德明《經典釋文》所載一些古本異文,已經顯示了今本《周易》不能必稱原貌),這又要如何確定《周易》的所有權?倘若我們再找來《左傳》、《國語》、《論語》、《尸子》、《荀子》、《戰國策》、《呂氏春秋》和《禮記》等書引用《周易》繇辭而不及「九」、「六」、「初」、「二」、「三」、「四」、「五」和「上」等名目佐證,還可以懷疑歷來種種關係「象數」的論說,而同縈繞《周易》不去的畫卦、重卦和繫辭等問題,一併還給古人去傷腦筋,實在不願意再蹚那一灘渾水。雖然如此,《周易》已經成書且輾轉流傳至今,這是事實;而《周易》就以那卦畫、繇辭和數目的特殊組合,

吸引我們去探究，這也是事實。因此，我們沒有理由自外於《周易》的討論，徒讓古人「譏笑」我們淺薄。只是我們不合再把所有注意力都集中在《周易》本身，應當轉移目標而看看前人怎樣處理《周易》，以及怎樣解釋和應用《周易》；否則我們仍然是在前人的討論範圍內兜圈子，並沒有比前人高明多少。接著我以《周易》所示作為占筮紀錄的輯本為基礎，而推測它在經人編纂過程中已被賦予要藉它來涵蓋宇宙人生的各種道理（如《易繫辭傳》所說的「《易》與天地準，故能彌綸天地之道……範圍天地之化而不過，曲成萬物而不遺，通乎晝夜之道而知，故神無方而《易》無體」那樣），一如早期同為衰集書所肯認的纂述旨意（如《大戴禮記·序》說的「其探索陰陽，窮析物理，推本性命，雜言禮樂之辨，器數之詳」、《新書·序》說的：「通乎天人精微之蘊，窮乎歷代治亂之故，洞乎萬物榮悴之情，究乎禮樂形政之端，貫通乎仁義道德之原」和《淮南子·序》說的：「言其大也，則燾天載地；說其細也，則淪於無垠。及古今治亂存亡禍福、世間詭異瑰奇之事……無所不載」等），以至從新提點了《周易》本來的面貌如何，以及《周易》編輯者是否能用有限的卦數來表達無窮的義理等，不再是值得關注的重點；而理應轉向有關《周易》的詮釋策略上，同時藉著該詮釋策略反省自身既有策略的得失成敗，以便對未來有所寄望，才不會再陷入一些無謂論說的糾葛中。也就是說，倘若當今學科的過度分化，以及物質文明的急速膨脹等，早已讓人深感「意義失落」的危機，而亟欲振衰起弊，那麼《周易》

編輯者那一涵蓋宇宙人生全體的思考方式，不啻是最佳的「補偏之道」，值得有心人三思取鏡！

又好比我所撰〈劉項成敗論──讀《史記》感論之一〉、〈漢高祖定天下貴能用人聽諫──讀《史記》感論之二〉和〈從漢興三傑談處世態度──讀《史記》感論之三〉等三文，對於楚漢相爭期間所見眾多人事纏礙到底要怎樣紓解，也有廣泛的鋪排比對和領會建言。當中〈劉項成敗論──讀《史記》感論之一〉一文，先以「鴻門宴定乾坤」，而後「從個性數長短」、「從待人觀氣象」、「從用人察成敗」、「從行賞看功過」、「從政略覷得失」、「從戰略窺勝負」和「從戰術睹高下」等，綜合判斷「項羽的失敗，豈僅功德不如劉邦，其所有行徑多不合正道，實堪悲堪憐！歷來草莽英雄的末路，蓋類如項羽」而以為天下戒！〈漢高祖定天下貴能用人聽諫──讀《史記》感論之二〉一文，則全面探得「佐劉邦取天下的人，多鼓刀屠狗賣繒之徒，只有張良出身最好為韓相之子。這些人甘願為他出生入死，無非為世俗的功名利祿，像魯仲連那種功成不居的人實在少之又少（張良就像魯仲連，跟眾人迥異），諒必劉氏當深知箇中人心，而不吝以爵邑為要，促使士卒赴湯蹈火在所不惜。因為他能用人聽諫，所以有張良為他運籌，有蕭何為他鎮國給饋，有韓信為他打天下，有陳平為他出奇計；定海內後，又有張蒼為他定律曆，有劉敬為他議徙六國各族至關中以備胡並採和親政策以安邊境，有叔孫通為他制禮固國等，無一不出自羣臣的謀略。漢據有天下誠是不易，而劉邦能聽諫諍，知任

人才，終於傳為美談」而可為想成大功立大業者的楷模。〈從漢興三傑談處世態度——讀《史記》感論之三〉一文，則將張良、蕭何和韓信等漢興功臣予以評比得出「此三傑的造化各有差別，難強以為評。在事功上，他們都已各盡所能，無可加議。在處世上，張良足當先知先覺，能察秋毫，明禍所從出，一一都予避免；蕭何只可謂後知後覺，須待人曉喻，方知避去禍端；韓信則為不知不覺，禍已臨頭，還不自知。觀歷代政治禍層出不窮，豈非都肇因於居人下位者矜功伐能？能不矜功伐能者究有幾希？是以張良的功成身退為貴。在他前有范蠡、魯仲連，在他後有曾國藩，俱為人所稱道。我們處於今世，雖然已不受專制某些苦痛，但民主社會中也難容矜伐之心。輕者，止於為人所譏笑；重者，就要遭人排斥。類如韓信，用世之心誠然可貴，但功已成不知退，徒惹殺身之禍，誰不為浩嘆？又今人有爭功競能而悒悒不得志的，或不納人諍言，或不謙虛向學，非但難逮張良，恐去蕭何也甚遠」而足夠有意為人下屬或幕僚者引以警惕在心！

又好比我所撰〈《文心雕龍》「文體」新解〉、〈《文心雕龍》的「體要」說——兼論《文心雕龍》的理論結構〉和〈文章的兩大支柱——談《文心雕龍·風骨》篇兼評各家論說〉等三文，對於中國傳統首部具龐大體系的劉勰《文心雕龍》此一文論書，更有細密的勾勒肌理和發微宏揚。當中〈《文心雕龍》「文體」新解〉一文，這是為因應劉勰自己所重視的必要識照觀「夫綴文者情動而辭發，見文者披文以入情，沿波討源，雖

幽必顯。世遠莫見其面，覘文輒見其心。豈成篇之足深，患識照之自淺耳」（《文心雕龍‧知音》），而歸結出《文心雕龍》所用「文」，依語脈或指文章／文字／文采／文辭／文藻等，義多不一；而所用「體」，也依語脈或指文章的內涵／要領／體察／字體／身體／交體等，同具多義性，但都並未混淆。尤其是常被錯會的「體」字「雖有以上六義差別，然而它的文例自有統系，彼此不相含混；而且它用字的輕重，也能權衡得宜。如作『身體』、『肢體』、『交體』解的『體』字，多在比喻文章的內涵，可謂彼重此輕。又如『文體』的『體』字，為文章的內涵，可包含情、思、事、義；而『大體』、『字體』的『體』字，都以一義見，可謂此重彼輕。至於『體要』、『體物』、『體國』、『體目』、『體情』、『體勢』的『體』字，跟『文體』的『體』字二者文例不類，不為輕重。研讀《文心》者，實不可不詳察此義；否則一知半解，徒負此一千古的傑作」，以此允為論說精於用詞的軌範。〈《文心雕龍》的「體要」說——兼論《文心雕龍》的理論結構〉一文，這是為回應劉開所曾嘆賞的偉構說「自永嘉以降，文格漸弱，體密而近縟，言麗而鬥新，藻繪沸騰，朱紫夸耀，蟲小而多異響，木弱而有繁枝，理詘於辭，文滅其質。求其是非不謬，華實並隆，以駢儷之言而有馳驟之勢，含飛動之彩，極瓌瑋之觀，其惟劉彥和乎」（《孟塗駢體文‧書文心雕龍後》），而揭發指陳《文心雕龍》以「體實為要」（文章要先有真情實感）為張本，然後布論敷彩而暢說文體的種種規範。因此，有關「章學誠《文史

通義・詩話》篇，曾以『體大而慮周』一語概括《文心雕龍》。
如果有人追問《文心雕龍》為何『體大而慮周』，不知章氏會
作何回答。我們要答覆這個問題，似乎也只有從『體要』說談
起，才能說得圓通」；而「就大體來看，劉勰『志足而言文，
情信而辭巧』的理論，毫無疑問的可以質諸聖人而不謬、俟諸
百世而不惑。即使後人有重『志足情信』的一面，而稍抑『言
文辭巧』的一面，那也只是理論的偏勝，並沒有越出劉勰論說
的範疇。我個人認為劉勰所以能夠牢籠百代，是由於他的文學
主張『志足而言文，情信而辭巧』已到了極致。後人可能不盡
同意他的其他說法，但在這點上很難有所超越，這是《文心雕
龍》所以為不朽著作的真正原因」，並將它一併帶離世解未能
精審的低地而立升為建制文體的典則。〈文章的兩大支柱——
談《文心雕龍・風骨》篇兼評各家論說〉一文，這是為呼應孔
穎達批評熊安《禮記義疏》的不宜過歧見解「熊則違背本經，
多引外義，猶之楚而北行，馬雖疾而去逾遠矣。又欲釋經文，
惟聚難義，猶治絲而棼之，手雖繁而絲益亂也」（《禮記正義・
序》），而轉衍繹理《文心雕龍》但指「文氣」和「文義」的
風骨觀得及早擺脫今人郢書燕說的泥淖，才可能通讀了悟，畢
竟創體「道理縱然如此簡單，但常人多喜師成心，趨新如故。
〈風骨〉篇說：『然文術多門，各適所好。明者弗授，學者弗
師。於是習華隨侈，流遁忘反。』這當如何補救？〈風骨〉篇
又說：『若能確乎正式，使文明以健，則風清骨峻，篇體光華。
能研諸慮，何遠之有哉？』確定文章正式，使它辭意明健，則

『風』清『骨』峻，整體一片光華。為文之道，如此而已」，一樣據此許以好文者不妨勇於重續絕響（上述諸文經由發表，後來分別收入《文苑馳走》和《微雕人文——歷世與渡化未來的旅程》等書中）。

至此我所謂「等待我把諸事處理完畢」，約略要告個段落。即使不敢說從此就能胸羅萬象了，但至少前去路上有待劈開的榛莽於感覺上已經完成了一半，只等期待中研究所生活的來臨。就在臺灣解嚴的隔年，我考上了淡江大學新增的中文所。那時專業科目只考中國文學史、中國思想史和語文能力測驗等，而不考專書，也不考文字學（含聲韻學和訓詁學），少了他校私設門檻的機會，以至跟我同時考上的人就有一部分為非本科系畢業（他們大概也從別處鎩羽而歸了許多次），年紀顯然都大了點。由於我痴長幾歲，所以就被他們尊稱為「大哥」；只是我這個大哥在察知所裏老師年齡跟我相仿的有數位時，曾經汗顏了好一陣子；特別於一次陪龔鵬程老師赴學生書局發行人丁文治的邀宴中被提及而聽到對方以韓愈的話「聞道有先後，術業有專攻」相安慰後，更覺得日後要爭氣的地方還有很多，來時路所積學的東西仍有挪縮再予以充實的空間。

想起多年的苦讀開始要探尋出路了，不免憂喜參半！一方面我無法就此放棄教書工作（家計負擔依然沈重），修課的行程勢必會讓我疲於奔命；一方面我又慶幸著生命得以迎接更多挑戰而有新的淬鍊機會，眼前早已浮出一幅幅急闖學術天地的圖像。事實上，這是長期以來養成的習慣，只要有空一定書不

離手，致使所謂的「急闖學術天地的圖像」僅僅是一種心境的轉換，我的意識仍舊不脫離在文字世界裏找著寄身的成素。記得當時每逢科任課沒事，我就在辦公室鑽研古籍，校長偶爾巡堂經過發現偌大的空間只我一人在看書，總會多瞧兩眼。有一天，他忍不住好奇走進來跟我寒暄：

「真羨慕你可以不停地看書！」他說著面露一絲歉疚的表情。

「那裏，」我聽了反而疑惑起來，「校長您不也是能夠⋯⋯」

「唉──」他不等我說完，就兀自長嘆一口氣，「我從五十歲以後，每天大約只能看十分鐘報紙，再多就要流眼油、頻打哈欠啦！」

原來是這樣呀！我倒沒想過這也是羨慕別人唸書的理由。此刻我對於他當年不恤念我編校刊和從他到任後就再也沒有人願意主動為學校做事（他本人是督學轉任可能不想太有作為給自己惹麻煩）等不良觀感驀地減卻了大半，只逕自想著是否那一天我也會面臨同樣的生理困境，屆時就不知道要找誰來聽我訴一訴那好似可被憐憫的衷情了。

有了那次晤談，我終於更深了解孔子所說「後生可畏，焉知來者之不如今也。四十五十而無聞焉，斯亦不足畏也已」（《論語·子罕》）那後半句的警惕意味！一個人少小不努力，突然間要發憤用功，可以想見希望很渺茫，因為人不大可能反轉如同耗能結構的身體而忽地煥然一新變成另一個人。正緣於這已納入而成為我的先備經驗，所以稍後遇到一位無所不談的

師專同學，聽他說有意要參加主任甄試，準備去坊間買書來啃。

「算了吧，」我見狀半開玩笑的對他說，「年紀已經一大把，K不了書的。要的話，等下輩子，記得趁早。」

學術隨解嚴風潮乘勢開張

前面說到讀研究所「修課的行程勢必會讓我疲於奔命」，才開學不久我就嚐遍了苦果。不但所裏任課老師一再更動上課時間，令我費盡心思於私下調整小學的課程；而且兩地有一段距離，我每回開著一輛老爺車趕場，路上驚險萬分，經常感覺生死只在一瞬間。此外，班上學生知道那些時段我不在學校，恣肆胡鬧，屢屢引發隔壁班師生的怨怒抗議（科任老師多半也都任由我班學生翻天覆地），而我卻不知如何在外出後還能遙控，不給「先生偶出門，小子滿堂舞」那一古代塾師有過的苦惱重演的機會！有一次我慢了點趕回教室，原應是午休時間，但全班卻宛如歷經了一場混仗，個個喘息未定，而揚起的灰塵仍明顯浮在半空中沒有散盡。

「怎麼了？」我環視教室一遍後問道。

「都是班長啦，」前排一位女生搶著說，「他用氨水嗆我們！」

我明白了，出來維持秩序的班長封不住眾人的嘴巴，就開啟前一節自然科學課用剩的氨水，想要讓大家「聞氨色變」而自動噤聲，不料他的計策失靈，眼前不僅無人閉嘴，還叫嚷得

更厲害，並且互相感染竄逃去躲避，整班亂成一團，差點把天花板掀掉。這時我才注意到還站在講臺一隅的班長，他鐵青著臉不說話，大概正為剛才發生的事而納悶不已。我請他回座，心想他可真學到教訓了，往後如果有意參與政治，應該會切記不能隨便在處理羣眾運動上使用刺激物（按：那位學生後來果然進了臺灣大學社會學系，似乎命運早就把他牽好了）。

　　類似全班集體騷動的戲碼不斷地上演，的確帶給窮於善後的我極大壓力；而反覆在有如一條線兩端拚命奔跑的結果，我的心力交瘁感也逐漸湧了上來，開始覺得進修路將會比預料中的曲折。不過，小孩子終究還是有可愛的一面，吵鬧歸吵鬧，彼此的感情並沒有疏離，甚至在某些方面善體人意的程度還超過我的想像。例如每次陪他們午休，我都是累得先趴在桌上入睡，而無心再管制底下嘰嘰喳喳個不停。這時我就會聽到那個大塊頭男生的輕吼：「別吵！」他比班長還有威嚴，吼過後立刻鴉雀無聲。雖然有人會悟後竊笑了起來（因為他們知道他是在仿效我說過一個故事中的主角，那個主角平常霸凌別人慣了，卻在一次同情老師中而以流氓大哥的口吻警告大家「別吵！你們沒看到老師生病嗎？誰再吵，小心我扁你」，從此他在老師的眼裏大為改觀，逢人就提起這個學生的義氣超常，不再當他是個小混混），但我仍然深感安慰；同時也樂得他們自導自演這齣詼諧劇，而強忍住不擡頭看他們，免得它太快變了調。

　　又例如他們精力充沛，每週兩節體育課多半只能到才要發

洩蓄積階段就戛然中斷，於是我再把最後一節作業指導時間挪來使用。平常很多班級同時擠在一起活動，總覺得受限不暢快，這時操場只我們這一班，大家有如脫韁野馬，盡情奔跑跳躍，興奮無比！教務主任每每在晨會中提醒老師要按表操課，大概也暗中指到我，但緣於我大牌（學校有求於我而我無求於學校，所以就大牌了），從來沒被她找過談這件事。如果她真的前來指責我，那麼我也會有一番辯解：誰說作業指導就一定得是靜態的測驗或訂正作業而不可以是動態的體能驗收或鍛鍊？殊不知小孩子在教室待了一整天，臨放學前還要禁錮他們煩躁的心情，豈不是迫使他們更痛恨學校的生活？像我這樣安排，他們從新振奮了情緒，晚上就有精神作功課，明天又會期待它早點到來（因為他們知道最後有一節體育課可以充分的釋放鬱悶和排解煩憂），而不會逃學或消極以對。由於所有的運動項目不論是體操，還是球類，或是田徑，我都會作示範、甚至下場跟他們一起戲耍，經常忘我到連鞋底磨破了也沒有察覺。有一次，他們竟然湊錢買了一雙新布鞋給我，讓我感動得無法自已！

「你們怎麼曉得我穿幾號？」我說著幾乎要泛出淚光了。

「嘿嘿……」他們約好不透露祕密似的只顧一逕的傻笑。

後來我才問出是他們趁我午休時，派人偷量了我鞋子的長度。這般貼心的舉動，恐怕是史上頭一遭。我只好請他們看電影作為回報，此外就不知道還能用什麼來表示這份突然降臨的溫慰了。

　　孩子們既然懂事如斯，我也就不再太在意他們偶然脫序去混鬧，而把一部分心思轉移到研究所新生活的規畫上。我意料在這一邊也會跟教書一樣，需要有多一點的變數介入，才能確保同學相處和修課活動不致是一灘死水。那時一再聽說研究所是折騰很久向學校爭取而經教育部同意設立，原本以為一切都準備就緒了，沒想到它才在初坯階段：課程和師資是有了，但有關具體的經營方針、應變對策和圖書器材等軟硬體設備卻一概闕如（也許所裏已有備案，只是我們都感受不到）。初期上課地點換來變去，忽而系館小研討室，忽而教學大樓教室，忽而城區部偌大空間，就像四處為家的孤兒難以安身。那位於北市麗水街的城區部，是我大學的主要學習處所，如今業務全數回到淡水校本部，只剩空樓，不見人影。每次到了這裏，心裏就很不踏實；而去校本部，又因為研究所有如在虛空飄蕩而少了歸屬感。因此，再不想點辦法突破困境，我真要耐不住這樣淒清單調的日子了。

　　眼看研究所除了授課就再也沒有端出什麼AB計畫，我想或許藉由我們自己努力添加還有扭轉情勢的可能。而這擺在眼前的迫切事，顯然就是怎麼從無中生有，以及凝聚某些可行的共識等。所以就考慮到透過餐會這一最便捷的途徑：只要下課不急著返回小學，我都會建議大家吃個便飯，由我請客以盡一點作為「大哥」的義務，順便商討可以合作的事宜。當中請客這部分，只經過兩次，他們就以「無功不受祿」為由堅拒我一人埋單，改以各付各的賬。而商討合作事宜這部分，則很快有

了結果：首先是創辦一本刊物，經我提出而無異議通過，截取宋儒「道問學，尊德性」的標目，命名為《問學集》，專門刊載所內同學的學術論述。其次是定期論學，大家輪流發表論文和交換資訊。原先我還提議有系統的來研讀典籍，但因有人告難而未能如願。我們就這樣開啟了由己力「定位研究所」的新生活，不讓這第一屆的頭銜白白荒蕪了去。

所裏對上述二事，並不干涉，也沒有特別鼓勵，只在刊物出版前夕才說要補助一半經費。也因為我們只能創刊，而無從過問下屆接棒後要怎麼處理，因此這本《問學集》也就在看似「有勞無功」中淡出我們的視界。稍後為了建立一個可期待的專屬圖書室，我開始又比前者心急，因此再度慫恿夥伴展開募書的工作：先向專兼任教授徵求他們的大作供所裏典藏，然後再伺機擴及他人和出版社。但沒想到儘管我信誓旦旦的保證此路可通，還是少有人響應，僅我募了幾本就深感心餘力絀而主動終止，將書送歸系辦，研究所一樣囊空如洗（後來者大概也永遠不會知道曾經有人想要看見一個專屬圖書室的成立）。如此一來，還稱得上做成且明白被大家引為是份內事的，就僅存論文發表會這件事。

回顧當時的環境，政治剛解嚴，各種學術研討會如雨後春筍般冒起，彷彿已百無禁忌了。但遺憾的是，該滾熱氣息並未溢出感染到研究生族羣，他們仍然被視為是有待知識餵哺的嗷嗷者，根本不會有人想要去帶領他們跟外界接軌。只有我們這羣略有社會歷練的老研究生，才了解到時代不同了，不衝刺就

會落伍（更別說還有什麼美好明天可以展望了）。於是我們就自己比照外面學術會議的規格，辦起了一場又一場的論文發表會，並且還跨校跟同年度成立的中央大學中文所合辦。而且很意外地，一個由我們首創的研究生論學風尚，竟然會在逐漸打響名號中蔓延開來。

先是所裏有老師正接管中國古典文學學會，他們看到自己的研究生跨校論學起勁，也興起以該學會名義在淡江大學舉辦「國內中文研究所在學研究生論文發表會」；而僅隔半年時間，不知是否受到我們這邊的刺激，中央研究院中國文哲研究所籌備處也辦起了「中國文學與哲學研究生論文發表會」。多年後，我請也轉戰過那兩役的簡光明為我的詩集《銀色小調》寫序，他還能縷述那時的情景：

> 碩士生時期的周慶華，意氣風發，一九九〇年三月淡江大學舉辦首次全國性的「國內中文研究所在學研究生論文發表會」，他就發表論文，並得到評論人的肯定；同年十月，中央研究院中國文哲研究所籌備處主辦「中國文學與哲學研究生論文發表會」，周慶華發表〈詩話摘句批評的原理〉，邱燮友、黃景進、張雙英三位教授提出審查意見，黃永武教授擔任講評人，評論人都是國內文學批評界重量級學者。周慶華在綜合答辯時說：「以『優點』和『缺點』並列的方式來評論文章，本身就互相鑿枘，有違『矛盾律』的法則。面對此一矛盾的評論，本來也毋須答辯，但為了應命，還是勉為一試……此外，還有一些不相干的批評，

答辯也沒有多大的意義，所以就省略不談了。」當時碩士班研究生對於學界先進的批評多半是接受而不敢違背，頂多是就所認知的不同略為解釋，周慶華的回應足以說明其學術性格。由此觀之，周慶華對決的對象，又豈只是古老的心靈？

這是他的客氣，還沒有說出當年前前後後所出現的一些詭異現象：如在中國古典文學學會辦的那一場，因我祖母過世，不能到會，委由同學林慶文代為發表。會後我打開錄音帶一聽，劈頭就是所裏一位老師所發「爛蘋果咬一口就知道了，不必吃完……」一連串的諷喻批判聲。我那篇〈文學創作中的情性問題〉近三萬字，他只看了前言就這般得理不饒人的猛砍，我總算開了眼界！又如中研院文哲所籌備處辦的那一場，我才跟那些學者舌戰完，就聽到隔我一個座位發表論文的潘麗珠轉對她正當主持人的臺師大老師說：

「看吧，淡江來的！」

此後，有關「周慶華好辯」、「周慶華目中無人」一類的暗詆傳遍中文學界，也跟這「淡江來的」四字劃上等號。是呀，我們在學校開疆闢地卻少奧援，到外面打拚又容易遭嫉，此中苦況豈是旁人所能領會深透！

話說回來，外頭的人總以為我們論學的積極是受所裏某位老師的影響。其實，我們只是抱定「自己的學問自己負責」的信念，行所當行而跟任何人無關；同時我們也僅是就事論事，

而不作人身攻擊或摻雜情緒性語言，比起那位老師動輒以「大
謬」、「笨」和「荒唐」等字眼罵人要節制多了。此外，我還
想到他們所以為理該的溫文爾雅作風，只是尚未找到機會發
揮，不然像跟我們論學中遭逢的那幾支中央大學中文所的大砲
（如戴文和、盧景商和陳立驤等），一旦出了地窖，那咄咄逼
人的狂轟威力，非謙遜程度豈會低於我們？

　　倒是我們想要「一貫作業」進入課堂，試著跟教授平行問
難，以便磨練思辨能力，卻遇到了不少障礙。有的教授只護著
他自己那一套學問，不歡迎我們的質疑；有的教授被提醒某些
東西已有專著問世又何必要我們去做無謂的蒐尋整敕後，惱羞
成怒，有機會就想修理那個多嘴的人；有的教授看我們一副不
受教的樣子，也很不客氣的大批特批我們所寫的報告（好比有
位教授就說我適合去從事餖飣考證的工作而不必走上義理辨
析這條理），出手重又難叫人信服。當然，也有部分不在上述
那一行列的教授（多為校外來兼任的），他們遇到刁鑽的問題，
會說我回去再想看看；或者開新課肯花更多心力備課，僅僅為
了擔心我們別有會意。只不過當後面這類教授於私下或公開場
合不吝稱讚我們幾句時，所見到的景象是前面那類教授從鼻孔
哼出一聲就不再回應了。這時究竟是誰影響誰，能說得清楚
嗎？雖然如此，我們並沒有因為有諸種不利的條件存在而減卻
那一股亟欲出頭天的衝勁。學校畢竟是主其事者仿美式辦的而
比他校要學風自由，我們能夠在這裏張狂一點，也是有幾分幸
運的緣故，不如就盡情享受這一在某種程度上可任我遨遊的真

華生活。

困勉摸索西方現代理論的歷程

跟所裏老師的關係變得緊張，除了課堂上的累次發問引起他們的不滿，還有一次代課風波惹出他們的怒火幾乎到達沸點。那是一九八九年中國大陸六四天安門事件前夕，所裏幾位老師去北京大學進行學術交流，據他們說那邊學生爭民主的聲浪如何的盛大壯觀，而學者們又是如何的偷偷控訴當年文革的浩劫摧殘，但他們卻不知道也不過問那段期間我們被安排去代了兩三次課所遇到的困難：

第一，我們必須額外準備和請假去教課，並且不可能有代課費（學校不會承認我們的教師資格，老師們也沒有自掏腰包的習慣），心裏怎麼不起疙瘩？

第二，我們無法得知老師們講課的內容，只能私自揣測而選題講述，相左互捩的狀況自所難免，老師們回來如有大學生反應不佳，這賬要算在誰的頭上？

第三，學校內已經四處在點燃聲援天安門抗議羣眾的火種，而我們中文所的研究生卻忙於為老師代課，一點參與那些活動的時間也沒有，還反被懷疑老師都去打前鋒而我們只會躲在自家圖輕快，試想我們成了什麼人？

恰巧楊旻瑋代的課，他對所代課老師積了多年的疑怨，一時口無遮攔批評起對方的學問。這經過修課學生告狀後，差點

引爆了一座火藥庫。

「被你們搞成這樣，以後誰還敢請你們代課！」所長被迫出面善後，對我們講了這一番不大中聽的話。

楊旻瑋並不在場，否則他一定有話辯駁，因為就是那位老師講課蓬鬆不成理則，他屢次提問都被否決，才會遷延到那堂課上去「借題發揮」。我們都看在眼裏，絲毫也不覺得他的議論有什麼不妥。

爾後我們還發現那位老師在所裏出力少，卻有很多意見，包括嫌我們愛出風頭和不恥我們傾向跟特定老師作研究等。就是緣於他在一次師生座談會中公然反對一名指導教授收太多研究生（那本應是他們內部要去討論決定的事，卻選在這種場合大剌剌的講出，形同是要強迫別人接受他的觀點），以至原想請所長指導論文的人都被轉介出去（主管先避嫌一個研究生也不收），這又造成我們另一層得戒慎恐懼去校外碰運氣的煩惱！十多年後，那位老師還在他的散文集裏說我們第一屆研究生的程度並不怎麼好，卻喜歡「放高言論，旁若無人」，一些狂妄行徑引來外界的責難等。不想他自己沒在研究所留名不久就見機跳槽到臺大中文系，而他對我們的數落正好證明他根本自外於那時學術的律動。

我們被那位老師怪罪無妨（甚至連被他主動關心詢問的事，他都可以把我們所照實說的話一口吞滅，而回過來叫我們「別這樣對人對事」，真讓人覺得莫名其妙），但他自己還不明瞭癥結出在那裏這就問題嚴重了，畢竟胡搞爛纏導致後來研

究所氣勢崩散的還輪不到我們研究生，而他的提早離去卻預埋了後續誰想為所裏效命定會反遇阻力終難成就的命運（給過阻力者也可以宣稱他在這裏不得志，而拍拍屁股走人，殊不知同為阻力也會相互抵制）。

看我們研究生不爽而正在醞釀的反彈勢力，還有一段歷史可敘，此刻卻得暫予擱置，而先說一說來研究所進修所受到的激盪。學術隨解嚴風潮乘勢開張，那是我們自覺有心得才敢那樣廣設擂臺找人較量，而實地在背後卻是每個人各為一段艱辛的摸索歷練。

研究所的課程涵蓋文學、思想和文化等領域，不取傳統經史子集的學科範限，也有別於他校中文所遵循的樸學老路，新穎性自是所長給我們《問學集》寫序所說的那樣：「（我們）規畫了許多新課程，對於研究方法之更新、中文研究未來發展性的開拓，自信在整個中文學界，包括臺灣和大陸，是沒有其他機構能相比擬的。」但這是辦學者一方的想法，我們研究生所感覺它嘗試要扭轉「因人設課」的慣例而為「因課設人」的新習方面並未有效的執行落實，因為從它忙於找人開課和只要有開課就算數等跡象來看，一切都好像還在摸石子過河中。這種無法專心或全力於經營研究所的潛在難題未解，再加上其他因緣不能俱足以及課堂辯難氣氛的淡薄等缺憾深著，它只得還給各人回歸自我激勵志氣的舊有軌道上（就是一樣無從反向寄望研究所使你變得精實通博）。因此，來這裏的第一印象是學術大門像似開了，實則是有關如何走進去尋幽訪勝或披荊斬

棘，卻得在接下來的日子各憑造化一試。而所謂「來研究所進修所受到的激盪」，就是指我們自己的那份迎戰心情和勤勘前路的意志力等。

這在我個人的應對方式，仍然是採自大學時代以來的「快速融入法」，不論修什麼課，我都會設法在最短時間內熟悉該領域的學問門路。好比所裏請中國文化大學哲學系的黃慶明老師來開「治學方法」，他光談邏輯學就費去了一學期。這自然不夠相契於治學方法本身應有的廣包性；但該課程卻引發我想從新窺探哲學可能的瀚海深淵，畢竟那是我在讀師專時唯一積存的重挫經驗，已到了非把它搞清楚不可的急迫階段。我知道黃老師有《實然應然問題探微》一書，而他將向來所開課的講義正陸續整理預計出版的也有《形上學講義》、《知識論講義》、《邏輯新引》和《倫理學講義》等，只要已刊行的我都找來看，再配合閱讀其他專書如亞里斯多德《形而上學》、曾仰如《形上學》、沈清松《物理之後——形上學的發展》、漆秀爾（Roderick M. Chisholm）《知識論》、海瑟林頓（Stephen C. Hetherington）《知識之謎——知識論導引》、趙雅博《知識論》、梭蒙（Wesley C. Salmon）《邏輯》、馬瑟（Gerald J. Massey）《符號邏輯導論》、何秀煌《邏輯》、佛瑞克納（William K. Frankena）《倫理學》、包爾生（Friedrich Paulsen）《倫理學體系》、謝扶雅《倫理學新論》、康德（Immanuel Kant）《判斷力批判》、黑格爾（George W. F. Hegel）《美學》和劉昌元《西方美學導論》等，我終於有了備列形上學／知識論／邏

輯學／倫理學／美學等這一基本哲學架構的概念。當時一起修課的林明昌、胡正之、楊旻瑋、殷善培、林慶文和劉福田等，很會炒熱氣氛，把原就笑口常開的黃老師逗得更加心花怒放。尤其是林明昌和胡正之二人，一個原學的是印刷，卻在專營電子產品和主持廣播節目；一個則是多年前就聽廉永英老師在《文心雕龍》課上提過，日間部有一人考試答題以「廉師所說近是」作結（意思還不是最允當），讓為師的驚詫不置，進研究所後探得那個人就是他，也算是老江湖了。他們喜歡跟老師擡槓，並暗為設計請老師解析裏頭的邏輯問題；而我們旁觀者瞧著老師一會兒爽利的回答，一會兒皺眉說還要細想看看，也樂得差點集體手舞足蹈起來。更好玩的是，黃老師依舊用筆測評定成績。我們問他為何這麼古板，他說：

「邏輯，不就是給一些例子讓你們作分辨，還要寫什麼報告！再說你們寫了報告，我反而得費心去挑裏面的毛病，豈不是庸人自擾！」

這是他所堅持的信念，我們別無對策只好乖乖就範，一時感覺上又回到了大學時代。但這還不算怎麼麻渣，兩年後所裏的學科考又以同樣方式矮化我們，那就令人大失所望了。

竺家寧老師所開的「漢語語言學」和「詞彙學」兩門課，也很有意思。其他非中文系出身的修課者，常以「這個字怎麼唸」、「那個詞為什麼要這樣組合」等一類常識性問題相詢，竺老師都能和顏悅色的詳為解說。而談到得意處，他也會帶點挑激的語氣反過來問大家「這樣沒錯吧」；同時還不忘加上一

句「你們很好學深思」。又為了名副其實，我們也參研了許多
書籍，終於逐漸可以擠出一些真正稱得上是好學深思人所該擠
出的專業性問題，諸如漢語和英語的形態不同是那些觀念造成
的、西方漢學家普遍只會看和說而無力以中文書寫又是什麼緣
故，以及辭彙進入現實環境就變化多端又要如何掌握等，這時
我們就會看到不諱言自己只專擅語音／語法／語義等綰合為
傳統語言學的竺老師以一貫客氣的口吻說道：

　　「很抱歉，那些屬於心理語言學、社會語言學和文化語言
學的問題，我還沒有研究。你們如果有興趣，不妨去找書來看，
也許會找到答案。」

　　後來竺老師轉去中正大學中文系，研究所就不再有類似准
許大家「放肆大膽」請益的機會。等到一九九七年我出了一本
《語言文化學》，他正接掌系務而看過後立刻請同學轉告我是
否有意願到那邊，他大概還記得當初建議我們自尋答案的話，
所以慶幸國內終究有人開筆了；只是我已經搭了很長一段求職
列車抵達臺東師院，不想再勞神搬遷，以至就沒去敬納他的好
意了。

　　從竺老師課內所獲得的樂趣，經常延伸到我們的聚會交談
中。如有一天大夥在喝下午茶，林明昌說及他主持廣播節目所
遇見的困擾，當中特別受不了的是聽眾很愛打電話來糾正他的
讀音或寫信到臺長那兒控訴他老唸別字，讓他既失顏面又常分
心講不好話。我聽後笑笑的提供他一個對付的辦法：

　　「以後接到那類電話，你就刻意再唸一個別字給他聽，說

你在吹毛求『屁』，看他會有什麼反應。」

　　在場的人跟著一陣喧嘩，沒想到這也可以成為一個反制奇招！只可惜隔週他的節目就被停掉了，沒有機會試用「以見神效」。事實上，我這樣說並不是要惡作劇，而是想給那些對語言外行卻又自以為是的挑剔鬼一點教訓，因為他們不但完全不知道史上「訛音變正」的例子比比皆是，而且對於別人「工作辛苦」也欠缺包容的雅量（他們既然都聽得懂廣播員說的話，為何還要奢求一定得發什麼「正音」呢）！我想這如果被竺老師知悉了，他可能也會點頭附和的說：「有道理，是該給那些人一點刺激，好教他們醒醒腦袋！」

　　在探討語言學文獻期間，我的「係聯對勘」興致陡地高昂了起來。先前已看過趙元任《語言問題》、早川《語言與人生》、董同龢《語言學大綱》、謝國平《語言學概論》和何秀煌《記號學導論》等基礎書，但所見說法大同小異，總覺得意有未愜卻又不甚清楚問題在那裏；這次再旁及艾斯敦（William P. Alston）《語言的哲學》、黃宣範《語言哲學——意義與指涉理論的研究》、胡壯麟主編《語言系統與功能》、俞建章等《符號：語言與藝術》、費許門（Joshua A. Fishman）《語言社會學》、法爾布（Peter Farb）《語言遊戲》、利奇（Geoffrey Leech）《語義學》、桂詩春《應用語言學》和羅常培《語言與文化》等進階書，才一併了解語法學可以跟邏輯學相通、語義學也有局部相應於分析哲學或詮釋學、心理語言學和社會語言學乃為科際整合的產物、文化語言學（或語言文化學）則是最後出具

統攝性的學科等，從此有關語言世界的形貌大抵歷歷在目了。此外，還有一支獨標新學的結構觀，包括結構語言學、後結構語言學和解構語言學等，也從索緒爾（Ferdinand de Saussure）《普通語言學教程》、喬姆斯基（Noam Chomsky）《變換律語法理論》、傅柯（Michel Foucault）《詞與物》、巴特（Roland Barthes）《符號學要義》和德希達（Jacques Derrida）《論文字學》等著作中窺探到了一點門徑。

　　由於哲學和語言學的啟蒙，我又鼓起餘力探向當代最稱繁難複雜的文學理論的流派、歷史學的演變和新興宗教的衝擊，甚至某些基進社會學科和自然學科的發皇等。那時所裏除了有中國傳統文學理論課程，還請來吳潛誠教授主講西方文學理論，以及所學會所邀請蔡源煌教授演說「後現代主義文學」和呂正惠教授演說「文學與社會」等。前者我去旁聽了一次，覺得講者所說都不出他在《詩人不撒謊》書裏所討論的，所以就沒再聽下去；而後二者也因為他們已分別有《從浪漫主義到後現代主義》和《小說與社會》等書可以參考（呂書是先有單篇論文發表而多年後才結集出版），以至對於該一鱗半爪的談論就感覺不出有什麼新意。反倒是我自己在廣為披閱他書後，一些原裹著一團迷霧的相關論述彷彿水到渠成般的浮現出了清晰的輪廓。也就是說，相對中國傳統文學理論只在意言志／緣情或質直／文飾及其法式等一類但關係氣化觀底下為綰結人情／諧和自然所見內感外應的表現需求，西方文學理論則別為推衍出符合創造觀中為挑戰自然／媲美上帝所得馳騁想像力

的新創向度。這也就是後者所以會從前現代寫實觀念跨向現代新寫實觀念、後現代語言遊戲觀念和網路時代超鏈結觀念的主要原因。而向來沒有造物主信仰的國人，自然無緣參與此一強為新創理論的行列（後來想勉為追隨卻仍嫌滯澀而無力超前，當中隱含的盲從心態則又另當別論）。這樣一來，文學是思想情感的表現（浪漫主義）、文學是現實生活的反映（寫實主義）、文學是潛意識的流露（精神分析學）、文學是原型或意識形態的模塑（神話原型批評）、文學是意識的純粹體現（現象學）、文學是存有的彰顯（哲學詮釋學）、文學是獨立自足有機的意義世界（新批評）、文學是特殊的語言組織（形式主義）、文學是詞語結構（結構主義）、文學是其他文本的互涉物（後結構主義）、文學是意符的追踪遊戲（解構主義）和文學是對話性的結構（對話批評）等眾多不同說法，就儘是西方人在發文講論，國人一點搶先置喙的餘地也沒有。

　　至於歷史學的演變所涉及的新康德主義／文化形態／新黑格主義／自由主義／分析／計量／年鑑學派／馬克思主義／心理等史觀枝葉、新興宗教的衝擊關聯教派多如牛毛所裂解資訊和分散權威的事實（新興宗教不論是從傳統宗教分化而來，還是自民間信仰衍變造成，或是全新設立，都顯示了既有宗教的權威性無法繼續維持），以及某些基進社會學科（如符號互動論／俗民方法論／功能論／衝突論／新馬克思理論／新心理分析理論／聚合理論／依賴理論等）和自然學科（如基礎學科方面的相對論／量子力學／混沌理論／超弦理論等；應

用學科中的遺傳工程／人工智能／網際網路／電子技術／工程技術／太陽能／合成纖維／航運技術／衛星技術／太空科技等）的發皇所激出高度競爭及其紛亂禍害不已的新景象等，我也一一的推究出箇中緣故。換句話說，這一切變化的源頭自有創造觀型文化在裏頭起作用而可以不疑有他，但為何非西方世界中人會瘋狂地傾心相隨，一起踏上這無從保障什麼的「耗能窮變」的不歸路，卻得等到數年後我才逐漸深透當中所不免的委屈受迫和厚顏賣己求榮等道理。

　　這一堪稱困勉極了的獨自摸索西方現代理論的歷程，所帶給我的是全然有別於過往的體驗。先前我還不敢想像自己可以採取什麼方式來面對當今學術的四處「點燃戰火」或「衝決網羅」，現在則陡增信心要以更有效的論說從新起步去對治那一日漸沉淪的世界局勢。只是遺憾所裏並沒有多餘的空間可以先行容納這些新闢的議題，不但課中所聽的東西多所侷限，並且連系所經常舉辦的學術研討會（如「文學與美學學術研討會」、「社會與文化學術研討會」和其他隨機或應景的學術研討會等）也未見確有前瞻性的規畫，往往論辯一結束就煙消雲散，不再能延展論題而起到帶領某些學術風潮的作用。也或許師長們對我們的成見已深，不管我們做什麼事，他們都致以懷疑的眼光；而在某種程度上，那些眼光還荒誕譎怪得眼！好比我初次試著改造某思想家的概念架構來談詩話摘句批評的原理或借用社會學科的方法論在反思文獻學的研究成果，就有師長以深不以為然的口吻告誡我：

「你不要看那些書,你要用現代美學家和哲學家的見解。」

兩個獨斷堵了過來,我想反駁也不知道從那裏著手。書本來就要多看,那有什麼可看什麼不可看的;而要人只採特定見解本身已經少了商討的空間,更別說他根本還搞不清楚理論只有用得好不好而沒有能不能用的問題。此外,關於我們在學術會議場合勇於辯難的表現,師長們也多半以「像是長了反骨的毛躁小子」的認知在相對待。有一次,楊旻瑋好不容易爭取到在「文學與美學學術研討會」發表論文的機會,他自是再度的大放厥詞且連帶將別人痛批了一頓。這又惹毛了所裏的老師,從此把門一關,再也不准碩士生提論文;而對於喜歡質疑學者論文的人,他們也會給你「點油作記號」而免費幫你作宣傳(往後我就讀他校博士班,就在課堂上聽到任課老師含沙射影的指責我們淡大出來的人「每場學術會議都要發言」),從未仔細聽聽我們究竟說了什麼。學術會議本來就是開放空間,大家論學只問說理是否允當可從,而無所謂論資排輩和做人情等一些不相干的課題。

這時候,我又深深覺得摸索新學術已夠辛苦了,而找不到可以切磋的對象則更增添一份孤獨感。這雙重心理的丕變漫漶,確實讓我茫然了好一陣子!

初期研究方向的底定

我所深懷「要以更有效的論說從新起步去對治那一日漸沉

淪的世界局勢」的信念，此時此刻應該比以前零散的論述或但以詮釋為已足的專著（雖然那些專著都尚未整理出版）更能體現為可傳播的質素和規箴進趨的作用等，而這勢必要遭遇的就是學位論文此一併合晉身的關卡。它的體系性說法應驗本身，則以蘊自對傳統文化的深刻揭發和特知力矯時弊等前提，而完結於一種能提供他人檢證的理論演繹。

在選擇指導教授時，我只當它是一個儀式化的過程，不希望受制於師長的權威而干擾了我實質的寫作。因此，從形塑論題到說服接納等，必須以減少阻力為優先考量。但不意這一盤算因為有前面所述那位師長的攪局而發生了一點波折：我才要開口詢問所長的收徒意願，他就以別人有意見為由而把我轉介給顏崑陽老師。顏老師的大名已如雷貫耳，卻從未接觸過，不知這一新導生關係要循何種途徑去建立。

硬著頭皮，我帶了幾篇文章和寫作計畫就登門拜見顏老師去了。會悟中所談的僅及跟論文有關的事，我陳述完所要處理的課題，立即請顏老師指點，他並沒多作表示，僅以憂慮的語氣告訴我一些未來所會面臨的考驗。半年後，我交出了一疊《詩話摘句批評研究》的書稿，顏老師看過後，約我在楊青矗開設的「在室男」咖啡店碰面。

「你的論文寫得很流暢，連要找個錯字贅句都不容易。」

對於顏老師這一開場白，我不但不敢興奮，而且還憑空多出一份戒懼的心理，因為他接著可能就要一刀砍下來。果然如所預料，他一連串提出幾點不同的看法，然後問我：

「你看要重寫，還是就這樣提出去口考。」

我知道他最想的是我回去重寫，而別冒會被口試委員挑剔兼及使他有失顏面的風險。我當然不服，怎麼也不可能重寫，但這卻不便當面表達，只說我再考慮看看。

稍後，顏老師取出一張合約書給我，要我簽寫一本《中國十大親情傳奇》約十萬字的小書。那是他幫漢藝色妍文化公司策畫的「中國傳奇人生」書系，還有其他九位撰寫人，當中幾位是過去論學認識過的。我收了，等於是受命要完成那一約定；只不過當下仍難開顏，唯恐一波沒平一波又起，屆時到底會有什麼結果全然未卜。

返家第二天，為了論文大事，我寫了一封信給顏老師，向他說明幾點：第一，把批評方式抽象出來，摘句批評這種批評方式，相對西方文學批評那種批評方式來說，具有「不可或缺」的特性。第二，論文原也可從存有論和知識論等立場去作實體性的探討，但那不是我所關注的重點，自然無法加以處理。第三，關於我是站在別人的對立面來論說，這乃為求學術創見所不得不然，因為我所設定的課題已有人探討過，如今再行面對勢必先檢討前人的研究結果，不然如何顯示這次研究要比別人的合理而有意義？第四，整個研究，概念的辨析只是必要手段，我並沒有停在這個階段，而是進一步去解決我所提出的問題。第五，還有一些問題，有的在內文已有交代，就沒有更正；有的涉及措詞恐有逾分（如效應那一部分），則另作了調整。

顏老師很快回了信，不再堅持我要重寫，但對我額外說的

話有意見，我又再作解釋。這樣書信往返了兩三次，就在車程不到十分鐘的路上穿梭，直到口試那天我們才再相見。而他所推薦請來的口試委員張夢機教授和李正治教授，並沒有如顏老師所擔心的會在雞蛋裏挑骨頭，所以很順利就通過了。

不久，《中國十大親情傳奇》我也如期寫成。寄出後，原以為它當能直接付排而不會再有意外，但收到的卻是顏老師的攔截令。他認定我有部分本事沒改寫妥當，要我從新來過。我不想重歷碩士論文呈上後那一無謂的掙扎，就以「無力改動」為由敬覆，無意再去爭取什麼；而顏老師大概也覺得相強費心，把企畫一擱了事，最後書沒出版，我也沒將書稿索回，師徒情份從此一僵到底。

事實上，我的研究方向，從顏老師到口試委員都還沒有相應的了解。他們始終不明白（即使有我的口頭報告點出），那是兩個系統文化的對決，而以詩話摘句批評為題材只是方便就近談論罷了。照理從我的論文中，本該看到一開始我就在勾勒脈絡，經由對時下相關論述的檢討指瑕而導出我的對決說，但他們卻都未予理會，而一再的讓我窮於辯說力挺。這種辯說力挺，還是以形諸文字的為主，將我論文所鋪陳的看法重現以見一斑：先前一些主動找對比項的研究成果，都以詩話摘句批評類比於西方早期的印象批評，不但低估了詩話摘句批評這一精要的批評方式，而且還無力追溯西方往後走向科論體系一路的內在原因。

首先，含有這種欠相應見解的論著，包括劉若愚《中國詩

學》、葉嘉瑩《迦陵談詩》、黃維樑《中國詩學縱橫論》、黃永武《中國詩學（鑑賞篇）》、楊松年《中國古典文學批評論集》、葉維廉主編《中國現代文學批評選集》、夏志清《人的文學》、顏元叔《何謂文學》、張健《中國文學批評》、張夢機《歐波詩話》、何冠驥《借鏡與類比》、周英雄《結構主義與中國文學》、王夢鷗《文學概論》、鄭樹森《文學理論與比較文學》和姚一葦《藝術的奧秘》等，幾乎都一面倒的擡高了西方具邏輯組織批評路數的價值，而貶低但以印象或主觀賞鑑取徑的詩話摘句批評。他們無能為具邏輯組織批評何以是必要的條件作說明，也乏力去深探詩話摘句批評所以是這種面貌的緣故，光是一個牽涉印象或主觀的論斷還不足以說服人（這是反以必具邏輯組織的說詞相詰問，對於它們本身不能自我顯示此類型態而有所訾議）。換句話說，印象或主觀賞鑑的源頭，也自有它的理論前提（倘若以《大美百科全書》所見印象主義的詞條為例，它所著重自然感悟的即興表現方式，已自成一種論見風格，跟強調知性思考的科論主張同等位階，並無必須退居後格的問題存在），我們很難以它反知性思考而強以邏輯組織相對勘。同樣的，詩話摘句批評本就不時興科學論述那一套，為何還要迫使它向科學論述的窠臼就範？再說詩話摘句批評能不能就這樣輕易的衡以印象或主觀賞鑑，也還大有爭論的空間，太早將它定位總不是一件好事。可見諸家論說是不大對味的類比兼失準的評斷，平白的將一種可以用來對諍的文化美感掃入陰暗的角落。

　　其次，改以比較相應或比較妥適的理解，則可以看出詩話摘句批評中的「摘句為評」，乃中國傳統詩文評最基本的形式（其他如全詩文批評、別集批評、一體一類批評，以及一代詩文總集批評等，體例無不相似），可說早已自成一種典範。對於這種典範，理當就事論事予以深入的體會和論斷，才能進一步醱對西式批評而有所合轍的勘定。如此一來，在相關現象的說明和解釋上，就勢必要有一番細密的勾勒條陳，以便為整體的論說提供足夠的準據。而這從我的發掘中，已經可以結穴它是以特殊的詩句為對象、以價值的評估為依歸，以批評的語言為媒介，以及以單一的判斷為手段等；而這背後又分別有詩教使命的促使、批評本質的限制、語彙系譜的作用，以及價值估定的侷限等緣由，不是簡單以一二句印象或主觀賞鑑所能草率帶過。至於它的功能，則不啻可以開啟後進創作的途徑、提供批評家攻錯的機會和有效延續詩句的生命等，不由得我們不去重視它的存在。當中以「單一的判斷為手段」一點，最常被指摘為遜於西式批評的地方，但有此見解的論者卻又說不出所以然來。殊不知它是緣於有「價值估定的侷限」在，實在不必胡亂隨人起舞而自我動搖立場。如依布魯克斯（Cleanth Brooks）等《西洋文學批評史》、伊格頓（Terry Eagleton）《當代文學理論導論》和威靈漢（John R. Willingham）等《文學欣賞與批評》等書所示現的，西方新批評家的作法，他們把含有鮮活的意象、巨大的張力和統一的結構等條件的作品，看作好作品。此時「好作品」這一判斷，就是結論；而「鮮活的意象、

巨大的張力和統一的結構等為好作品的條件」這一判斷，就是大前提；而「從作品中找到了鮮活的意象、巨大的張力和統一的結構等」這一判斷，就是小前提，這就構成一個備列多重判斷的論式。又如照佛克馬（Douwe Fokkema）等《二十世紀文學理論》和伊凡絲（Mary Evans）《郭德曼的文學社會學》等書所揭發的，西方文學社會學家的作法，他們將能反映社會現實的作品，視為好作品。此時「好作品」這一判斷，就是結論；而「能反映社會現實為好作品的條件」這一判斷，就是大前提；而「從作品中找到了反映社會現實的事實」這一判斷，就是小前提，這也構成一個備列多重判斷的論式。如果根據這個標準來衡量摘句批評，顯然摘句批評是「不合格」的。但我們能不能就這樣轉而詆誣摘句批評的非理性？我看是不能，因為這個標準根本不足以稱為「標準」，問題就出在大前提上。論者把「含有鮮活的意象、巨大的張力和統一的結構等」或「能反映社會現實」當作好作品的條件，然而為什麼具備這類條件的作品就是好作品？對於這般的詰問，論者也許還有辯解的餘地；但我們用同一模式追問下去，必定造成他理論上的無窮後退，而不得不自我瓦解原來的標準性。這樣看來，倘若可信，一個判斷就夠了；倘若不可信，再多的判斷也沒用。

　　再次，總結詩話摘句批評這種作法，從它的原理出發，透過跟西式批評的比較，可以研判它成就了一種不可或缺的批評方式，以及足以維護批評對象的純粹性等特殊價值，在現今環境無慮仍可再被承繼沿用。換句話說，西式批評那種具邏輯性

的多重判斷不是必要的，而從事文學批評又不得不有所論斷，以至摘句批評這種使用單一判斷的方式就顯得非要不可了。還有批評對象都是語言構成的，要批評它，除了批評語言本身，就只能批評語言的意義（包括詞語意義、句構意義和語境意義等），以便維護批評對象的純粹性。我們看摘句批評這種批評方式僅使用單一的判斷，它一定要從批評對象取得依據，這對維護批評對象的純粹性來說，再有效也不過了。反觀西式批評那種批評方式，就不能有效的維護批評對象的純粹性。就以國人的取徑操作為例，如王建元《現象詮釋學與中西雄渾觀》中有根據現象學的時間範疇理論，來研究中國的山水詩，認為它是一種空間經驗時間化的運作；周英雄《結構主義與中國文學》中有根據結構主義的二元對立關係理論，來分析古樂府〈公無渡河〉，認為它是以象徵的手法解決人生的難題；廖炳惠《解構批評論集》中有根據解構主義的美感結構理論，來詮釋陶淵明〈桃花源詩並記〉，認為它含有嚮往、放逐和匱缺等要素；顏元叔《談民族文學》中有根據精神分析學的象徵理論，來探討王融〈自君之出矣〉，認為它句中「思君如明燭」的「明燭」是陽具象徵等。這些都是以西式批評那種批評方式來批評古詩，它們作為大前提的判斷，根據的不是詩這個對象，而是另有他指（姑且稱它為「時間範疇」或「二元對立關係」或「美感結構」或「象徵」）。雖然我們也可以把它們所根據的視同詩的語境意義，但這個語境意義也未免太過寬泛，跟非詩對象的語境意義幾乎無法區分，馴致讓人誤以為它批評的不是詩，

而是另一個文類。如此一來，西式批評那種批評方式就維護不了批評對象的純粹性，最後不得不將有效維護批評對象純粹性的美名歸給摘句批評這種批評方式。

　　辯解到此地，我自己也該反省「以矛攻盾」的可能效應了。也就是說，為了彰顯己系統精品的文化美感，我竟採取他系統的繁複論說作法，這豈不等同於在預告先前所析辨的對象可以「完封存檔」了？是啊，這又「所為何來」？我內心頃刻不禁別為升起一絲絲的困惑！在口試結束的謝師宴中，大家儘講些不著邊際的話，沒人察覺我還沈浸在前景蒼茫的惶然裏而難以釋懷。

　　離去前，忽然念及研究所入學考的語文能力測驗科目有一道對句題，命題者出的上聯是「觀音山坐臥淡水旁，有動有靜」，我一時無力作答，事後也沒能力私下補上。恰巧張夢機教授有《鷗波詩話》和《古典詩的形式結構》等書，而他自己也擅長古體詩創作，當時我就隨口提出請教。他回首看了看觀音山，又擡頭望了一會黝黑的天空，許久都吟不出半句，可見它難對的一斑。此後我的惦記未嘗一日稍減，直到多年後重拾對聯寫作的興致，才想出以淡江大學的地標驚聲樓為題材，勉強以「驚聲樓盤踞虎崗上，能風能空」一句對上，也算是情在而間接對當初困惑不解的愧憾略作些許補償了。

預感取得學界通行證還在更遠處

　　因著剛完成的論述看似跟實際不能合謀這件事，我恍惚了好一陣子。直到細思此中緣由，而想起禪宗的文字般若觀，如宗寶編《六祖法寶壇經》所說的「執空之人有謗經，直言不用文字。既云不用文字，人亦不合語言。只此語言，便是文字之相」，信念才從新篤定。換句話說，我從後設的角度來談傳統學問的形態，只要得當（正如佛教經論有用），就有助於新格局的開拓（好比佛子從此可以得著悟道的門徑），而毋須擔心所論述對象並未顯現系統組織或邏輯結構可能引起他人的反詰。

　　再說這一作法還有跟時流對比逞能的深意在，倘若只如傳統學問那樣簡單淬鍊式存著，那麼又何必有我多為曉舌？畢竟同語反覆已經俱在的東西並無意義，只有更深一層次予以析理鑑別，才有機會顯現它的價值。好比同為後設論說，前章所提及王建元和周英雄的談法本身，就比他們取據無端還難以饜足人心。當中王建元的論說，所詮解的中國山水詩如王之渙〈登鸛鵲樓〉「白日依山盡，黃河入海流。欲窮千里目，更上一層樓」，但以「這詩本身的主題無疑是詩人在面對廣闊伸延的空間時將重點放在視覺的瀏覽；然後詩人又因企圖擴展他的視覺角度，終而極明顯地表現出一種對連綿延伸的空間的時間化」一義作結，殊不知它的核心意識更合在「砥礪志節」或「勤勉

功業」或「豪邁胸襟」理路上定格，而被作者和讀者所深刻體
認感知，該「空間時間化」倒成一種無意識，大家未能察覺也
不會有什麼損失。此外，他的詮解所要促成文化美感的對比，
也沒有克盡究極契會的能事。理由就在：他一再揭發西方普遍
存在將一切時間空間化的觀念（如康德的「形體以上」說最終
理想乃為一個從形下掙扎而轉趨的純理念，以及黑格爾的「提
升辯證」論企圖從物質世界的範圍逃出而在歷史盡頭察看它的
運作等），卻又無力觸及它跟在中國傳統所見對反意識相異的
根由。我們面對這種情況，真要加以解釋，還得回到最先發用
的世界觀上來看。也就是說，空間時間化所徵候的是一個當所
有物如氣流動不止的世界觀在支持著(才會連空間都予以時間
化)，而這就是氣化觀型文化所體現的。反觀西方人因為有一
神信仰而將天國視為永恆所在的關係，所以一切的追求都會朝
向該一空間境界，從此演為創造觀型文化的特殊象徵。可見不
務出此比較能「盛稱圓滿」的辨析，想飽飫接受者亟欲更深認
知的胃口是辦不到的。至於周英雄的論說，所指出「公無渡河，
公竟渡河；墮河而死，將奈公何」這一樂府古辭中內蘊有人和
自然的二元對立結構，這又臆測多過事實。原因是：如果說狂
夫墮河而死這件事代表著人和自然的對立，那麼改成狂夫服毒
或上吊或自戕或跳樓或別為橫死，是否也可以說它象徵著人和
毒品或繩索或刀劍或樓房或暴力物的對立？顯然狂夫墮河而
死只是一個偶發事件（按：郭茂倩《樂府詩集》所收此詩有段
引子說：「崔豹《古今注》曰：『〈箜篌引〉者，朝鮮津卒霍

里子高妻麗玉所作也。子高晨起刺船，有一白首狂夫被髮提壺亂流而渡，其妻隨而止之不及，遂墮河而死，於是援箜篌而歌曰……聲甚悽愴，曲終亦投河而死。子高還以語麗玉，麗玉傷之，乃引箜篌而寫其聲，聞者莫不墮淚飲泣。麗玉以其更傳鄰女麗容，名曰箜篌。』」），它背後是否另有命定或其他因素，不得而知；但如何也難以扯上什麼人和自然的二元對立問題。這也可見輕易媒介西式批評方式，並無助於自我文化的翻轉代謝或衍繹出新。而這就是我要再力拚學思超卓的一個重要立足點（相關文字成品，已在稍後陸續產出，而散布於所出版《語文研究法》、《文學詮釋學》和《華語文文化教學》等書中），試圖走出找不到可靠歸宿的尷尬處境。

此外，學術成形本身所連帶的「研究」質性，總以解決問題和指出一新方向為它的任務所在。這證諸荷曼斯（George C. Homans）《社會科學的本質》、高斯坦（Martin Goldstein）等《科學方法新論》、巴頓（Michael Q. Patton）《質的評鑑與研究》、劉元亮等《科學認識論與方法論》和韋政通編《中國思想史方法論文選集》等書，可知早已為學界相當程度的共識。因此，我的論述也勢必要在這個環節上展現力道，才能看出可顯差異而特能與時推移的學問形態。

其實，這種不受限於往昔成就的情況，即使是我們自己的傳統，也已成一條典範更易的鐵則。所謂「文律運周，日新其業。變則其久，通則不乏。趨時必果，乘機無怯。望今制奇，參古定法」（劉勰《文心雕龍・通變》）、「習玩為理，事久

則瀆。在乎文章，彌患凡舊。若無新變，不能代雄」（蕭子顯
《南齊書·文學傳》）、「詩文之所以代變，有不得不變者：
一代之文，沿襲已久，不容人人皆道此語」（顧炎武《日知錄·
詩體代降》）和「蓋文體通行既久，染指遂多，自成習套，豪
傑之士亦難於其中自出新意，故遁而作他體以自解脫。一切文
體所以始盛終衰者，皆由於此」（王國維《人間詞話》）等，
這說的雖然僅及創作方面的進益規律，但擬比於論議研究也無
不理同，總沒有不思跨越而只保有既定學問形態就好。

　　這時對我來說，更重要的是「何處發展」的問題（而不再
是預期他人可能的反詰先行自我辯護，因為那已是非如此不可
的了）。取得碩士文憑，在現時的學術界想買張門票都沒資格，
更別說有機會到裏面恣肆遊逛了。幾年來，縱使我已經游走邊
緣累積了不少撰述及參與學術論辯的履歷，但那些既得利益者
卻不會因為這樣就張開雙臂歡迎我加入；倒是由於自己顯得比
別人積極而遭到他們有意無意的戒備防堵，甚至連周遭師長也
多半是一副老大瞧不起人的樣子，這又教人怎敢想像跨足學術
界可以平順稱意？更何況我的職場新身分還遠在天邊，如何正
式引起他們注視我所要的平等對待籲請？

　　狀況不就有兩次在古典文學學會主辦的「中國古典文學會
議」和淡江大學中文系主辦的「文化與社會學術研討會」提論
文（分別為〈臺語文學的過去現在與未來〉和〈俠的神話性與
社會功能〉）。這都是所裏老師擔任古典文學學會理事長和淡
江大學中文系主任策畫的，但其他襄助的人卻在暗中阻撓，幾

經波折才被排上議程；而所邀請來的討論人包括已在中央研究院任職的洪惟仁和東海大學中文系教授吳福助等，則從頭到尾沒講過一句好話。尤其令人不解的是，他們看不懂論文也就罷了，還動輒端出架子用譏諷或教訓的口吻批評：

「我剛看這篇論文，還以為是警官學校出來的人寫的！」

「明明就是你一人，怎麼自稱起『我們』，還有許多用詞……」

是啦，他們對一名尚缺學術地位的新手，可以自覺高人一等；也因得著是特約討論人的便宜，而說話就順勢不給對方留餘地，這豈能寄望有個平臺可好好論學？我在回應時，自是不客氣的予以重力反擊；但幾次下來，卻深感一個閉塞的學術環境不是我所能夠快適趨入的，畢竟那裏面仍有莫名的阻力在攪亂，還得想妥因應的對策才可望前進無礙。

埃斯卡皮（Robert Escarpit）所撰《文學社會學》一書，強調文人圈的實質意義：「每個社會羣體都有它的文化需求以及屬於它的文學……這就是我們所稱的『文人圈』：聚集了絕大多數的作家們；而且也吸收了從作家到大學文史研究員，從出版商到文學批評家等文學活動所有的參與人士。」但他卻意識不到（或已意識而不便多說）這圈子內藏有太多論資排輩、黨同伐異，以及既得利益者想方設法阻止權力被瓜分等紅海廝殺！如今我還在門外徘徊，就已多次聽見裏頭的異常擾攘聲，那以後真的一腳踩進去了，又會是什麼樣的景象？想想實在沒有一點「欣求」感覺！

　　就是緣於面對這一非美善的境遇，我才更為預感取得學術界的通行證還在更遙遠的地方，因為那不只會有羣鷗擋道，唯恐你來搶食；而且還有我就是願意當隻鷦雛，也仍不知在這種低頻紛雜的環境中可以發揮什麼作用！

博士學位暗中跟我招手

　　別人氣焰高漲，以及不免狗眼看人低等，我們都司空見慣，也難防它的逾量相向；但對於自己師長早已流露的不屑臉色，卻深感前去變數太多，不知道會有什麼結果。

　　當時偶爾看到一些師長對熟識的師友熱情有加，相較於平時他們對我們這些學生輩的冷漠，還真有時空錯亂的感覺，立即遏懼而愣怔在那裏！我把這件事轉述給別人聽，他們的反應多半淡淡的。

　　「那你對師友和學生又如何？」有朋友忍不住問道。

　　「一概冷漠。」我說。

　　「這不就是無情了嗎？」朋友反疑惑起來。

　　是噢，我不會矯情，那只好無情了。由於有上述該一突兀感覺的延伸，所以我又發現另一種情況，而可以著成反詆新版：有些師長對我們研究生時常板著一副樸克臉，但對他們的同僚或他們所尊敬的前輩卻又立轉生出別種表情，不是笑臉相迎，就是親暱喜孜的模樣，看了甚不習慣！

　　「那你？」有人順勢問我。

「我對誰都是一副樸克臉。」我回答。

「怎麼啦！」他不解的瞅著我。

「很簡單，」我說，「沒有人能讓我見著高興，擺笑容給他看，豈不有損我的格調！」

對方大概覺得我不可理喻，不等我細述完就掉頭走人，我也樂得省去挖空心思回應他的時間。舉出這件事，容或有抑揚過度的嫌疑，但不這樣尋繹對列，也實在無以表達彷彿站在別人屋簷下的委屈不適遭遇！

正是所感諸多不如意，連帶料想未來的發展場域將有重重障礙，以至我對原先學問自足的消極承諾才轉向要積極關切時代的脈動，而這必須有一可以跟他人立足點相當的博士學位作為憑藉；否則像現在只有碩士學位，不但別人可以任意看輕你，而且包括所完成的論述在內恐怕都難以持續找到發表的空間。

雖然我能評估博士學位的取得未必會有多大意義，但至少它是想在學術界闖蕩所不得缺少的通行證。畢竟現時所見在學術研討會場所來來去去的人，幾乎都頂戴著博士的光環，縱是不見得都會被禮遇而常要坐冷板凳到終了，但從有他們一起充場面的角度來看，還是覺得這是一個屬於「有頭有臉者」共構共享的儀式；而僅具碩士學位的人只夠跑跑龍套，別妄想有一天能搴大旗擔綱演出！因此，向更深處走去，即使會面臨不可測的艱難險阻，也已是沒得多所猶豫的必要選擇了。

事實上，基於方便發展學術的前提而投入競逐博士學位的

行列，在我來說始終不會是一件快樂的事，因為那將逼迫自己近前耳聞目睹更多摧抑或纏鬥的庸行劣跡。依史料所示，唐代科舉初盛，所有新科進士都會獲邀參加曲江宴飲饌，上慈恩塔題名，一時榮寵使他們樂得陶然忘我，把來時的艱辛苦楚全拋在腦後。這種情景不知往後各代是否還有，但可以想見每一個努力躍上龍門的人，無不渴望有那麼一刻能在傾城縱觀下痛飲狂歡，一洩平日的悒鬱委頓。而被喻為現代進士的博士們，本來沒有機會再受同樣的歡宴和尊榮，但意外的卻有傳播媒體仿擬前例，讓他們在紙上共渡了一次盛會。

那是友人張堂錡在他主編《中央日報》長河副刊時所策畫的「拿到博士的那一天」專欄，後來集結成書，而他作為一名編者自有道德底線，所期待成形的東西不免樂觀了一點：「光彩背後的淚水付出，卻常常為人所忽視。一般人只聞撲鼻之梅香，卻不思其承受的傲骨之寒……我所要藉以呈現的，主要還是他們拿到學位前的奮鬥過程。」（《拿到博士學位的那一天·序》）這比起古代皇帝設宴款待進士只是進一步牢籠前的施惠，簡直不可同日而語。但據我的了解，博士頭銜得來的情況不會這麼單純。以前讀書人熱中科舉，多半是為了功名。雖然明知那是朝廷所設彀「賺得英雄盡白頭」，而自己也不免「三場辛苦魔成鬼，兩字功名誤煞人」，但在天下僅此一場大家可以共玩的遊戲背景下，誰能耐得了寂寞而不前往一搏？現今讀書人已經有較多的出路，功名未必是他們所叨念的；然而進學校受業以便追求某些榮名或利益，仍是他們不能或忘的蘄嚮，

致使現今讀書人少不了也要嚐受以前讀書人為研讀應試所要
經歷的「勤苦憂患警怖束縛」等痛楚。而博士學位這象徵學識
的頂峯，能爬上去的人，所吃的苦豈不是要再加一等？可見古
今讀書人都是同樣處境。至於在這個過程中有某些內隱的情
節，則要等到後續的表現才會逐漸曝露出來。

　　後者是說，在這一場無止盡的追逐遊戲中，總會有人遭到
某些特別的挫折，以及挫折後所起的心理或人格上的變化。以
前屢試不中，對一個讀書人來說毋寧就是最大的挫折了；但一
試而中或數試而中的人又如何？他們原先在學時的受虐承咎
和應試時的齒震悚慄，不可能不在中試後反彈出來。當中「驚
喜還疑夢，狂來不似儒」的人還算能自制；「坐堂，灑籤，打
人」的人就有點喪失理智在進行反虐；而助君「屠毒天下之肝
腦」或「敲剝天下之骨髓」的人則無疑是精神分裂到不辨自己
為何人了。

　　無獨有偶的，現代博士也有一些不尋常的際遇，除了受學
時要為選邊站而苦惱，以及找到指導教授後還得歷經漫長的討
教諮詢拉鋸等，並且屆臨末端論文口試關卡更有一場苦戰要面
對。只是我在想，那些曾被消遣和刁難的博士們，一旦也擁有
類似的生殺大權後，不知是否也會反過來消遣和刁難別人？這
似乎可以再寫一本書來追蹤報導。

　　從我幾年在研究所進修的體驗和觀察中，答案顯然是有幾
分肯定的。因此，我又不禁想及：考進士和唸博士都不是能讓
人玩得稱心如意的遊戲，而且還關係一個「究竟有何意義」的

問題。古代從皇帝到市井小民，都曉得科考「於政無涉」，但為了維繫一個「共享尊榮」的形上儀式，大家仍甘願去扮演牢籠者和被牢籠者的角色。現今也有不少人早已體會到博士學位跟「學問的好壞」或「做人的良窳」無關，有關的只是可以「博得虛榮」和「容易求職」而已。這麼一來，整個社會安排了這類遊戲場域，到底有什麼遠景能夠期待；而讀書人紛紛投入倖博一勝，又有那種出路足以安身立命，就不能不教人深思了。

縱使如此，我的非欣求還得轉為「姑且權求」，而以別為成就（不必靠蹚渾水勉為存活或圖謀己私）來折衝世道，為的是要化解擺在眼前的找尋發展空間和變更現時職業等兩大困境。前者，我已備感四周盡有嘲笑聲，而前路又是風雨滿布，如果不試著再跨出一步，那麼註定就要困頓到終了！後者，則是小教職場更沒有我可以發揮學術專長的餘地，而想換工作環境也得先取得博士學位才能再作打算。後面這點尤其在經過一次被非理智的阻撓後，抱定前往中文學界走一遭的信念就越發堅確，一時竟有不此去則無死所的悲壯感覺！

事件乃起因於一項徵文。當時教育界正流行從歐美引進的價值澄清思潮，主辦單位就設題廣求稿件。我也投了一篇取名為〈價值教學如何可能〉的論文，不僅沒獲得採納，還被莫名數落說我應該從質性研究角度去進行實證探討，而寫作規範理當如何如何等。對方連我所做的是為理論建構奠基的概念辨析都看不出來，遑論期待他們去細審裏頭跟時流相抗衡的許多新穎觀點。況且光價值本身，坊間已有阿德勒（Mortimer J. Adler）

《六大觀念》、方迪啟（Risieri Frondizi）《價值是什麼》、陳秉璋等《價值社會學》、成中英《科學真理與人類價值》、王克千《價值之探求——現代西方哲學文化價值觀》和唐君毅《哲學概論》等書在討論，稍微取以對照，也知道我在說什麼，但實際情況卻是這般不可理喻！像這種難有開展性的教育環境，待著就宛如龍困淺灘，根本別想有一天能翻身騰躍而去！

　　理由大略足夠，自然就不再躊躇而報考博士班去了。第一年應試五家，全數落榜，所得經驗彷彿遇到了一場慘烈的戰爭！可能是淡江大學中文所從開辦以來，就大張旗幟的舉行各種學術研討會，闖出了名號而讓人眼紅；也可能是我們研究生跨校論學，引發了諸多效應而令人嫉妒，所以外界對我們特別磨刀霍霍想要挫一挫銳氣！那時除了馬銘浩一人低調考入中國文化大學中文所博士班，其餘都在各校面試中跟委員舌戰而無緣進去就讀。我個人的受創尤其嚴重，因為他們所要的乖乖牌沒有機會從我這裏得到，凡事遇有不合理的詰問批判，我全部予以強力反駁，理所當然面試成績就不可能不一片長黑。也許是我的企圖心還沒有大到非一次考進博士班不可，所以在跟對方頂撞辯駁後也無所寄望會獲得他們的諒解。

　　記得第一場東吳大學中文所的面試，我才剛出來，助教就在門口等著，跟我說了一句：「你太兇了！」什麼跟什麼（難道他躲在後間偷聽呢），倘若委員不指桑罵槐批評我的論文、不譏諷我的研究計畫、不妄自挑剔我列的參考書目、不講些明顯在訓斥人的話……等，我又何必跟他們過不去？怎麼不說他

們沒有雅量，對後學缺乏體諒包容的心，而要片面硬派我的不是？離開考場，我知道這家已經沒有一點希望，以後也不會再來報考了。

類似的情況，發生在臺灣師範大學國文所那一場。我最早進去面試，五名委員顯然無心聽我報告，不僅任意插話，還緊接在我的陳述後以不容我答辯的姿態厲聲責備我，說我某些見解荒謬、研究計畫寫得草率和不知天高地厚等。他們就這樣自鳴得意的把時間用完，而我則挾著一大落資料悻悻然的逃離現場，心想從此這一家也跟我無緣了。事後聽胡正之轉述，他那場才精采：先是一名委員高舉他的碩士論文《漢儒革命論》，要大家瞧：「你們看，革命耶！」然後全體委員就笑成一團，聲震屋瓦！我不明白是誰瘋了，要搞這種戲謔的儀式來自愚愚人！但我們自己清楚，與其來這裏仰人鼻息而苟且偷生，不如放開去在外面自由遨翔，至少還能活得有點尊嚴。

其他幾校，有的面試委員對我在中央研究院文哲所籌備處發表論文那一次還留有「不夠謙遜」的印象，不是設計想引誘我放肆講話好讓他有理據把我打趴在地，就是語中帶刺的質問我怎麼不去報考哲學所（似乎那裏才容得了我的讜言高論），而讓我意識到考上的機會同樣渺茫，以至一輪考下來心情惡劣到極點！

第二年，我選了比較沒有敵意的輔仁大學中文所和中國文化大學中文所兩家。輔大有位委員對我附上的幾篇論文讚賞有加（多年來第一次得到外人的褒獎）；而文大也有位委員針對

我的碩士論文直說「光看指導教授的名字，就知道這篇論文不可能寫得太差」（他真會講話，既不諱言沒有看論文，又未失風度，比起他校委員動輒信口開合的拙於掩飾模樣，相去不可以道里計），這都使我覺得人間還有溫情在，不必太早失望。

放榜後，輔大那邊，胡正之備取第一名，補上了；我備取第三名，也補上了。不過，當時我已知文大是正取，所以決定去文大。恰巧有個排在輔大備取第四名的劉姓考生，擔心我捨文大而就輔大，急忙探聽到我的通訊處，拜託我把名額讓給他。因我已意有所屬，當下就回覆他放心去遞補，等於做了一次順水人情。

又是新一波的挑戰

師長感冒我們不受教，外人顧忌我們鋒芒太露，都僅緣於我們的論學熱忱沒被賞識，而不是威脅或搶奪了他們的什麼利益。曩昔孟子曾感嘆「予豈好辯哉？予不得已也」（《孟子·滕文公》），現在我們也可以那句話來自況，差別只在孟子所關懷的是道德的淪喪，而我們所在意的是學術恐被壟斷。因此，好辯是走上學術這條路的必要策略，諒必有點成就的人都無法不對它深懷敬意。

向來好辯都存在人間的對話裏。這些對話，不論是見著於柏拉圖《理想國》的辯證式，還是見著於巴赫汀（Mikhail Bakhtin）《文本、對話與人文》的開放式，或是見著於托多

洛夫（Tzvetan Todorov）《批評的批評——教育小說》的探索真理式或曼紐什（Herbert Mainusch）《懷疑論美學》的懷疑論式，甚至我所開發的對諍式（詳見我後來出版的《新時代的宗教》、《身體權力學》和《文學詮釋學》等書），無不體現一種只有相互辯難才能彰明問題或解決問題的精義，而我們的口說或論述就在這一情境中成形。於是對於那些鄙夷的眼光或排擠我們的行為，大可以「道理在我」而毋須把它放在心上。

　　或許我沒有興趣拉幫結派跟人對抗而引來更深反制，也無意暗地裏穿梭各家門牆而激起越多戒心，所以幾年後我所聽到的評價已有一百八十度的轉變。好比在佛光大學籌備處等主辦的一場名為「佛教思想的現代詮釋學術研討會」，我提了一篇論文〈佛教義理詮釋的走向及其問題〉，受邀來討論的是曾在淡大中文所兼課的老師。他一開口就說我「士別三日，刮目相看」，讓我頗感稀奇，因為這話只有我能意會（其他人大概僅當它是客套話）。正是他當年譏諷我只適合去做餖飣考證的工作，如今發覺我的格局丕變而不得不棄守他的成見。又好比我一再推出新作在市面流通，證明我並非光說不練，這無形中也堵住了原先判決我愛爭辯的「悠悠之口」，而越來越少聽見對我的負面評論。像有一次遇到文史哲出版社老闆的女兒彭雅玲，她剛從政治大學中文所博士班畢業，據她所得消息，她的師長們已經對我大為改觀，不再輕易說些有損我名聲的集氣話。很明顯的，我所認定的「以別為成就來折衝世道」（詳見前章）是轉升命運的唯一途徑。這是後話。

　　實際上，在等待重考博士班那一年，我還做了幾件類似的讓少數人頭大卻對大多數人有益的事。首先，在小學教書，常要奉命去參加一些了無新意的觀摩教學，依慣例我也可以跟其他人一樣，從頭到尾不講一句話，好讓最末的座談會無異議「圓滿收場」；但當時已有學術攻防的歷練，再加上枯坐等散會也是一件痛苦的事，不如就上臺去批評一番，以便主辦單位有省思改進的空間或知道怎樣避免落人口實。沒想到一二次發言後，整個學區都在盛傳我校有支大砲，替他們出了一口烏氣，這也算是對我「言之有物」的肯定。

　　其次，民進黨籍的尤清幸運選上臺北縣長後，不久就積極展開肅清前代思想的洗腦舉動，經常辦些法治教育或民主素養的研習會，強迫大家去聽訓。我對這類被當成三歲小孩的侮辱性措施一向反感，只要有機會就要求對話表達不同看法（如質疑逼眾人齊聚一堂但聽單一聲音，本身不就是大違民主理念；而有人膽敢不來就威脅以曠職論處分的非合理作法，不也顯示已悖離法治精神等），每每講到臺上的演說人臉一陣紅一陣青，反過來想推卸責任：「我只是受邀來談這個課題，你們有意見要跟主辦單位反應！」問題是你跟他們沆瀣一氣，儘講些不中聽的話，不先這樣點醒你要等到什麼時候？此刻我瞥見連垂頭釣魚的人都急醒伸長脖子在注視我跟對方的激辯，料想我的反制也代大家抒發了不少怨氣！

　　再次，學校來了一位新校長，沒事一天到晚巡堂，一副雅不願信任教師的樣子。我覺得像他這種人，別說幹不了什麼高

明的領導統御和有效擘畫學校發展的大計等，恐怕連「新官上
任三把火」的濫用權威很快就會露出馬腳。為了不讓他輕易得
逞，我搶在前頭試著給他出難題。每遇晨會的空檔，我就近前
去表示要建言。那時原本會議室有如菜市場，但當我拿起麥克
風準備說話的頃刻，居然兩百多人一起噤聲而望向我這邊，好
似在等著新戲上場。這時我也沒讓大家失望，將學校應興應革
的事一件一件的攤開來，說得底下的人頻頻點頭贊同。由於我
是面對眾多同仁，沒去看新校長的表情，但猜想他的臉色不會
太好看。果然不到半個月時間，新校長就隱忍不住把我請進校
長室，劈頭問道那是不是專門衝著他而來。我心裏想不衝著你
還衝著誰？只是嘴巴但講些為學校和師生好的冠冕話，一點也
沒打算要刺激他，畢竟那些建言真要實現，也得他來推動，怎
好還沒開始就先壞了計慮。

　　一年後，我考上了博士班，想到得去求新校長簽發進修同
意書，就打從心底不舒服起來。為了不讓他乘機刁難反教我出
糗，當下就決定辭掉教職而專心作研究去。當我帶著離職書到
校長室找新校長蓋章時，看到他嘴角揚起一絲笑意，沒有半句
慰留就准我離校。好像我是塊燙手山芋，要及早丟開，才不會
干擾他辦事。而我總計所提出的建言，除了周三下午進修時間
每月保留一次自辦教師論文發表會，其餘諸如撤走走廊危險花
盆、訂製各教室專用書架長期募書和美化既有閒置空間等，都
不見影子。

　　臨去前，我預料不會有人來接辦，就建議新校長找筆經費

把大家發表的論文集結成書，他接受了。書名取作《教育論文
集》，裏頭附有五次研討會的實施辦法、議程和活動照片等，
以及盡收十七篇論文，包括顧誠〈「傳統」道德與「生活與倫
理」課程的實踐〉、周慶華〈價值教學是否可能〉、劉耀宗〈從
道德教育談價值澄清教學〉、鄭玉喬〈單親家庭與學齡兒童學
業成就之研究〉、鄒永昌〈從學生的行為觀察談教學輔導〉、
袁善瑜〈行為改變技術在普通班級教學之運用〉、吳金城〈論
國小寫字科教學〉、王逸菜〈垂直（快速）篩質數法及q數〉、
鄒延農〈本校體育循環教學的缺失及改進之道〉、顧誠〈淺談
電腦〉、皇甫秀林〈論國畫「六法」的美學思想〉、莊金銓〈性
的變奏曲之一──裸戀〉、薛幼春〈天使的聲音〉、張旭興〈從
聖經的規範看兩性倫理（兼論所謂性騷擾）〉、周慶華〈語言
「性暴力」的成因與防制〉、羅秋霞〈社會變遷中的教師角色〉
和周慶華〈從混亂中再建秩序──解構後的教育發展方向〉
等。後來聽說新校長就以那本論文集向來賓炫耀他辦學的績
效，完全忘了都是我一人在籌畫、邀稿、聘請評論人和聯繫各
項庶務等，他並沒有花費到一點力氣，卻這般大剌剌的坐享成
果！

　　更好玩的是，新校長原先不敢貿然發威，只因顧慮我會抓
他小辮子；一旦我不在學校了，他就肆無忌憚的將火燒旺。據
說他常把教師叫出來罵：「走廊有紙屑，你都沒看到嗎？」對
方一臉委屈的趕緊找學生去清理。如果換作是我，很可能會這
樣逕自回他：「從這裏經過的人很多，不確定是誰丟的，既然

你都發現了，何不順手把它撿起來？」我猜那場面一定很有戲劇性。只不過我已無意留在那邊跟他對峙而虛耗生命，早點離開還是比較安心，免得那一天趁我渙散精神而撲過來找我麻煩。

告別小學教職和碩士生涯，值得慶幸的是，我不必再久處人下而迭遭困厄。雖然我會不時找尋宣洩口，以圖一吐為快；但長期下來身心備受磨耗，總感覺上頭始終有烏雲罩頂，而沒有地方可以閃躲。縱使如此，我還是觀察到了位居底層的人，為了保住飯碗或其他利益考量而不敢吭聲，才讓那些僥倖當了上司的少數者有機會恫嚇成真。這種默認或屈服權威的情況，已經接近佛洛姆（Erich Fromm）《逃避自由》一書所說的被虐待狂行徑：「被虐待狂者一般的趨向很明顯的是一種病態及無理性的，但常常以合理的方式表現出來，他們認為被虐待的依賴是愛護或忠心，是由真實缺點而顯現出來的自卑感及由環境不能改變而造成的恆久痛苦。」相對的，虐待狂則相中有可虐待的對象而更加強化他的狠辣手段，而那就有上引書所指出的輕重不等三種形態：第一是想使別人倚賴他們，並且有絕對及無限制的權力來控制別人，只不過是將別人視為工具而已；第二是不只是絕對的控制別人，還要進一步去驅策他們、利用他們、甚至瓦解他們，有時也用說服或合作來吃定別人；第三是願意使別人痛苦，還更願意看他們痛苦，包括精神和肉體兩方面的，他們目的在主動的困窘、羞辱及傷害他人，或者願意看到這種困窘侮辱的場面。顯然在虐待狂和被虐待狂共構的遊

戲中，已經摻雜了許多非理性和心理疾病等因素，使得所有的人際關係無不蒙上一層詭異的霧氣；而不想深陷在裏面惶恐掙扎的人，只有游離出來。出來後所進入的新環境，未必會比原來的順適，但不這樣也無從知道是否還有下一次的選擇。

在我來說，轉往就讀博士班，不可能僅是躲進書齋作研究而後產出論文自我交差了事，勢必還要比碩士班期間更積極於探尋前路。一方面我已破釜沉舟辭去小學教職，只有前進摸索新工作的質性而沒得回頭；另一方面向來我所執著的創新學術一事，也得找到核心歸屬和出版途徑而不能怯步。因此，這又會是新一波的挑戰，而未來則可預見將充滿著不可測度的變數。

基本上，一般修課是相當平淡無奇的，這在文大中文所也不例外。但偶爾也有一點漣漪向內波動著：好比在課堂聽同學報告，只要有疑點的，我都會扼要予以質問。倘若對方的回應打馬虎眼或避重就輕，那麼我還可能進行第二波換個方式再追究，一如先前參加學術研討會那般。但這卻在僅有的一次期末研究成果發表中，任課老師站起來直指我：「周慶華，問題問一遍就好，不要問第二遍！」此話一出，包括我在內，教室裏的人全都傻眼愣在那裏。當時一起修課的秦慧珠坐在前排，還偷偷轉頭看了我一眼。她大概在想這個傢伙比她在議會質詢官員還生猛，只可惜旁邊站了一個拿著棍子的警察，不等好戲落幕就先自行葳蕤癱軟！結果是我的一篇〈影響與反影響——〈孔子項託相問書〉及相關文獻析論〉全新且嚴密的論文，在

口頭報告及提出書面後，只得到少少的八十二分。或許是我正好在裏面掀揭孔子發覺智不如項託而設計將對方害死的內幕刺激到了任課老師，才讓他一併厭惡在心！

　　其實，早已有來文大兼課的淡大中文所教授當抓耙仔，背後說了不少我和在同班就讀的楊旻瑋不少壞話，使得有我們在的場合空氣好像都凝結了，沒有半點輕快的話語會從誰的口中溜出來。任課老師不是暗指我而胡亂批評起「有人在學術研討會，不論什麼場次，都要搶著發言」，就是藉機發脾氣歷數缺席不在場的楊旻瑋「繳交報告都不懂得加個封面」或「擅自帶飲料來上課」！越聽越覺得我們才來就被孤立，想要修補點什麼也難有下手處了。更離奇的是，我們去修潘重規老師開在臺師大國文所給文大博碩生共選的「紅樓夢研究」課，我只不過跟老先生擡槓了兩次關於《紅樓夢》作者的問題，就有人密告到所長那裏，說我不尊師重道，想氣死老師，害得我連忙寫信去澄清立場，才沒讓事件擴大。此刻我終於明白，這裏的研究生也有抓耙仔，得小心一點，以免那天被人幹掉了，都還搞不清子彈來自什麼方向。

　　也因為處處遭人設限防備，所以在期中同學會裏興起建議大家一道論學，理所當然就沒獲得響應。至此，我不得不看破華岡這地方已無可用武，想找些志同道合的人來互動，必須另起爐竈。恰巧有陳明德和胡正之等人牽線，邀到十多名在各校中文所或國文所博士班就讀的朋友，大夥興沖沖的就辦起了以研討論文為主的讀書會。第一次我召集，地點在臺北新生南路

紫藤廬；第二次邵曼珣召集，地點在淡水楊旻瑋創辦的臺灣文化研究會。前後發表了程克雅〈詩經訓詁方法「互文」「倒文」輯論〉、林慶文〈西漢的商賈〉、邵曼珣〈金聖嘆的詩觀與詩評研究——兼論金聖嘆的歷史形象〉、連文萍〈明代格調詩論中「杜詩集大成」說——以李東陽《懷麓堂詩話》為論述中心〉、劉福田〈詩論之「言外之意」新探——以語言學角度的思考〉、周慶華〈作者已死？——作者死亡論的檢討〉、楊旻瑋〈好色與知情——論《紅樓夢》的情色世界〉、簡光明〈莊子思想源於田子方說析論〉、王瓊玲〈古典小說文備眾體的形成原因〉、周慶華〈審美語言的意義問題〉、楊旻瑋〈全方位的「前夕」——一九九二年臺灣地區文化藝術評論〉、邵曼珣〈楊慎《升庵詩話》研究〉、連文萍〈錢謙益與程嘉燧之交誼及論詩主張〉和盧景商〈《文心雕龍》之「文質論」探微〉等十四篇論文，規格不輸正式的學術研討會。

原來我們都有一邊切磋學問一邊交流資訊和商談可能的合作事宜等共識，才那麼容易凝聚大家樂於聯誼且大有鴻猷將啟的態勢！即使有部分成員興頭過了就先行離去，而補充新人也久挫難等，但我們畢竟又開了一些新的風氣：比如連文萍就以她過去主編《國文天地》的資歷，洽借到一些版面，先邀集黃明理、林啟屏，連她和我四人座談，然後合出了「學術論文寫作方法」專輯；而我也意外包到大趨勢出版公司委託的一個小工程，就發請大家分頭撰寫。此外，分享趣事，也成了論學過程中的美妙插曲。比如盧景商遇到的口試委員特別喜歡挑剔

他的用詞：「啥是判準，你杜撰新詞！」「那來的存有？沒聽過！」「東一個機制西一個機轉，你在搞什麼名堂！」殊不知判準、存有、機制／機轉等已是通行許久的術語，而那些老教授卻個個有如井底蛙，狂喊外面的陽光不能太明亮！又比如連文萍得知臺大中文系有位張姓教授，講課必大肆板書，並且不准學生做抄寫以外的事。有一次，他板書到半途，回頭瞧見一名男生低頭在翻書，他氣急敗壞的衝過去，抓起那本書，正準備丟出去時，發現那是他的書，只好裝模作樣的小發一頓脾氣：「你雖然看的是我的書，我不便丟它，但我還是要警告你：下不為例！」事實上，那名男生自從了悟老師都是板書他書裏的東西，就沒打算浪費力氣去抄寫。而我們覺得這可是杏壇一大奇譚，不妨連其他事一起來合寫一部《新儒林外史》。如果大家有意的話，那麼光我一人從入行以來所遇到的怪事，就足夠提供一半以上的文字量。這就是我們慰勞自己的興奮劑，彼此吞食後，竟也忘掉不少來時的艱辛疲乏。

可能是同質性太高，大家又有各自的事業在忙，導致勉強撐完一年後星散，而中斷了論學。但幾乎就在此時，我參加了另一個成員背景不一的人文講會，從此學問的面向大為擴展。那是龔鵬程老師應邀在為佛光山籌備佛光大學，他請黃偉雄找了一批朋友在臺北松山道場定期論學，同時也拉我加入。成員中，有學外文的陳界華、學佛學的賴賢宗、學美學的孫中曾、學社會學的黃駿、學文學的余崇生、學歷史學的李紀祥和學哲學的黃偉雄等，偶爾還會有陳昭瑛、林安梧、蔡瑞霖、鈕則誠

和翟志成等人來插花，大家輪流發表論文，討論起來煞是熱
鬧，總會聽到一些超出自己經驗範圍的東西。這對剛從傳統中
文天地出來的我來說，彷彿到了一個跨代色調混搭的異質時
空，得更加勤讀各學門的書籍，才跟得上夥伴對談的節奏。而
就近所獲得的資訊又陡地倍增，除了反應在合作出刊《人文講
會通訊》，並且還有餘力為籌備處策畫學術研討會。當中一場
「『文學學』學術研討會」，採全邀稿方式，菁英畢集，質精
逾常，很有典範意義。而成員中如陳界華，點子特多，在爾後
的論學中不斷地迸出且化為一場場的學術活動；加上他的人脈
廣，每次都能邀齊不同領域的人來參與，為小論學團體注入空
前的活力，而讓大夥捨不得悍然另謀他去。

細數這一段歷程，為了自我惕勵和因應各種相異情境的需
求等，我所撰寫的論文，迅速擴及語言學、美學、哲學、宗教
學、社會學和歷史學等；而投稿學報、參與學術研討會和友朋
論學，甚至給報刊雜誌寫些小文章等，也經常把自己搞到脣焦
舌敝、神經緊繃，產能和體力付出宛如快到了極限。成員見狀，
妒羨畢現，有的還不禁對我驚呼：「你是寫稿機器呵！」他們
可能不知道，我是面對學業、事業和職業等交纏煩擾，亟欲開
闢一條生路所不得不如此的，畢竟前去是死是活還是個未定
數！

兼課生涯仰人鼻息外一章

又是新一波的挑戰，所帶給我的不僅是長遠蓄積學術能量的衍化欲求待圓，更有為解決眼前生計問題的急迫壓力。倘若我手上這枝筆停頓了，或者我四處奔波謀職的能力減退了，那麼完全沒有背景的身世就會非常悽慘！因此，清代龔自珍所自道的「避席畏聞文字獄，著書只為稻粱謀」，或者英國小說家毛姆（W. Somerset Maugham）所坦言的「大多數愚人都不知道：自古以來，沒有一個人不是為金錢而寫作的」，就都說到我的心坎裏。朋友可以戲稱我寫稿寫到快瘋狂了，但我卻很清楚這是兼顧成就自己和以便餬口的唯一途徑。

先前小學教職的薪水固然不多，但維持大家庭和小家庭的日常支出大致還過得去；而如今辭職斷炊了，頓時湧起一股徬徨無依感，使得我開始要忙於張羅三餐而日夜顛倒，並且懷著晃動不已的心緒在面對一個從未有過的境況：凡是所能找來彌補缺口的方法我都必須暫抑報顏去嘗試，而不時有天人交戰的感慨和苦楚！好比從博士班請領獎學金嫌太少，再去淡大中文系、臺北空大面授和關渡基督書院文宣系等處兼課，甚至得著機會還在靈鷲山般若文教基金會所屬國際佛學研究中心當了短期的助研究員；這樣仍然入不敷出，於是投稿學術研討會換得發表費、給報刊雜誌寫短文賺到稿費，以及將書版權賣斷收

取權利金（詳見後章）等戲碼，就一併連番在這段期間上演。只不過還是常覺得囊袋空空，舉步維艱，不曉得那一天會蹶曲倒地！而至此原臉皮甚薄的我，竟也在不知不覺中出售麻木了大半邊，差點就要跟世道共浮沉了。

　　所幸上述兼差並沒有太大變化（偶遇跌幅，也會有意外的收入補上），始終保障著我的購書和生活開銷，以及每逢大月還有少量結餘可以活用等，而不必再降志委身其他職場忍受更多且難以想像的折磨！當中在臺北空大和關渡基督書院兼課是承邵曼珣介紹才順利成行的；而在淡大兼課，則是王文進老師擔任中文系主任的恩惠。只是自由度不高，所任課幾乎都是人家施捨或是揀剩餘的，學校政策一變或有專任教師搶課，就得把它還回去。如原先王老師給我開在夜中文系的專業課程「小說選」，就是這樣硬生生被奪走，此後只存共同課程「大一國文」；而關渡基督書院教務主任阮若荷請我講授的「修辭學」和「中國現代文學作品欣賞與習作」兩門課，前者也因為理由同上而被裁去，讓我越後越深感代課人的尊嚴不值錢，只差還沒狠心到對你說「嗯，你可以走路了」而已！

　　這點我並未多所怨嘆，反而慶幸自己對代課要仰人鼻息此事終於有了新一層的體認：就是想捉弄或糟蹋你的人，永遠躲在暗處，他會讓你恨得牙癢癢卻又不清楚他是誰！因此，演變到最後，也不得不放掉心裏那點恨意，轉而改為發掘其他美好的事物，才能夠在險惡的環境中活下去。

　　所謂美好的事物，不盡然都要「奢望」或「遠求」，它經

常在身邊不經意就發生了；或者因為你有盡力改變過什麼而順勢就湧現了。好比本來對我和楊旻瑋有成見的金華榮老師，經過我們前後跟他解釋交心，以及我逆向找保護傘而請他指導論文後，在課堂中就看到他恢復常態而有說有笑，連帶一向跟我們零距離的文獻學專家吳哲夫老師和縱使我唱反調也從未少給我成績的紅學專家潘重規老師等，所給我們的如沐春風感也驀地彷彿都連升了三級。尤其是皮述民老師繼金榮華老師後接任所長，他的作風更讓人激賞。那時淡大中文學報、基督書院學報和文大中文學報等同一年創刊，我都有論文登載。文大那邊捎來一張審查人寫滿責難的意見書，我閱後逐項予以反駁送回。助教跑去問皮老師：「撰稿人不同意審查人的批評，怎麼辦？」皮老師縮在皮椅上，叼著菸，頭也不擡的說：「依撰稿人的。」這可令我大為振奮！所以後面接連兩期我都繼續給稿，而全被錄用。相對的，淡大那邊有人看第一期就有博士生佔據版面，醋勁又發，立刻動用關係禁絕我們投稿，以至往後期期都有嘆息聲隨行。至於基督書院，因為互動頻密（有時教師一起午餐請我報告最新研究成果，有時學校請我擔任文學獎評審，有時還獲邀去參加畢業生的歡送宴會，形同把我當成一家人），他們已經了解我的學術功力，所以在我兼課期間發行的兩期都主動來要稿，而我也都供應了。這比起在淡大所受待遇，差距不啻霄壤，也著實讓我十分窩心。雖然投稿學報無利可圖，但能見度高了卻有益於晉身，以及在某種程度上可以免卻某些原會低看人的輕視眼光等，所以我也暗自以策略用對為

足堪安慰的事，而一有機會就把握不放。這樣多少也能促使我淡忘某些敵意的擾亂，而更自在的面對未來學術志業的開展。

又好比同學慢慢了解我們確有本事而不是來胡鬧的，以及看到老師態度改變和教室的氣氛轉好等，也會自動接觸，講些客套話或告知校內最新消息，完全沒了過去因有他人代設屏障所孳生的隔閡。這同樣給了我們追補式的強心劑，倏地精神百倍！而題外話，則是幾年後（那時我已出版了二十幾本書）聽胡正之轉述，他有一次在某學術會議場外遇到兩個人，他們的對話中有這麼一段：

「你們文大中文所沒有人才！」

「怎麼沒有，我們有一個周慶華！」

初聞此話，令我隔空驚訝不已！我沒去探聽說話者是誰，但可以推想那是延續在學時的印象而持續關注周某動向的有心人所發出的。實際上，文大中文所的人才還真不少，例如前行代的王三慶、李殿魁，中行代的竺家寧、李瑞騰、陳啟佑（渡也），以及跟我前後期的陳益源、浦忠成、秦慧珠和宋如珊等，他們都已事業有成，且文名響亮，豈是周某一人所能獨佔或代爭鰲頭的？不過，這就算是恭維，也總比其他我唸過的學校至今還在一筆抹煞周某的努力要來得有人情味。

既然諸事都已就緒，而橫在眼前的大石塊也移除了，那麼有關學位論文這一重要博奕自然來到該啟動的關頭。由於我已寫過不少文章談論傳統的文論文評，所以直覺想處理當代的文論文評，以便前後思路可以連成一氣，而對於出道以來所受的

多方學術衝擊也能夠有一個「艱難產出了成果」作為回應。因此，一項依然涵括面廣闊的論題《臺灣光復以來文學理論探索》，終於研議底定。當我帶著它去請金榮華老師擔任指導教授時，金老師語氣和緩的問道：「我可以指導嗎？」不防他會這樣反應，我竟一時語塞，不知道怎麼作答；最後只得重複強調「請老師不要見棄」一類的心意，而將來時湧出想說的話「我會獨立完成論文，不給老師添麻煩」或「我已有腹案，老師可以放心讓我去寫作」一概吞嚥回去。

　　過了半年，我的論文初稿出爐了。先是逐章寄給金老師看，他改了一些字詞，並對我說：「你的刺太多，要拔掉！」原來是第二章〈當今研究此一課題成果的檢討〉中多有對諍性語言，他看不慣而建議我自行清除。但在我的立場，那是文獻探討必要且是合理出示的。更何況每個人的文章都有刺，只是有的刺尖，有的刺鈍。刺尖的，輕輕碰一下別人就會流血；刺鈍的，用力扎對方都烏青一塊了還不見血。顯然我的刺是屬於前面那種情況，而能被看出也可見那已有功效了。當時我並未理會，只暫且按著而繼續寄去其他稿件。次序才到第四章，金老師就耐不住了，急切的問我：「你是不是已經寫好了！」我不敢隱瞞，就照實回話。金老師聽後不但沒有生氣，而且要我迅速合併整理妥當，好去送審，表示後面幾章不必再寄給他看了。

　　校內送審，自有一番鏖戰；但所幸經過我的辯解，審查人並沒有進一步為難。這樣學校就在隆冬的陽明山上排定了我的

口試時間。只是金老師以外的其他口試委員，名單一到就叫我傻眼，心中大喊不妙！因為四位裏面有三位的文章都在我的檢討批評範圍內，這下可有人要看好戲了！果然洪順隆教授一開始就咬著論文中一條訾議他所譯村野四郎《現代詩探源》的文字，而沈謙教授和王金凌教授也語帶不屑的反攻我某些用詞；最後主持人傅錫壬教授跟他們三人站在一邊，命我將第二章移到後面，並要我從新思考論點是否有誤。我在答辯時，有的事屬枝節而同意調整或刪除，有的內文已作充分陳述而僅以口頭說明帶過，其餘則靜默不語而任由他們過足下指導棋的癮！

　　口試告一段落，我在外面等候，走廊空蕩蕩的。唯一請來代我去接口試委員的楊旻瑋不知跑去那兒，想找個人聊幾句解悶也不可得，只能乾著急，直到被喚進去聆聽宣判。過程中我才剛坐定，主持人一句「你的論文通過了」講得軟軟的，沒有額外的賀喜聲。會後的謝師宴，有委員藉故要離去，被金老師挽留住了。席間我還請另外兩名同學作陪，但氣氛始終熱絡不起來。金老師試圖講些輕鬆話，別人卻有一搭沒一搭的混過，一頓飯大家吃得訕訕的。事後金老師告訴我，委員在討論成績時有人想給我延畢待遇，被他擋住了：「不可以，周慶華現在失業，要趕快拿學位去找工作！」緣故在此。這時我對金老師真的要感激涕零！就因為有他一路護著，我才沒無辜的被人絆跤摔傷；而老天爺還在眷顧著我，半年後讓我找到了一份新工作（詳見〈求職原來還得看命運〉章）。

　　從三十一歲進入研究所唸書，經過三年取得碩士學位，再

經過三年半取得博士學位，中間重考耽誤一年，至此我已三十八歲，可說歷演了人生最漫長的一場戰鬥，榮辱備嚐，不禁百感交集，並且驚訝於頂上早已強綴了斑斑雪絲！

從媒體到出版界連番探路的波折感悟

完成博士論文，我的寫作也到了該將相似質性部分總結的階段。因為修課期間，每年我都有七八篇論文的產量，且全數通過學報刊登或學術會議發表的考驗，所以沿著早期初學爬格子就想出書的渴望，也培養起了信心要積極於尋求出版社的認同。

剛開始是楊旻瑋牽的線。他創辦的臺灣文化研究會亟欲張皇，恰巧有位學弟猝逝，他就以該會為據點，號召所友募款成立紀念性基金會。由於他委我為副會長，當然就跟他奔走找財源去了。

最先楊旻瑋透過外校周鳳五教授和簡宗梧教授的引介，請文史哲出版社印製我倆的碩士論文，並各要到一百本，準備以一套千元的起價格義賣。但過了許久，還賣不到幾套。這時我已探得文史哲出版社經營困難，覺得要有點回報才對得起人家的好意，於是就跟楊旻瑋商量在宴請關係人時，各權付出版社一萬元作為補償。彭正雄老闆自是喜上眉梢，而周鳳五教授則一直苦著臉使眼色，事後他才說根本不用這般交易，還罵我們：「兩個笨蛋，嫌錢太多！」我明白既然有他們出面洽得此

事，就毋須再額外支出什麼。可是我們並不想欠過多人情，能還一點就算一點。不意這也給我自己鋪了路，後來有幾本書在那邊出版，雖然我已有能力全額自費，但彭老闆卻只拿工本錢，而且還奉送他所知道的學界許多祕辛，從來沒把我當外人。

裏面有兩件事，我特別點滴在心頭：一件是我取得博士學位去母校國北師院語教系應徵教職被拒，彭老闆告訴我，那系內有些人久未升等，看我寫那麼快，沒幾年就會爬到他們頭上，這怎麼能忍受，不判我出局才怪！幾年後，他女兒彭雅玲博士班畢業也想進去，而他也存了點錢要一併慶祝出版社成立三十周年。不料彭雅玲吃了閉門羹，原因不明。這讓他灰心到了極點，連社慶也取消不辦了。我去出版社，一邊翻架上的新書，一邊聽他訴苦：「那些人都從我這裏得過好處，卻這樣恩將仇報……」他說著說著眼眶都泛紅了。到這裏，我又慶幸著自己跟那些人已經毫無瓜葛，只是不捨一個老出版人的晚景淡漠褪色。

另一件是彭老闆常在意我無端設定禁區，見了面總會提醒我：「趕快升等呀！」有一次他的心情特佳，談過同樣的問題後，看我猶豫了一下，立即又說道：

「論文拿來我給你印。」

「我已經出了很多本……」我囁嚅的說。

「那就提呀！」他似乎比我還心急。

我又試著找出一些理由諸如「人生有點缺憾比較好」之類的向他表白，但他總是不肯苟同，臨別時又頻頻跟我說：

「人生要完滿的好！人生要完滿的好！」

這種「完滿」的福份，在我來說可能今生都無緣消受；以至佛瑞曼（Jennifer C. Freeman）等《兒童敘事治療》一書所提到的「不完美的人生比較自由」，還會是我繼續引以為座右銘的。縱是如此，對於彭老闆每每這般的垂詢關切，我卻又深深感到有愧於他的厚愛。

一九九三年，碩士論文《詩話摘句批評研究》出版，已是我決意跟文字為伍以後二十年的事。這漫長等待的夢想初圓，我並沒有太過興奮，反而從中激起自己還可以向其他出版社投石問路的堅定信念。因此，時間就在隔年，我揣了一疊稿子去找三民書局的總編黃國鐘，問他可有興趣出版一本多關當代文學論述興替的新書，而我的有力說服點是內裏部分篇章已收入三民版的專著或論文集中。黃國鐘很客氣的招呼我，而在略事磋商後，他表示得先送審才能決定。我返家等了一個月，所獲消息是我的《秩序的探索——當代文學論述的省察》被接納了。

這本書所收論文有〈形式與意義的全方位開放——後現代主義文學評述〉、〈臺灣後設小說中的社會批判——一個本體論和方法論的反省〉、〈批判多於建樹——一九九二年臺灣的文學批評理論〉、〈作者已死？——作者死亡論的檢討〉、〈審美語言的意義問題〉、〈臺語文學的過去現在與未來〉、〈混沌與秩序——民間文學研究的困境及其化解途徑〉、〈文學美的新發現——柯慶明的文學美學觀〉、〈十年來海峽兩岸文學交流的省思〉、〈《文學雜誌》的成就〉，及附錄〈小說的後

設思考〉和〈現代文學面面觀〉等，盡是對環繞當代文學論述一些重要課題的檢討和批判，而整體旨趣則以維根斯坦（Ludwig Wittgenstein）《哲學探討》一書中的語言遊戲說為對照系。該說法預設著有某些成規在制約語言遊戲的進行，而我則認為並沒有一定的成規存在，一切都有賴參與遊戲者的協議和開創。這在受邀幫我寫序的連文萍和楊旻瑋二人，也已有相當精準的觀察：

> 慶華一向在儕輩中，特別勤於閱讀和筆耕，從他一系列有關當代文學的論述中，也可以發現，他所選擇評介的，多是一些具有「典範」作用和企圖的主張或作品……而藉由這些論述，他也透露一個努力方向：由對過去和現在的批判，透視未來；由對部分「典範」的尋思，提出一些詮釋或再思考的面向，來加速完成「典範」或質疑它的「典範」性。（連文萍〈序一：學術研究的「百衲衣」〉）

> 嚴格說來，這本論文集始於後設思考，終於混沌理論。論文中所述的，主要涉及「後現代主義文學」、「後設小說」、「文學批評理論」、「作者死亡論」、「審美語言」、「文學美（學）」、「臺語文學」、「兩岸文學交流」、「現代文學」和「民間文學」等十大主題。讀周慶華的論文，總感到他是屬於那種「苦吟而成，格力可見」的人。因為他對於能在臺灣出現的「新」的文學批評理論和方法的中文著作，是近於全面性的接觸和研究，所以讀者諸君如無

相對的閱讀背景或閱讀方法及心態,「見樹不見林」還算是比較好的結果;「指鹿為馬」或「畫虎類犬」就比較可惜了。(楊旻瑋〈序二:當代文學研究潛能的釋放〉)

不夠愜意的部分,則在我的〈後記〉中加以補足了:「這些年來,我黽勉以赴的,就是要在人間這場最大的遊戲中,尋找一些可以使大家玩得盡興而又不傷身心的理數,看看是否能夠因此改變目前看似混沌的狀態(即使不能,至少自己也體驗過了一個準備成為好的玩手者的心理歷程,應當不會有什麼遺憾)。」至此我在面對當前學術環境著著實實有了一個據點。而忍不住有機會在大出版社出書的那一「熬出頭」式的喜悅,連著自購了數十本書寄送給師長和學界朋友。那時已從文大轉往政大中文系任教的唐翼明教授,在一次學術會議中當著我多位師長的面說:「周慶華寫了那麼多文章,大家不必擔心他的學位,那是水到渠成的事。」其實,我要架構的博士論文綱目還不知道在那裏,他的美言反教我心揪了一下,意識到短期內不拚命把它寫出來可會成為笑柄!

因為三民採買斷版權方式,所以我領到了一小筆權利金,正好可以用來解決當下「極度匱乏」的問題。此外,為了功成圓滿,我請黃國鐘和責任編輯吃飯以為答謝,並邀到連文萍、楊旻瑋和陳界華三人作陪,在這個過程中,楊旻瑋私下跟我透露,如果是他要出書,會直接找老闆洽談,根本不必有下面人經手「這一番周折」!我暗佩他的膽識氣魄,但那不符我的作

風。倘若老闆兼總編，自然是「直搗黃龍」；但人家既已設了總編，就沒有道理不循著體制辦事。他沒看到正因我尊重對方的職位而未曾僭越，並適時做了公關回饋，以至稍後又在三民連出了《文學圖繪》和《佛學新視野》兩本書。

《文學圖繪》更精匯我對文學轉進前景的關懷，所收入的論文包括〈再現／改寫／添補？——文學的詮釋問題〉、〈論文體論〉、〈晚清文體論的洞見與不見〉、〈當代西方文學思潮在臺灣〉、〈文學創作中的情性問題〉、〈文本、寫作與閱讀／批評〉、〈古今一夢盡荒唐——從曹雪芹的歸屬談《紅樓夢》的詮釋〉、〈佛教因緣觀在《紅樓夢》中的運作及其意義〉、〈影響與反影響——〈孔子項託相問書〉及相關文獻析論〉、〈從變易中尋找「變易」——中國古典小說研究的危機與轉機〉，及附錄〈環繞〈文選序〉「事出於沈思，義歸乎翰藻」諸問題〉和〈敦煌文學在研究上運用的問題〉等。這更確定我是開發一條由過去到現在且通往未來的研究途徑，不論所發掘的課題或所研究的結果、甚至所採行的研究方案，相信多少都可供當下或未來相關的研究參考。而幫我寫序的陳界華和孫中曾二人，則無意中把這點用心推得更遠：

> 研究文學的人，會假設一種自以為具有描述能力的語言，來描述、來包含或掌控他的對象，他會稱他自己的假設是一種策略。其實，他真正是在假設一個詮釋的社羣，讓自己的情性有個駐所，讓自己的情性得以安身。研究者永遠是順著自己的情性走的，永遠是任性的。在這種屬於自己

的情性上玩索的，只有在這裏，他才覺得快樂，對自己底層的人的欲望才有交代。（陳界華〈序一：文學學的活動是語意的化約〉）

從學術的發展來看，慶華兄的研究趨向則更有學術進步的深刻意義。在中文學界，不斷地提出學術正統中的「雜音」，試圖在「什麼都行」的後現代狀態中對中文學界及中文文學理論的「新」生命提出一條方向，同時也不斷地尋找與西方學界的理論進行比較、反思。因此，也由此可以解消中西文學界上對立情況的可能性。而這是吾輩深深期望於學術界的最後「烏托邦」。（孫中曾〈序二：在後現代情境中迂迴前進〉）

　　至於我自己一樣比照要有所深長寄寓的，則由〈後記〉來道出一段了：「面對二十世紀末這個擾動不安的年代，有這本書跟讀者見面，在我來說另有一份可別為期待的意義。文學界所見的混亂局面，其他領域也同樣存在。而混亂所以為混亂，未必全是本質上的，更多的是人自我無明造成的。如何擺脫無明而過比較正常的生活，也就成了我們這代人所要思考的課題。我個人以鑽研文學多年的心得，自忖已經可以跨向其他領域，繼續開發類似的道路。因此，往後除非有特殊緣故，不然我將移力到文學以外的領域去探險，也許能再發現另一種安頓生命的方式。」

　　這一自我期許，就在《佛學新視野》成書中初步實現。我

的連類關懷,在此地已經發為量感倍增的緊要論述:有的直接
表露佛教對治現代化可以最見力道;有的先強化佛教本身的功
能而間接導向對治現代化的途徑,充分顯現我個人對佛教未來
發展的期望。畢竟自己長久以來眼見人類難以再有足夠安居樂
業的環境和普遍沈溺於現代化迷夢所出現的窘境,總有排遣不
開的煩憂和不忍,所做的這項呼籲就算是願意克盡一己參與改
善目前境況行列的棉薄之力的表示吧!而這從所布列的〈導
論:詮釋的新向度──從既有的詮釋理論談起〉、〈順應現代
化/對治現代化?──今人所倡佛教現代化的商榷〉、〈風險
與禍害遞減率──觀音思想給予現代管理的啟示〉、〈佛教和
其他宗教對話的途徑〉、〈佛教的財富矛盾問題及其化解途
徑〉、〈當代佛教義理詮釋的走向及其問題〉、〈佛教的「不
可說」辨析〉、〈「轉生」說的侷限與突破〉、〈佛教運用譬
喻的問題探討〉、〈轉悟與直悟──禪宗的辯證方法學及其難
題〉、〈「格義」學的歷史意義與現代意義〉及附錄〈後設宗
教的當代性格及其問題〉等篇什中,可見一斑。自此所有的學
術書逐漸展衍無端,唯恐文字浩繁忙壞人,所以我就不再麻煩
朋友寫序請他們當第一個讀者,而僅依慣例自己權為弁言略陳
作書旨意。

　　由於黃國鐘擔心被說閒話,婉拒二度宴請,以至我也就順
意將禮數都省去了。但爾後對於特別照顧我的出版人,一樣有
酬謝以表我內心那份縣長的感念。此外,還值得一提的是,《佛
學新視野》乃列為傅偉勳教授和楊惠南教授主編的現代佛學叢

書，那是一九九六年初在佛光山總本山參加「第一屆宗教文化國際學術會議」遇到傅教授，彼此發言略有互識，所以趕在他尚未褪去印象前將稿子集中投去，聲明是要廁入該系列。書局先送楊教授審查，楊教授看到我書裏有幾個地方批評到傅教授其他書中的意見，不敢裁決，而轉去美國給傅教授。傅教授閱後回函說：「沒問題，那只是觀點不同而已。」書就這樣快速進入編排程序，而我也對傅教授另添一分欽敬！可惜沒多久就聽到傅教授的噩耗，他逝世時才滿六十歲。如果多活幾年，憑他跟國內出版社的良好關係和惜人愛才的器量，鐵定可以做出更多具開創性的學術事業。

接著是換成我要為博士論文找新出版主而傷腦筋的時刻了。這種更硬底的書，總不好再央求老東家施捨一角勉予成全（況且這樣密集投件遭拒的機率很高），畢竟我所確立的「以臺灣當代的文學理論為探討對象，最終目的是為了理出或重構一套比較合理而有效的論述。而在實際的討論中，一方面以問題研究法展開對既有相關文學本體、文學現象、文學創作、文學批評和文學批評方法等論說的研究工作；一方面檢討當今所見一些同類型的論述」這一宏闊規模，還未見有一家說法可以相比，而這很可能會讓他們難以取捨，不敢貿然推出去試探市場的溫度。以至我得另外找到更有能耐支撐專業學術的出版社，來滿足從落筆時就設定要面世且跟人一較長短的想望。

就在一番尋覓後，因為參與一場學術會議的籌畫而認識孟樊，並互贈了書，於是轉念決意去問他看看。先約了時間，然

後我就逕去聯經出版公司找他，那時他是公司的企畫部主任。看到我，他立即擱置手上工作，一邊引我下樓，一邊小聲告訴我：「這裏不方便，我帶你去另一家。」我們驅車直抵揚智文化公司，才剛落座，孟樊就將我的稿子放在老闆葉忠賢面前，語氣直斷的說：

「這本，你幫他出了。」

此時我才知道，孟樊早已有很廣闊的人脈；而他一句話，給我吃了特大顆的定心丸，也為我鋪好了往後跟揚智多次合作的道路。事實上，以上諸書，我多先試投過別的出版社，只是那些出版人不是欠缺辨識能力，就是少了黃國鐘和孟樊那種體諒學者的氣度；致使退稿在他們可以狠將拋卻，而對我則是慘遭無情打擊，一時頗覺荒煙四起，幾疑還未起步就已面臨日暮窮途！

出版時，將書名改成《臺灣當代文學理論》，以方便流傳。讀者見了，多有來跟我致意的：如去南華管理學院主辦的「第一屆當代宗教學學術研討會」發表論文，巧遇中央大學英文系陳東榮教授，他認出我是本書的作者，就跟我說國內還沒有人能像我這樣觀照那麼多文學理論的面向；而到臺南師院語教系拜訪李漢偉教授，他帶我繞了臺南大半圈，最後停在他常去的長老教會，突地把我介紹給他的教友，說我是「臺灣研究文學理論第一把交椅」；而海歸到臺東師院跟我共事的王萬象教授，更驚訝我居然有辦法理出發生於世界各地的文學批評流派（這即使像他留學美國十年也未必能盡為接觸）。這些讚譽，

我都愧不敢當。最要感謝的是孟樊和葉忠賢，倘若沒有他們的雅為玉成，也許這本書到現在還見不到天日，而讀者也無緣看著它遙想一個跟時代心靈轉悠對決的人！

尋求出版社的協助，有摻雜某些難以紓解的侘傺，才不過幾年，我就已經滿懷滄桑，更別說那分布甚廣且更不好捉摸的傳播媒體了。傳播媒體固然如麥克魯漢（Marshall McLuhan）《認識媒體》一書所說是人的延伸（可以增強人的力量和感知範圍），但這也得你先有機緣涉入，它才能成為一股助力，使你站上時代的前端。

就曾經刊登過我文章的來說，報紙有《聯合報》、《中央日報》、《中華日報》、《青年日報》、《臺灣日報》、《國語日報》，雜誌有《文訊》、《師友》、《美育》、《孔孟月刊》、《國文天地》、《大眾周刊》、《全國新書資訊月刊》、《臺灣文學觀察雜誌》、《臺灣詩學季刊》、《笠詩刊》，學校及社團刊物有《中國文化大學中文學報》、《淡江大學中文學報》、《基督書院學報》、《國際佛學研究年刊》、《宗教哲學》、《淡江週刊》、《星光》、《道教文化》、《基督書院雙月報》、《新紀元》、《正觀》、《法光》和《人文講會通訊》等。這些絕大部分都得靠人脈和風評，才能久駐；而我單打獨鬥了一陣子，無意去搶灘頭堡，所以很快就疏離了。但中間遭遇更多退稿所嚐受的波折，如今都還歷歷在目；只是同樣要留予他年說夢痕，而將那些經驗藏著，看情況再讓它出來透風而發揮有親歷為證的論說作用。

求職原來還得看命運

　　從小教職場抽身，我所告別的僅是自己對一個僵化體制的無能為力，關於久存心裏的一些恆久性惦念實則並未完全出清，偶爾還會進入夢中跟部分陳舊人事纏綿：有時驚覺尚有一堆作業沒批改而嚇出一身冷汗；有時慌亂中頓失記憶而找不到我原熟悉的教室；有時循踪返回學校發現集中辦公的地方還留著我的座位和名牌，諸如此類，彷彿那兒仍有我未竟的事業，而我卻已漂浮在異質時空，等著另一班幸福列車的來臨。

　　說是幸福列車，好像有美夢成真的可能，實際上它只合固著為幻想形態，永遠在對自我進行拉鋸式的瞞蔽。真正會起療癒功能的，則是那得失心的渾然遺忘，而把眼前所有要不到的東西都記在不求償還的賬簿上，然後放手一搏某些瞬間就悄然溜逝的微少酬報，它就是最真實的存在。幾年倥傯的修課、代課和衝撞學術界等經歷，已讓我在絕對清醒時確信僅能這般過活。

　　就在這種走一步算一步的律動中，我頂著博士學位和身懷幾本書，開始了尋找專職的旅程。原則上，挨餓還沒到忍受的極限，我是無所寄望一個足夠保證終身飯碗的工作。過去在教書以外，我已習慣利用假日到處兼差賺錢以貼補家用，形同那份專職只是份量偏重的選項，而無從教我完全的依賴它。如今又經過一場零頭市利的追逐，即使那新職遠不出現，諒必我還

是可以滾輪存活下去。只不過這必須以顏面喪盡作為代價，而我尚未準備就如此率性來面對親人的翹首期盼。因此，我也無法免俗的在這個時候急於催促自己上路，就近先向大學教職投遞履歷。

將近八個月時間，我連投了六家。半數石沉大海；半數被權謀戲弄。後者，分別為淡江大學中文系、成功大學中文系和國北師院語教系等。這三家都頗有戲劇性：國北師語教系有一段故事（詳見前章），我事後才知道，就不提了。成大中文系那一場，只徵一人，卻約了四人去面談。除了我，還有李存智、陳益源和李美燕等。我看這情況，不是擺明要我們「相互廝殺，以求勝出」嗎？當下心裏就很不是滋味！只好跟忙著招呼我們的陳昌明聊幾句，並順便問問林朝成的近況，好像進到了家內那般沒有拘束感。而一直靜默不語的其他三人，見我這樣，臉色越發難看，懷疑勢在必得的空缺已被我「捷足先登」。其實，我剛到那裏，就嗅出了氣氛不太對勁：四人中只李存智一人有聲韻學專長，而該專長正是他們列在前面的徵職條件；而稍後的草率安排應徵者作專題報告（並沒有現場提問互動），以及系主任虛應故事式的留我們座談等，也讓人覺得那不是為了選才。果然應了我的猜想，李存智單獨被錄取，而其他三人都得到同樣的口頭通知：「很不好意思，你高票落選了。」

更玄的是，李存智另外應徵臺大中文系成功，而放了成大中文系鴿子，讓那邊的人臉都綠了。後來得著機會，遇見張高評教授，他跟我說那次的狀況：「明明就內定好了，還要找幾

個人來墊背，像什麼話！」所以當天他刻意缺席不去投票。事件似乎就該這般滑稽落幕了，我們陪榜的人也無從有怨言（只有陳益源不死心，在多年後硬從中正大學中文系跳槽到那裏，還當上了系主任）；但有些損人不利己的拙劣算計，仍會被深記而不時要把它當作茶餘飯後的談助！

至於淡大中文系這邊，則相對熱鬧多了。第一波徵職啟事刊出，我知道剛從政大拿到博士學位的殷善培已去應徵，為了讓他少一個競爭對手而按耐住未投件。結果殷善培順利進去了，但不久又有第二波徵職消息傳來，共有三個缺額。我因連找多家不成，心急了，就不管「怎麼選都不會將淡大中文系列入優先順序」的初衷，即刻備好資料郵寄過去。原以為搶個名額不致太難，孰知教評委員看到我「冒失前來」，突然間彷彿集體得了過敏症，急速決議「一個也不聘」！等到稍後我去了臺東師院，他們大概料想「危機已經解除了」，隔年一口氣把缺額補滿。

自己的母校防我到這種超扯地步，事實上早已有跡可尋。半年前，我取得博士學位，請系裏幫我申請副教授證書，他們回覆我「我們不幫兼任教師做這件事」，這樣連改敘鐘點費也沒了。再往前，我們被禁止到學術研討會發表論文、被拒絕投稿學報，以及專業課程被無預警收回去等，沒有一樣有感受到來自系裏的溫暖。而我個人特別覺得這一切宛如有個無形的「周慶華條款」存在；否則也不會每遇到我想參與的場合就有阻力出現。這在不明就裏的外人眼中，可能會研判一定是我們

把事情搞糟了，才會得到這樣的報應。但大家別忘了，系裏從我們第一屆研究生表現「不勞而獲」好處的，遠比我們被系裏照顧的多很多。例如要不是受到我們自辦刊物的刺激，系裏會想到弄本學報來遮羞且藉機揚聲於外嗎？而我們勤於論學所引發他校仿效並多有不諱言「淡江充滿學術活力」，這些美譽不也是系裏在收割？此外，我們為不幸死去的學弟籌畫紀念性基金會，雖然沒有成就，但不久系裏興起募款念頭，廣邀所友盡力貢獻，那又豈不是逮了機會想要接續前面那一舉動？

然而，系裏那些人終究不清楚有多少荒唐成分暗藏著。好比楊旻瑋的號召行動裏，給每人至少募得五萬元的配額。我無力達成目的，為了交差，忍將銀行戶頭僅存的五萬元領給他，從此不再過問其他細節。後來楊旻瑋跟朋友發生財務糾紛，人家跑來學校討債，他躲避去了，不知所終。而該五萬元也已被得知是我所捐出，系裏不但三番兩次派人來詢問楊旻瑋的下落，亟欲追回那筆錢，而且還看勢有可為連辦了兩次募款餐會，力勸我們慷慨捐輸。殊不知我們都已窮到只差舉債渡日，怎麼可能生錢來奉獻？可見貪圖便利、欠缺體恤心腸和罔顧分裂效應等，都不是我們這些從淡大中文所出來的人幹的，但我們所獲得的回報卻是如此的不情！

當學校再度發給我兼任講師聘書（而完全不理睬我的博士學位）時，我已決定遠走東臺灣去臺東師院專任副教授，絲毫也不再耽念有一天能在五虎崗上佇立憑風。臨去前，我撥了通電話到系辦，表明不再教課。接聽的助教，連通報系裏人一聲

也沒有，就逕自發令說：

「那你趕快把聘書寄回來！」

自此拖了許久的一齣荒謬劇閉幕，周某收拾家當自我發配邊疆去了。

所以會來臺東師院應徵，那是瀕臨絕境的不得已選項，因為我的履歷已經巡迴島嶼一周，再不找個歸宿，前面就剩一片汪洋了。雖然如此，對於此地只開一名教師缺，我煩憂會有成大事件重演，以至投了件卻心裏很不踏實。何況臺東遠在臺灣一隅，來回一趟就得花費許多時間，想到這裏人還沒足履斯地就先畏葸不已！

但要面對的終究逃離不了，所以在接到系主任何三本的電話通知，僅有兩天可以考慮時，我仍然暫擱遲疑而決定整裝赴會。那天從臺北坐夜車前往，清晨抵達臺東。先在豐榮國小任教的堂妹周英嬌住處稍事休息，然後就直驅面談會場。何主任告訴我，所約的另一個人已去了他校，今天就只面談我一人。我環顧現場，除了何主任，還坐了吳淑美、洪文珍、王富祥、洪固和林文寶等教授。而接在我簡短專長報告後的交流時間，先提問的委員多半關心我如何適應兩地奔波的生活和所能開設的課程等，我都據實酌量的回答。最後輪到林文寶教授講話，他像研究所論文口試那樣問我「什麼叫做零度寫作」，並且限定我用一句話回答。「零度寫作」是巴特的「新聞式寫作」或「直陳式寫作」或「中性寫作」觀（見於他的《零度的寫作——結構主義文學理論文選》一書），我當然不陌生；而且對

於他這種霸道式突兀的問法，我在學術會議中也經歷過，當下並沒有被他這「天外飛來一筆」嚇到。但為了不讓他的盛氣凌人得逞，我也很不客氣的應道：

「我要用兩句話回答這個問題……」

面談結束後，我彷彿有打贏了一場仗的感覺，神情愉快地走出校門。壓根也沒打算經過這樣直白頂撞後，他們還會錄用我。於是不怎麼留戀的沿街叫了輛計程車去機場，搭飛機返家。

但事情卻大出我的意料。一週後，何主任來了電話，笑吟吟的對我說：「恭喜你，校教評會高票通過！」原來系教評會也沒擋我，當初全是無謂的揣測。而這裏既然已經歡迎我了，也就沒有理由辜負人家的好意而再別為他求了。

我落腳臺東，師友都很訝異，得便就問問我的狀況。起初我還會以無端淪落僻地自嘲一番，但隨著安定環境的撫慰，以及美感有儘多可以發揮的空間等日見深化，很快就調適而一改素心愛上這裏。

尤其到了第三年，遭逢我父親病逝，在辦理他的喪事期間，從老家置物箱發現一張我小時父母帶去給人相命的書狀，上有一句相命師的評語「運行東南」，我才恍然大悟：跌跌撞撞那麼多次，就是註定要到此地來著根結蒂。我終於徹底釋懷了：一條命運的跡線早就在那兒等著，我憑什麼去掙脫它？再說時機到了，我不立即把握，豈不是要白白錯過而從新惋惜一次？

運行東南有驗

流落邊疆竟然比在京城暢快

開始有據地東海岸藉以安身立命的覺知

師範長存我決意要獨行

語言文化躋升盱衡全局的資源

宗教在我心倏忽幻滅

再度搭上兒童文學的列車

延續研究所的一段恩情

臺灣文學退場紅學接替登場

語教系成立碩士班兼行探討語文教育

開課細數已有一長串

中式符號學的建構推衍

一系列綜合文學論述的完成

死亡靈異跨域學科的連帶形塑

相關方法學的開展

走訪了一趟哲學後花園

佛教文化的深情寄望

致力於轉傳統為開新的識見摶造

最後一瞥華語文教學

流落邊疆竟然比在京城暢快

　　為了「運行東南」的被預言成真，我很感慨的以它為標題
而作了一首詩：「這次要相信誰／早就做好了調查／／沒有紀
錄寫在星月出沒的地方／只見一條遺落在迤邐的東海岸上的
線／牽動著兩端不眠不休的心／／幾陣風雨過後／是否要忘
記掙扎」。縱然掙扎期已過，但來時的百般艱辛卻又讓我深懷
著另一種感覺常浮現在航行的軌道上，所以我又作了一首〈孤
獨〉：

　　　流放在自鑄行星的荒原上
　　　我們享受到了沒有神的悲苦

　　　光明將於一瞬間隱沒
　　　被疏離的人羣都會回到臺前
　　　宣示下次缺少保障的喜樂的支付
　　　靈魂要拒絕勝利

　　　拋棄我們
　　　痛楚得到自由

　　這兩首詩後來都收入我的詩集《未來世界》中。自此我相
信孤獨也是命中註定的，這樣逃避就成了徒然；不如擁抱它、
喜愛它、甚至刻意養壯它，而使它變成敦促自己積極前進的動

力。這是初到臺東師院「舉目無親」時的真實感觸;爾後生活步調輕快,節奏綿密開闊,該動力更加添雙翼而帶給我開展學術事業莫大的助益。

午夜細思,命運牽引我來到臺東,也當有要終結我過去困勉謀生的驚惶和疲累。就像年少時無意間在四腳亭靈泉寺所抽得的籤詩:「運逢得意身顯變,君爾身中皆有益。一向前途無難事,決意之中保清吉。」所謂無難事/保清吉,這就等於啟示我不在神秀期許的「身是菩提樹,心如明鏡臺。時時勤拂拭,莫使惹塵埃」那條路上飆俗情,而得向慧能所頓悟的「菩提本無樹,明鏡亦非臺。本來無一物,何處惹塵埃」這一境界試傾服,然後我才能從心為形役中超脫出來。

雖然物質生活得到了改善,但我所設想的還是古來文人一些莫名倉皇的影像,他們又是如何熬過偃蹇命運的困縛?廣徵結果,自我救渡還是在那一戮力文事的發心。好比屈原流放湘江興盛了楚辭、賈誼貶降長沙王太傅開啟漢賦的先聲、韓愈謫居潮州復古文風大振、蘇東坡發配海南成一代詞宗和王陽明逐去龍場驛底定儒門最新良知說等,無不具證只要手中有筆,即使身陷窮山惡水或瘴癘疫疾中也阻絕不了文字意志的奮發!

每次想到這裏,我的信心就又篤定了一些,不再為貧窶勞乏而過度傷神!至少我已經不必重犯王梵志〈道情〉詩所發「我昔未生時,冥冥無所知。天公強生我,生我復何為?無衣使我寒,無食使我饑。還你天公我,還我未生時」一類的強作怨嘆,也毋須盡入朱敦儒〈西江月〉詞所列「世事短如春夢,人情薄

似秋雲。何須計較苦勞心？萬事原來有命。幸運三杯酒美，況
逢一朵花新。片時歡笑且相親，明日陰晴未定」那種蕭索意興
境地，畢竟那時我還在權折於呂坤《去偽齋文集》所說的話「呼
吸一過，萬古無輪迴之時；形神一離，千年無再生之我。悠悠
一世，終成甚人？試一思之，可為慟哭」，相關的憂悶得等到
多年後我重勘生死關隘，才一併了卻。

　　不過，剛面對新職場，熟練度不夠，仍不免跟他人有一些
小齟齬發生。比如兒童文學研究所在我應聘第一年獲准籌設，
承籌備處主任林文寶好意，口頭邀請我為籌備委員，並勞煩我
作會議紀錄。原以為歷經十次籌備會議，以及包括校長方榮
爵、教務長侯松茂、總務長吳元鴻、初教系教授杜明城及語教
系教授何三本、洪文珍、楊茂秀、洪文瓊和我等提供意見，應
該可以擬出兒文所較宏闊的規模及其有利發展方向等，但一切
卻都事與願違，不僅我們所幫忙做的許多事項（如設聯絡專
線、發布新聞稿和舉辦座談會等）臨結束時還不見效用，而且
林教授一人的意志又凌駕羣體，馴致挫敗暗責聲連連！再加上
我於學校主辦的「兒童文學與語文教育學術研討會」發表一篇
〈多元兒童文學與一元教育〉論文，多方批判當今的兒童文學
研究，一時舉座嘩然，會場有十餘人發言質疑和反駁。這都是
我預料中的事，但沒想到還有會外會，不時傳來別人（包括林
教授在內）對我的議論，整件事好像仍在餘波盪漾中。系上的
同事，看到我，也都收斂了笑容。這時我才確定，我已在兒童
文學界攪亂了一池春水，也惹毛了許多人。此後，籌備處所有

重要的事務，自然我也就無緣再參與，只能在開會中繼續作紀錄，並講些別人不太理會的話。等兒文所盡依林教授不太完善的規畫成立後，我覺得不能平白讓籌備會議和大家的努力付諸流水，所以就將整個過程寫成〈兒童文學研究所何去何從〉一文，隨我的新書《兒童文學新論》出版。林教授知悉後，大為光火，逢人就說他如何幫助我進東師，而我卻不識好歹的反咬他一口。我轉述給其他同事聽，有的同事憤憤不平的說：

「他不過只有一票，憑什麼說全是他的功勞？」

有的同事還笑笑的抓他的語病：「他一定有先咬你，你才會反咬他！」似乎大家都很清楚是怎麼一回事，只有林教授一人還不知道究竟那裏出了差錯。而更堪玩味的是，兒文所一位新聘的教師，有次在機場相遇，閒聊中她提到：「我們都偷偷看你的書！」是哦，在這節骨眼連桌上擺本周某的書也會遭嫉，可見林教授恨我有多深了。

又比如幾年後，洪文珍教授接掌系務，我們幾位年輕同事原都看好他，除了全力配合他施政，還主動為系裏籌畫砂城文學獎和語文週等活動，頗有要大為更新語教系氣象的態勢。孰料才過一年，就完全變調了，怪事一樁連著一樁出現：先是我進來系上委由我主編的《東師語文學刊》突然被阻續編；後是砂城文學獎和語文週等活動未經商量就交給系學會去接辦；再後是主管怠忽職守不配課而任由大家搶時段；最後是洪主任為他兄長洪文瓊教授量身訂作的新必修課程還在討論中就逕送學校教務會議通過，搞到系務大亂，反彈聲浪四起！幾經探查

和推敲，我才明白洪主任把刊物經費挪去支付他請來兼課的幾位書法界朋友的交通費；而不給參與語文週活動是駭怕我們搶了他的功勞；而無視於選修課衝堂嚴重只因他已顧好兄長和朋友的開課權益；而更改課程則是洪文瓊教授不討喜經常開不成選修課。眼看著才要發達的語教系，剎那間像船翻覆般的被蓋掉一切，這就教我無法忍受了。於是每逢系務會議，我一定細說從頭而追究到底，即使撕破臉高聲激辯也在所不惜！但一些始終置身事外的資深教授見狀，以為我故意找碴，反怪我在破壞和諧；而久久才出席一次的洪文瓊教授，目睹我批評他的胞弟，更是臭臉相向，他們都不了解語教系已經被一人敗光光了！或許是有資深教授袒護和他兄長相挺，致使洪主任壯了膽，連我代表希望他給個交代時，竟都毫不避忌的回一句：「隨便你怎麼說！」然後就是散會，徒留一片錯愕嘆異聲在現場迴盪。而時序越往後推移，他們兄弟倆對我的不滿越寫在臉上，有機會就排擠我或給我難堪。

又比如有位張姓新進教師，在原先受邀面談中自鳴得意的全程以閩南語對答，系教評委員對他多有微詞，第一輪投票三比三未過半。我認為系上既已開出需具語言學背景的徵人條件，而對方正有此專長，這次不聘又要等到什麼時候。主席經我這麼一說，且看我堅持要人的意思，就裁決從新投票表決一次，但得改為歸國學人特聘案進行。結果以一票些微差距通過了他的聘任案。第二年，他想改聘為專任助理教授，申請了，但系裏沒准他（此時我已非系教評委員）。再過一年，換了一

批委員，他乘機再提改聘案，大家沒有防備，就遂了他的意。此後他一改遇會不張口的態度，開始說三道四，並且愈來愈放言高論臺獨基本教義派那一套臺語文字化觀念。邀他一起論學，只要涉及對他說詞的詰問，他都是一副不容別人褻瀆的自大模樣，直說：「代誌就是安呢，這嘸什麼好討論！」接著他提出升等申請，本就不喜歡他的人重返當系教評委員，又藉機挑剔他的著作，企圖擋他的路。我恰巧也評委任內在場，察覺此事，立即表示不同意由系教評會審查升等著作，應當循例給院教評會去送外審。由於我的語氣堅決，迫得那些委員自認理虧而放手讓該案進入正常程序。不意這次的舉動被傳為是我在刁難張姓教師，造成他有驚無險情況下升上副教授後心理大變，以為周某不會威脅到他了，凡是系務會議中我有發出興革意見的，他都要軋一腳參與反批判的行列。特別是臺東師院改制為臺東大學後，學校一再片面要求語教系跟著轉型，全然不提配套措施及人力經費挹注等，為了此事雙方屢有激烈衝突。然而，每當我在向學校高層爭取系的權益時，張姓教師不但沒站在一起併肩作戰，還常中途插入扯我後腿，導致學校高層只來系裏座談一次，就認定我們內部意見分歧而將語教系剖分為二：多數人轉去新設的華語系，少數人留在語教系碩士班。後者，等語教系停招後，碩士班獨立為語文教育研究所。我個人還想跟學校力陳更好轉型構想，根本沒填寫歸屬意願，學校就自作主張將我劃入語教所。而原打如意算盤要留在語教所的張姓教師，大概擔心夜長夢多，才發現名單上有我，就馬上跑去

華語系。往後他對我的敵意不減反增，逮著空隙就跳出來威嚇瞋怒一下，直到我退休前的系所整併盲案都還聽得見他的唁唁聲！

　　上述齟齬，全是口積月累他人荒誕待我後引發衍生的。原本跟林教授互動密切（我也沒忘記剛來時他慷慨借我書房住了幾天，以及常受他照顧和聽他分享購書看書寫書經驗等情份），跟洪氏兄弟可以無話不談（還互贈著作和協同申請「故事讀寫學程」等），跟張姓教師初交也知道他有坦誠的一面（例如他不諱言留學美國夏威夷大學只為了研究臺語，以及首次他的轉專任案沒通過差點找教育部的人來施壓等），只不過權力讓他們昏了頭，而我試為扭轉局勢「冀其變好」的激切言行，也連帶成了他們的眼中釘。

　　事實上，來臺東遠比我想像的快活有趣多了：環境單純、氣氛大致融洽、師生相處普遍和樂，以及發言權穩定和不必看人臉色等，都是我在北部鮮少感受到的。因此，倘若要以邊疆和京城來作譬喻，那麼我可以肯定的說：「流落邊疆竟然比在京城暢快！」這幅寫照，縱使爾後歷經多次公務人事纏礙也不曾褪色過。

開始有據地東海岸藉以安身立命的覺知

　　有位長輩，在臺東學術研討會上看我孤立無援，會後又遭人講閒話或中傷，深感我在此地難有施展空間，所以回北部後

即刻寫信來勸我早作他去打算。這一關愛，可把我當成有能耐遊歷列國而不乏相印佩身的人，實則我已別無處所可去。因為有自己老師把關的地方，他們會認為我這塊烙鐵太燙而不好應付；至於其他人坐鎮的地方，這近十年來在學術會議場合也幾乎被我得罪光了，不然就是風聞我的批判力，而誓死也要阻絕我跟他們為伍，以至待在這裏無異是安穩兼少挂礙的最佳選擇。

　　我所以這樣說，主要是緣於職業已定飯碗保住了，而學術事業和寫作志業則可以隨我的意志和努力去衝刺，大可不必成天想著還有那裏更適合客居或能給更多酬報。何況每一次走出洞窟後所迎向的可能是無垠的荒漠，但生命的流轉假使沒有止息，又何必擔心時時刻刻缺乏流浪兼植手可當？

　　才滾過光亮的極地

　　又要翻向黑暗的深淵

　　不知道那一年到得了家

　　著急的人紛紛駕著飛船先行離開

　　還邊走邊抱怨你跑得不夠勤快

　　往前只得再往前

　　召喚回家的手仍然藏在看不見的地方

　　這是我的一首題為〈地球找家〉的短詩（收入我的詩集《七行詩》中）。地球假使有知可能也會找尋它的家，正如我無法忘懷生命的原鄉；但地球的家永遠藏在看不見的地方，而我的

心也註定要一輩子又一輩子的茕然漂泊。

尾端續上此一相反念頭，乃因為有一次學校通識教育中心辦活動，要我提供一篇學思分享的短文隨同著作展出。我草了一篇題作〈我的心還在漂泊──也算是另類的學思導覽〉，內裏就註記了上述那一段心路歷程。而文章的開頭，則以底下的簡略表白出示：

> 從小我就不是一個喜歡依戀一事一物的人，每次遇到玩伴邀約遊戲，也都是我先告膩而別為變更戲局，以至那些玩伴常禁不住誘惑而一再期待我來出點子。稍長後，學人折節讀書，原以為找到了終身的歸宿，但不料那一股野性始終存在，不僅跳來繞去，還窮搜冥索古今中外非書本上的東西，幾乎不曾做過一個安分的讀書人。這時候，我才明白自己是這個世界的一縷遊魂，不耐拘束在一個跑不遠的軀殼中。

接續的還有「既然不安於當個純粹的讀書人，那就提筆寫作吧！寫作才能成就新的玩手，繼續生生世世未完的遊興……現在有機會在大學殿堂謀生，彷彿先前所遇到的榛莽已經劈開了一大半，實際上卻是依然不改心懸四方的舊習。雖然所出版的幾十本書都能標誌著我的一段段的心跡，但接著想寫或該寫的書卻一如來時路那樣異景排列，無從耽溺重數；以至持續的面向未來探險也就成了此刻不可迴避要思量的事」。因此，別為他想新職在我來說就是一個必須凍結的休止符，永遠不必讓它

復活，畢竟我早已靠著「心懸四方」在為自己找到最不虞匱乏的慰藉。

也因為我有了最大幅度的曠觀欲望，以及久經隨遇而安的應身磨練，所以流寓到臺東就變成我此行的轉軸中心，視野儘管輻輳投射，而駐所則毋須輕許更迭。比較重要的是，我得有據地東海岸藉以安身立命的覺知。於是勤奮寫作以了卻生平所願，以及尋求更多出版機會好擴展事業版圖，也就為我自己定出了在〈邊地發聲〉的基調：

> 這將是一場艱苦的戰鬥
> 沒有地盤沒有槍沒有奧援
> 街上華燈滅後小城隨即埋下一片闃寂
> 我對著空曠的大地喊不出聲音
> 只好以著作堆積東臺灣的高度
> 散發為冽冽的流彈語言
> 且看天邊的羣星如何再不停止挑釁

這是為增加戲謔效果而作的調配，一旦我真的能用著作堆積東臺灣的高度，別人大抵也只能默認而無法再否定或詆譭我什麼的了。而日漸地我愛上了這裏的風物人情，〈守候東臺灣〉的一顆心就越發強烈：「衣著光鮮的遊客／請遺忘還有一個鳴鳥和彩蝶的故鄉／你們的家在通往塵囂的路上／這裏不需被記憶也不要被記憶／剩下我無所謂歸去也無所謂前來／就像波濤拍擊海岸的緣會／僅以一點回音守著守著還未流逝的歲

月」（上述二詩，都收入我的詩集《七行詩》中）。

　　此後跟東海岸就在詩情中無止盡的交相靡盪，而完成一篇〈詩想東海岸〉以總括我的另一種心情。所謂來到此地「物換星移的腳步慢了點，有時甚至會懷疑時光是不是停在樹梢忘了顫動。最初我只用一種超過客的心情，以詩跟東海岸結緣……後來認清了自己的處境，開始連結亙古蘄嚮而讓詩將可以昇華的生命一起朗現……自此從新感覺這裏的陽光和來時一樣的燦爛」。而有了餘情想「讚美東海岸，還用不到『鬼斧神工』這類形容詞，但它卻有足夠『天然去雕飾』的純淨和熱力在山海間交響；即使沒有極速的衝動去擁抱，也不敢輕易的褻瀆，就看著它跟自己漂泊的心境融為一體」。此外，「為了到石梯坪看一位姑娘孵夢，我『坐在東海岸上』，鼎東客運車一路陪我細數」蒼涼、「情慳一世這裏的情遇，風和雲卻給了我最多的補償」、「至於風，帶給我特別新甜的回憶」、「每當散步到海邊，最想留住的是冬天的景象」、「在金樽等待一條夜河的湧現，臨風鹿野高臺遙對美人山的英姿，前往利吉耽戀小黃山的巉削，隨後卻發現最愛的是金針山上那一次花的聯想」、「書寫東海岸，許多闖入我心房的小動物都成了詩的題材」、「宿舍這一小天地，也不時上演一齣齣沒有經過彩排的獨幕劇」等，都讓我不捨這裏有此一可以獨對閒適而暗結幽思。最後終於確定「滯留臺東，不好織夢，卻適合作詩。這裏沒有車馬喧闐，也罕見閒雜人連連贈送侘傺，詩興很容易從穿過伯樂的時空中孳生。我公餘以詩痴想東海岸，東海岸也回響我濤

聲、明月和隱隱的憶念。每次返北,清晨不是醒覺在它蔚藍的
晴空,就是驚疑我的小床怎麼突然搬了家。這種黏著棉花糖的
錯覺,恐怕會再持續下去」(此文收入我的《微雕人文——歷
世與渡化未來的旅程》一書中)。因此,我的一切都嵌在東海
岸,再也沒有一點掙脫別去或無謂他想的疑慮迴入午夜夢裏。

　　至如學術著作的陸續推出,也為我自己爭到了不少顏面。
首先是我才到臺東一年,就連出了三本書。送給何三本教授
後,他在一次會晤的空檔告訴了校長,對方隨即露出大為驚訝
的表情:「什麼,我們這裏有這樣的老師!」爾後只要在校園
或餐廳相遇,校長遠遠就跟我揮手打招呼。這相較在新進教師
座談中,儘聽他一些威脅不信任的話(如「我會密切注意大家
的表現」和「教學馬虎的話,小心學校有罰則」之類),前後
態度判若兩人。這也算是一種意外的「禮遇」收穫。

　　其次是我以平均每年出版兩本專著的效率在學術界行
走,無形中也堵住了原先或隱或顯對我訾謷訾向的嘴巴,而隔
一段時間就會聽見「某某已經改變對周慶華印象」的傳言。當
中去了兒文所的林文寶教授,在一次率領研究生到語教系我的
論文發表場次踢館後,可能也覺得輕啟殺機無助於真相的澄
清,所以逐漸放下身段來找我寫書。這可說是我最覺不尋常且
心存感念的事。至此我也明瞭了,林教授並非愛記恨的人,他
只是積氣一時,無處發洩,終究還是不失長者風範。因此,在
早期合寫的萬卷樓版《臺灣文學》(我還邀請到林淑貞、林素
玟、張堂錡和陳信元等人分寫其他篇章)前言中,可以見識到

他流露「萬卷樓圖書有限公司委託本人策畫有關編選臺灣文學事宜，且得慶華兄鼎力相助……」這樣的胸襟氣度；而在後期我為華語系策畫的秀威版《臺東學1：發現臺東》他以人文學院院長身分撰寫的序文中，也可以感受他所發「周慶華老師豐沛的創意引領」這樣的知見鼓勵。至於每回碰面都少不了詢及我何故晚不升等一事，則又顯現他一直沒有忽略我的產值，那就更令人敬佩有加了。縱是後者我曾在《我沒有話要說——給成人看的童詩》後記裏藉機開了一個小玩笑：

> 「你寫那麼多書，為什麼還不提升等！」曾經同事過的一位林姓教授，在一次餐會中又這般不識趣的帶點「教訓」的語氣問我。「寫書又不是為了升等！」我當下也不客氣的回了他一句。我沒看他的表情，但可以料到他在眾人暗自冷笑的氣氛中不會太自在。

它在我是逞了快感（文中的林教授就是指他），反過來對林教授則有點失態欠厚道。但這終究無傷大雅，並且事到如今也未嘗減卻林教授在我心目中的「模範長者」地位。

再次是我偶爾去外面參加學術活動，識或不識的朋友望見了，都會走近跟我聊兩句：「我知道你在臺東。」「臺東好啊！」似乎他們都知道周某還沒有失踪，而在市面流通的書也讓他們盯著看（才會從中嗅出我寫書偶帶的異地風物）。對於他們這般「突如其來」的熱絡相待，不免讓我想起《史記·汲鄭列傳》太史公所代為感嘆的貴賤交疏故事：

夫以汲、鄭之賢，有勢則賓客十倍，無勢則否，況眾人乎！
下閱翟公有言，始翟公為廷尉，賓客闐門；及廢，門外可
設雀羅。翟公復為廷尉，賓客欲往，翟公乃大署其門曰：
「一死一生，乃知交情；一貧一富，乃知交態；一貴一賤，
交情乃見。」汲、鄭亦云，悲夫！

如果我不夠努力，沒有足以新人耳目的表現，那麼這一趟趟雜
廁學者華山論劍行列，又有誰會在意或觀摩我出了什麼招式？
可見高居知識殿堂的學術界，也現實得很！

　　即使此時已確信來臺東是我職業生涯的最後一站，也自鑄
了節符要在邊地發聲以滿應安身立命的發想，但背後還有家人
需要關懷，並無法盡給我方便全留在這裏過活。因此，當朋友
一併羨慕我有個安定處所可以馳騁才情時，另一個他們所不解
的苦況早已深布在我的四周。也就是說，為了奉養照顧家中老
小，我必須縮短兩地的距離而當了空中飛人。致使有一首題為
〈往返北東兩地〉的短詩，寫完我自己都不禁黯然神傷起來：

飛機朝著夕照的強光奮力的突圍
終於撐開濃密纏疊的雲層
早出的月牙薄薄的浮在藍色的氤氳上
看不到海天的盡處
東臺灣也緊縮成一條迤邐的線
這一趟沒有名義的巡弋
過後還有下一趟

　　至於〈空中飛人〉也成詩,則是等我退休後不必再跟時間賽跑所給的總結:「劃一條最短的距離/北東在四十分鐘內完成/不彎折的時間很昂貴/它張開翅膀我從軀體飛翔/空服員低聲詢問/臉上貼著職業的敷衍/一杯水一片紙巾一趟單調的航程//機長連珠炮的廣播/唯恐麥克風跑離它的航線/沒有笑話沒有詩沒有準備贈送的相思//乘客都忘了隨興交談/兩眼從起飛就急切的盼望著陸/回頭是前去最蒼茫的禁忌/守著一顆心膽量自己要懸空//十六年串結的虛驚/像一道幽咽杳冥的細流/穿越晨曦夕照也穿越前世今生」。顯然詩是儘能表我心中藏意了(以上二詩分別收入我的詩集《七行詩》和《流動偵測站——列車上的吟詩旅人》中),但對於那一無奈又常驚疑不定的北東奔波,卻又點滴織就了我此生難以抹去的夢魘圖譜!

師範長存我決意要獨行

　　照理像我這種愛上寫作且不隨便妥協於輿論俗見的人是不適合教書的,因為全心投入文字事業就不想花費太多時間跟人交遊酬對;而不滿他人言論也很容易跟對方起衝突,這些都不是一個身在講壇的人所適合扮演的。但我卻一直走在這條路上,且後半段還常肩負師培的任務,當中矛盾叢生的確很教人喪氣!

　　此外,向來有許多不愉快的經驗,也令我懷疑教書可以神

聖起來及其必要恆久性延續它。好比我小時的自制能力算是強的，從來不給人惹麻煩，但仍難免要受到師長的體罰。第一次是午飯時間，鄰座同學為了一點小事跟我爭執，不成脫口而出罵我一聲「幹」，我自然要反擊也回罵他一聲「幹」。臺前女老師瞧見後，不顧嘴巴還含著一口飯，三步併作兩步衝過來，不由分說就賞我們一人一巴掌，然後又坐回去沒事般吃她的便當。爾後我每一想起那記聲響，臉頰都還熱辣辣的！

第二次是同學先欺負我，我一樣用拳頭向他討公道，兩人混亂拚鬥了一場。因老師不在沒人調解，眼尖的同學就跑去辦公室找救兵。來的老師是我的表姊夫，他舉起板子往我們手掌心各重擊了兩下。這件事，至今我也還在憤憤不平！

第三次是級任老師選我當班長，並且要我管好班上秩序和登記講方言的人名字好罰錢。前者我不敢管，因為吵鬧的人會拿刀子捅人；後者我不忍心登記，因為加罪講方言一事太沒道理。不意有一回午休老師偷偷來巡視，發現我兩件事都沒做好，盛怒到把講方言的人加上我叫出教室罰跪在走廊中間。從此我痛恨當班長，也無法諒解學校有這種荒謬政策！

但上述這些，都沒有比更早一次我所遭受的非人待遇那麼難堪！那時來了一位新老師，他每回都要我們先抄課文，等他享用完他的餐點才開始教書，而這往往佔去一整節課時間。尤其讓人不解的是，他一邊咀嚼食物一邊監督我們抄寫，原該是一副輕鬆樣子，但他的眼神卻充滿恨意，始終沒有鬆懈或變得柔和。沒多久，包括我在內有三人遲交代辦費。另二人因屬貧

戶，家裏連三餐都有一頓沒一頓的，根本無力供學；而我則有聲明當家的祖母吩咐請學校寬限幾天，一得錢就馬上繳清。但老師不融通，連催兩次不果，氣極了，就命令我們跪在講臺示眾。我一時羞愧難當，絲毫也不敢擡頭看人！往後又因為有多次異常的舉措，使得我那一小段童年負荷了空前的心靈創傷！而總計那位老師的到來，除了教我第一度被罰跪，還有第一度尿失禁（他每次生氣就不准我們下課解放），第一度被取綽號（我外祖父常來探視，他愛飲酒又鬧過笑話，同學就乘機取笑給我冠個不雅的綽號），第一度差點偷了人家一支彩色原子筆（為了轉移尿失禁的尷尬，我窺伺前座抽屜那支原子筆良久，最後還是決定放棄一時升起的貪念），以及第一度不喜歡老師等。

又好比國內基礎教育，升學主義掛帥，老師無不照本宣科兼嚴於測驗考核，課堂從未見過韓愈〈師說〉所提「傳道、授業、解惑」那一套東西。以至進學校唸書多半只是活受罪，想學點怎樣變成一個「有學問的人」門都沒有（那應是我們入學的最終目的）。這也就罷了，換到師專，本該沒了升學壓力而可以開啟另一扇窗，讓莘莘學子得以目睹藍天的敻遠深邃，但仍然不改從來所見講授評量那一習氣。除了增多一些人事花絮，此外就無法奢望學校會給出什麼昂貴大餐。而經我估算，那些人事花絮也真的只是意外點綴，還不到大有益身心程度。像一位地理老師，喜愛穿插教我們一些人生「小撇步」。例如在決定跟人交朋友前，要先看他點菸時火柴是否往外劃，那關

係著對方的慷慨大方性格；又例如你想跟一個人絕交，抽菸時
儘量將夾菸手內掩，遲早他就會知難而退。問題是不抽菸的
人，究竟要怎麼判斷這件事？我看是他老菸槍當慣了，渾然遺
忘這世上還有百樣人在忙亂於應對進退，那有可能只用一計天
下就讓你欣然通行。

又像一位勞作老師，教訓人功夫一流，完畢還意猶未盡，
明令我們回去找張紅紙把它包起來，免得我們健忘，下次他還
要浪費口舌重講一遍。而他的名言是：「即使有的老師是飯桶，
他也有值得你學習的地方，因為他吃的飯比你多！」學勞作，
我們就只聽到這些嗡嗡聲，沒有時間反問為什麼要當老師，而
且不對勁就生氣連訓完學生還疑慮自己是對牛彈琴？

又像一位數學老師，講課只憑一張嘴一支粉筆，天馬行空
掰一通，即興在黑板書寫幾字，然後考試你只要矇對一題，就
不會被當掉。出了教室，他還跟我們打球，每每都要停頓丈量
跟籃框的距離和計算命中的機率才投擲，但經常尚未出手球就
跑進別人手裏。這諧趣是十足了，只不過到現在我都還不知道
是怎麼答對題的；而他一再被抄球的滑稽模樣，也讓我困惑數
學到底發揮了什麼作用？

另外，我們導師偶爾有他的課，從不提醒我們注意進度，
但他會用拍打桌面的方式讓我們無法打瞌睡。導致迄今我仍在
心疼他那隻紅腫的手，而完全想不起來他有講過那些精采的話
語。至於我們比較感佩的英文老師和國文老師，一個《湯姆歷
險記》原文開講了兩年還不及十分之一，因為有一半課都是在

球場上跟他決戰；一個對學生寫錯別字深惡痛覺，卻又疏忽在我的作文簿上留下帶有錯別字的評語。他們放牛吃草或恨鐵不成鋼的用意，我們都能體會（前者希望我們自己用功讀書；後者駭怕我們走錯路），但總覺這裏面依舊缺少了什麼，而那就是我一直盼望或自期要建置在學校的東西。

進入大學和研究所，由於我已懂得吸收知識的訣竅，每修一門課幾乎都會在最短的時間內遍覽那個領域的書，以至課堂詰辯和撰文批判等技能日益嫻熟，形同可以不用再依賴老師的繁碎絮叨說法。換句話說，他們也沒比過去我所接觸的高明多少，反而是有另一種不期而至的孔子／項託故實的壓力在背後攪亂，而常逼得人意識到只有快快離開校門才是上策！既然這樣，我還要強走教書這條路，那真是再弔詭也沒有的了！

早期友人蔣秋華以為我沒興趣當教書匠，還體貼的從中研院文哲所寄來一份申請書。但經我仔細評估，去那個更窄縮封閉的地方專任研究員也未必有助於學術的轉向發展，所以收起該申請書而將他的好意默默奉還。那麼從今天起，我就得扮演一名相對上比較理想的教學者角色，才能對自己再度踏上講壇這件「不容易的事」有個交代。

事實上，我在小學教書期間，已經多所游走體制邊緣，沒有自加的平時考，也不注重學校的定期測驗，並且對一些抄寫式的作業規定或無理的科展要求更是鬆弛對待，而將那時間挪來廣教學生課外的東西，滿希望他們都能夠變成知識小巨人。此外，我無法再別為核實他們是否有足夠的道德涵養或審美能

力，畢竟那是得由他們親自面對錯綜複雜的現實環境或確有感性對瀚需求後才會逐漸攬入摶成，遠非我一時所能設想掌控。

正是基於這個原因，延續到大學教書裏，我也只合保留最純粹的知識傳授和解答相關的疑惑等，而把其他道德訓誨和美感加被等一概擱置，僅僅在必要時才以外化方式邀請學習者一起討論，以便各人有餘地作調適。縱是如此，別人同樣能夠宣稱他也是在做這件事，為何我能比較特異高竿？這就是我正在努力，也自信可以做到的地方。由於我開課，都是先建構起相當龐大的理論體系，只要再穿插案例或趣味性的話題就可以上路，所以在相當程度上我就走出了傳統教書匠炒作他人見解或凌亂不成統系言說的老路。

起初學生的反應大多偏向「它艱澀難懂」，而我深知他們早已習慣速食零糰碎羽，不耐感受有條理規模的論說，所以有時難免也要自嘲的說：「我又不是講給阿貓阿狗聽的！」不料這貓狗論有人拿去自我對號入座，搞到教室出現新一種「消極聽課以報復侮辱」的僵局，使得我驚覺事態嚴重，而儘快收起那一類言談，並警惕自己別再重蹈覆轍。

還有剛到東師，因為開課自由，選修人數下限也低，所以我就想比照同儕論學那種方式，跟修課的年輕朋友來段精審的對辯，看會出現什麼殊異成果。但沒想到才輪到我第三次質疑他們的講法時，就有一個大塊頭男生臉紅脖子粗並兩手插腰，忿忿的講了一句話：

「老師，你再這樣，我真的要生氣嘍！」

哇，反了，居然有學生當面教訓起老師！我猜那時一定有人覺得眼前一陣天崩地裂而不知道接下來會發生什麼事。但我偏不給看好戲，既沒動怒，也沒反激，只是從容的等對方臉上的雜錯表情趨緩（他大概也意識到自己忘形失言了），才淡淡的說：「沒關係，各位不習慣這種方式，我們可以換點別的。」

經過這一次的碰撞，我也明白年輕朋友的自尊心還在跟求知欲拔河，不能太過高估他們都願意站在後面這一邊。從此類似蘇格拉底和門徒及友朋間的論辯氣氛難能昌皇，而我也開始只專注演繹自己精心研發的一套學問，無力再去摸索聽講人的吸收能耐，畢竟他們有的已經將心門關閉，想暢快論學一番也不可得了。

雖然要藉持續論辯以為多方啟智的期待落空，但在責任範圍內我還是沒有錯過每一次第可以增長修課者經驗的契機而給予必要的引導，或課中分組討論，或課後小田調，或撰寫報告且結集分享；而一些文學課，則特重創作，並鼓勵他們參加徵文或投稿報章雜誌，一如我來時路上所做的那樣。這在他們都感覺可以勝任，而且收穫較多，反應大致良好。後來系裏招收研究生，我改變策略，做的事就更多了（詳見〈語教系成立碩士班兼行探討語文教育〉章）。

說實在的，講課是自己在主導，越後越精醇或越見深是一定的事。而這對有需要或心思敏銳的人來說，他們的反應就不是從眾嫌它冷僻，而是自覺要勇於迎向它的挑戰。因此，關於這部分也希望有被對觀的機會，我還是勉為列出一些以見一

班：

> 周老師的教學風格是自由且開放的，不但能提出許多基進
> 的觀點來刺激學生思考，且又能接納學生不同的質疑與批
> 判。周老師總是自謙自己為「周某」，不以老師自居；對
> 老師來說，教與學之間最重要的是「過程」，而非「結果」，
> 因此授課方式多以師生間的對談和互動為主，頗有孔子與
> 弟子論學的味道。（黃亮鈞〈那一年，我認識了周慶華教
> 授〉）

黃亮鈞的文章，已收入我主編的秀威版《告別歷史——一
個獨特語文教育研究所的結束》一書中。他在校時，算是最常
跟我對談且投合逾常的一位；而該文也另有他對修課者反應兩
極的觀察和批判，以及畢業後留意我在臺東經營學術的陳述感
懷等。

> 對周慶華老師的一點小小的看法，覺得他有一點懷才不遇
> 的感覺。課堂上說的教學內容很有深度，但很少人認真上
> 課；覺得他待在東師，才華有點被埋沒了。（范育銘〈奇
> 異果·附註〉）

范育銘的〈奇異果〉那首詩，則是對我的巧喻兼不捨：「你
是一顆奇異果／黑不拉機／醜不嚨咚／不但表皮粗糙／全身
還長滿了濃密的黑毛／卻像被人捉弄似的／放在一盒過期的
蛋架上／但你很清楚／你比那旁邊過期的傢伙／營養千倍／

好吃萬倍／旁邊過期的傢伙／外表潔白如玉／內心卻腐臭如
死屍／你清楚的了解這點／可惜　現代人／吃廉價蛋炒飯的
人多／而吃營養但不起眼的奇異果的人／卻是少之又少了」。
這我也已在詩集《未來世界》序文中註記了一段。

> 上了這門課
>
> 我開始用心思索
>
> 每一句「頂撞」我舊有思維的話語
>
> 從中我領會到
>
> 另一種思考方式的存在
>
> 我開始給這種「收穫」
>
> 一個「奸邪」的微笑
>
> ……
>
> 我開始樂在這俯拾即是的世界
>
> 快樂得像翻出肚皮在太陽下曬（曾素娥〈討厭自己〉）

　　曾素娥的長詩〈討厭自己〉，乃修我「基進兒童文學」課
的感言。她從自責寫起發展到最後坦然面對寫作可能的橫逆，
我自己看了都動容，而一併將它嵌在我《創造性寫作教學》一
書的結論中作見證。

　　另外，有些年輕朋友探得我出入學術叢林的歷史，喜歡跑
來找我博諮廣詢：有時據地校園一角聊到腳痠且忘了回家；有
時在路上不期而遇邊走邊接續上次的話題；有時又互下戰帖異
時再辯，總是意外連連。而他們離去時遺留的「真過癮」或「太

精采了」一類話語，也令我回味不已！這種歡聚，無意中還引我悟及：課堂教學至此才正式完成。於是不論過去多少的師範光照而值得我緬懷，如今出現在眼前的一條新生路則我一人要獨自遠行。

語言文化躋升盱衡全局的資源

來臺東安頓，在學術的流注上，不僅如魚得水，還感覺過去我所吸納的各學科知識彷彿都要匯聚來為我所發用。以至在系上給我首開「語言與文化」課時，我除了欣然接受它，另外再搭配其他課程（如「臺灣文學」、「倫理學」、「當代宗教」和「佛教與文學」等）和新學科的研究（如文化語言學、後設宗教、混沌學、新經濟學、後殖民理論、女性學和知識經濟等），以及夙夜匪懈的精鍊覃思等，而綜合理出了在我來說例屬空前的宏大學問規模。當課程一結束，我的相關著作《語言文化學》也寫成了。

在這本書中，我從新界定了語言和文化的關係：語言，在中性義上是指口說語（說出話）和書面語（寫出話）；而在價值義上則可以隨人去說（如人類學家把語言當作創造性行為的模式、社會學家把語言當作社羣成員間的互動形式、哲學家把語言當作後設思維的手段、文學家把語言當作審美媒介和語言教師把語言當作一套謀生技能等都是），正是它建構了我們所生存這個世界為一客觀知識的對象。這個對象，跟巴柏（Carl

Popper）《客觀知識──一個進化論的研究》一書所陳列的同名說法略有不同。巴柏把世界分為三類：第一類為物質和能量的世界，包括有機物和無機物在內，如機械和一切生命形式、甚至人類的軀體和大腦等；第二類為意識經驗的世界，不僅指人類直接的感覺經驗，如視覺、聽覺、觸覺、痛苦、飢餓、憤怒、歡樂和恐懼等，還指記憶、想像、思想和計畫等行動；第三類為客觀知識的世界，包括客觀的思想內容，尤其是基於科學、藝術而表達的思想，如語言、倫理、法律、宗教、哲學和文學等。巴柏認為第三類世界一經成形，而變成人類生存環境的一部分時，人類常要適應它，受它塑造；當然，人類也可以研究、批評、擴充、修正、甚至廢棄它。這種說法，在理論上固然可以成立，但在實際上卻是疑點重重。因為物質和能量必須為人所意識才能確定它們的存在；而人的意識一旦發生，立刻形成客觀知識，這樣三類世界就無從分起了。換句話說，客觀知識的世界，就是意識經驗的世界，就是物質和能量的世界。

　　這個客觀知識的世界，用卡西勒（Ernst Cassire）《人論》一書的說法，就是符號的世界或理想的世界。當中符號，主要是指語言。語言是人所創造的；而人也只有在創造語言的活動中，才能成為真正意義上的人（否則人僅跟其他動物一樣為一純生物性的存在）。這麼一來，語言和文化也就可以得到合適或妥當的連結。依簡克斯（Charles Jencks）《文化》、英格利斯（Fred Inglis）《文化》、貝克（Chris Barker）《文化研究：理論與實踐》和李威斯（Jeff Lewis）《文化研究的基礎》等

書的描繪，可以知道文化的詞義一向眾說紛紜，但將它當作是人類表現創造力及其成果的總稱，並讓它具有最高指導精神的滲透實力，以為方便指稱和收攝材料等，卻仍然有著難以被取代的可期待值。因此，文化和語言的關係，就不宜受一般著作所示「語言是文化的載體」或「語言是文化的一部分」那類矛盾說詞的左右（也就是如果認定語言是文化的載體，那麼語言就不是文化的一部分，而是語言和文化形成一體的兩面。還有將上述的說法分開來看，「語言是文化的一部分」倘若成立，那麼語言和文化的關係就是「語言小於文化」；反過來說，「語言是文化的載體」倘若成立，那麼語言和文化的關係就是「語言等於文化」或「語言大於文化」，並置後會相互鑿枘而喪失論說功能），而必須另作限定為同一且彼此的表面區分為「文化是語言的別一解釋」。它們的關係，可以用一條斜槓來表示：語言／文化。這條斜槓兩邊的概念，本來也有相對立或辯證的關係（如真理／虛假、理性／瘋狂、中心／邊緣、本質／現象、物自身／表象、表面／深層、意識／潛意識和意指／意符等），在這裏特指二者是同一的。這樣說，也許會被誤以為文化是後出的概念（而事實上文化可能是先語言出現或跟語言同時出現），而演變成「先有雞或先有蛋」的無謂爭辯。關於這一點，我個人的聲明是，這跟兩個概念出現的先後次序無關，唯一有關的是為便於理論的再建構或指引一個理論再建構的方向。

　　我所以要做這般界定，主要是有感於語言和文化兩個概念已被浮濫運用到不辨關係的地步，如果不先對它們的存在給予

合理的定位，那麼後續的推衍討論恐怕都會失去準的或莫知所終，畢竟這裏面有一個「概念無疑義設定」事實不可忽視！也就是說，文化除了偶爾也被用來指涉人為的器物或制度，它都得以語言形式存在且要能以語言陳述才能算數。因此，文化在不說它是文化時，本身就是語言。而其實，連那些人物的器物或制度也都有相應的名稱，當文化也被設定來涵蓋它們時，它們依然有個語言形式可被掌握。如此一來，語言和文化就都得到了安置，而可以接著發揮相關論說的效益。

這項效益，在我的預估中，能夠顯現於對語言一般概念（包括語言系統、語言的表層結構、語言的深層結構、語言的創造、語言的傳播和語言的變遷等）有所混沌不明部分予以調整改向，以及將各種語言現象加以替換概念為統合性的文化解釋和據以為區別類似的新興學科並因應後現代解構觀念的挑戰等。在這種情況下，語言已經被細碎化為各種異稱及其生發演變等（就是上述的語言系譜以下那些現象），就得有文化出來整合而把它條理化或更具認知價值。這時又涉及文化的必要細緻分衍，而讓「人類表現創造力及其成果的總稱」（見前）那一高度概括的說詞能夠降低抽象層次，使得語言和文化的同一性可以不斷脈絡化而轉提升大家對它們的深刻認知和無礙運用等。

所謂的必要細緻分衍，就是再行界定原先的文化界定。但這再界定不是準備游離出來自成另一個系統，而是就原界定所隱含的信息給予流衍化或轉換成具層次性的概念族羣。而這只

要現有的論述中有可採行的,就不必自己再徒勞別為搜尋或勉強另作模塑。於是比利時哲學家賴醉葉(Jean Ladrière)所提出且經國內學者沈清松增補而著錄於《解除世界的魔咒——科技對文化的衝擊與展望》書中的一個包含終極信仰、觀念系統、規範系統、表現系統和行動系統等五個次系統的界定,也就進入我的理論脈絡而成了可以操作的穩定性概念架構。縱使那裏頭有講不清的地方(如表現系統和行動系統自是各有所承終極信仰、觀念系統和規範系統等,但彼此也得間接相通才能看出文化的整體運作情況,而這在該界定中卻隻字未提),但透過重整後仍無妨它在解釋案例上的極大化效率。

好比在漢語中,「性交」或「交媾」常被羞於提起,而改採用「作愛」、「行周公之禮」、「春風一度」、「燕好」、「巫山雲雨」、「圓房」和「魚水之歡」等詞語。這就構成了一個含蓄、纏綿且帶有深度美感的情愛世界;而關鍵原因,則是相應於精氣化生萬物觀念而行團夥為生後,為避免旁人猜疑嫉恨所如此內斂謹慎輾轉出示的。相對的,西方人不見這類行徑,乃因他們所體現的上帝創造觀念,已為自己備好了個體營生且不諱對他人赤裸表情的前提(一如對上帝坦白過惡),所以要教他們像漢人這般過活則有如逼迫他們選擇另一條自毀路,說什麼也不幹!也因此,所見於韋津利(Ruth Wajnryb)《髒話文化史》、白令(Jesse Bering)《下流科學:是天性還是怪僻?從「性」看穿人性!》、克里藍(John Cleland)《花花公子回憶錄》和保羅(Pamela Paul)《色情啟示錄》等

書詳著的許多火辣語詞表演,在中國傳統上就找不出可以相比的丁點文獻,彼此大有天壤差別。

又好比漢人從來沒有主動構設過原子、電子、核子、中子、質子、介子、引力子、光子、超子、層子、膠子、中微子、夸克和超弦等所組成的微觀物理世界,而西方人卻很擅長這一套。那又是不同的認知系統:西方深究科學,在終極上全是為了征服自然且藉該成就以為榮耀上帝或跟上帝競能;而漢人因無造物主信仰,自然不時興那一種精細且無所不入的科學探索方式,以至所見只有「道生一,一生二,二生三,三生萬物,萬物負陰而抱陽」(《老子》)、「易有太極,是生兩儀,兩儀生四象,四象生八卦,八卦定吉凶,吉凶生大業」(《易繫辭傳》)和「無極而太極,太極動而生陽;動極而靜,靜而生陰;靜極復動,一動一靜,互為其根,分陰分陽,兩儀立焉。陽變陰合,而生水火木金土,五氣順布,四時行焉。五行一陰陽也,陰陽一太極也,太極本無極也。五行之生也,各一其性。無極之真,二五之精,妙合而凝,乾道成男,坤道成女,二氣交感,化生萬物。萬物生生,而變化無窮焉」(周敦頤〈太極圖說〉)這些玄妙的本體論述可供懸念。

從能有效解釋案例的這一刻起,我也終於用文字明列而確立了〈深造新的起步〉章所說世界現存三大文化體系的差異格局,並且對於從終極信仰(如上帝、道和佛等)下貫到觀念系統(如創造觀、氣化觀和緣起觀等)、規範系統(如博愛、仁愛和慈悲等)和表現系統(如敘寫事實、抒情寫實和解離寫實

等）和行動系統（如挑戰自然／媲美上帝、綰結人情／諧和自然和自證涅槃／解脫痛苦等）這一系列的不可供量性始終遭到含混對待也盡力加以疏導，無非是亟想看到這充滿強凌弱悲劇且即將崩毀的世界能夠和緩得救。而這跟海峽對岸正流行的文化語言學思潮，已經在方法論和濟世裝備等雙重比能上勝出太多；同時也足以據理越過後現代解構觀念的威脅，而很可期待它搴旗前去獨領風騷。

　　想起第一堂課，年輕朋友問我有什麼書可以參考，我回答說：「在國內還找不到這樣的書，如果要的話，等我寫出來。」他們粲然一笑，似乎不太滿意我的說法。而後來實際把書寫出來了，並且內容比課堂所講授的多好幾倍，他們倘若有機會看到，觀感諒必大不相同。至於我自己所付出的代價，則是書序中那一無以計數的悠悠華年：

　　來到臺東這個世外桃源的地方，一直都被教書、看書和寫稿佔滿，竟然還抽不出空好好瀏覽本地的風光，說來好笑。尤其夜夜伴著宿舍附近鴨羣的驚叫、沒準的雞啼和風撓樹梢的顫慄聲，居然也可以無動於衷，連停下來感懷一番或走出去激情一陣也沒有。難道這就是步入中年的徵候？望著眼前排著的許多寫作計畫，除了逐次去實現，我不知道自己還能成為什麼，也無法給自己任何的評估，就這樣繼續走下去吧！

宗教在我心傾忽幻滅

　　研發語言文化學的新學問，使它躋升為盱衡全局的資源，這在我特別勤力投注而相發的是影響人心最為深遠的宗教。不論是制度性的（有特定的教義、組織和儀軌等形式），還是非制度性的（沒有特定的教義、組織和儀軌等形式），宗教一旦進入社會而要取得生存權時，它就是滲透實力超強且容易轉成取代眾人發聲的角色。因此，以它為試煉對象，也就有「抓到重點」的高價意義。

　　先前我已在《國際佛學研究年刊》、《宗教哲學》、《道教文化》和《正觀》等刊物上登載論文，以及到佛光大學籌備處所主辦「佛教思想的現代詮釋學術研討會」「佛教現代化國際學術研討會」、中正大學歷史所所主辦「海峽兩岸道教文化學術研討會」和佛光大學宗教文化研究中心所主辦「第一屆宗教文化國際學術會議」等處發表論文；而來臺東後，又多次前往南華管理學院、佛光大學、華梵大學、臺灣大學、佛光山、天帝教、真佛宗和臺東社教館等舉辦的學術活動中演講或宣讀論文（演講部分事後也都會寫成論文）。加上配合宗教課程所摶就的相關新興宗教和民俗信仰等論述，在幾年內總共結集出版了《新時代的宗教》、《後宗教學》和《後佛學》等書。這既能標誌我開拓學術領域的先行成果，又可以應驗我所構設語言文化學規模的特殊作用。

　　我的關懷，聚焦在宗教世俗化陷落及其必要迴轉以為拯己濟世等核心問題。宗教原以擁有解釋、傳承和發揚終極信仰為它的特徵，必須跟世俗事物保持某種程度的距離，才能挺住它的宗教性；但當這一切都被消蝕或降格處理後，大家就會看到它越來越像俗流而無法再許以神聖事物的守護者。宗教這種世俗化的作為，往昔也經常可見（如基督教的販賣贖罪券和佛教的經營錢莊等就是），但於今隨順現代化潮流卻更加劇烈，幾已到達褪去宗教色彩的臨界點。

　　在世俗面上，現代化相當於工業化；而工業化是以西方從近代以來環繞著機械論所精心塑造的科技模式為導向所進行的變革過程，它的目的在於締造高度昌盛的物質文明。這雖然已經卓有成效，但相對的也造成能源枯竭、生態破壞、環境汙染、溫室效應、臭氧層破洞和核武恐怖等後遺症，人類到現在仍然束手無策。而就在舉世透過有心人士的呼籲四處興起反現代化行動的時刻，很遺憾本該在神聖面上領導大家趨向減卻以回歸對世界妥善維護的宗教，卻莫名卯上借重現代的傳播科技、從事教會組織的重建和傳統教義的革新等系列近似的現代化進程，並且競相發展社會福利事業而參與耗用地球有限資源的行列。正是這一無法自制的跟俗流一起耗用地球有限資源（包括它的軟硬體設備、傳播方式和競爭手段等，都像企業體那樣無止盡需索於這個日益貧瘠的地球），使得宗教越來越不像宗教，也更增添人心的另一種不安全感。

　　考察箇中的原因，則是宗教為了擴大它的影響力，不惜屈

就世俗的事物，以便獲得眾人的信賴、服事和護持等回報。殊不知這正是宗教不再擁有已具的神秘性或玄奇性的徵兆。也許有人會說，宗教因為有越多的人信仰，所以它的救贖或解脫的中介功能就越顯著。這並不無道理；只是宗教的日受歡迎，可能是它正好成了「避難所」或「休息站」，而不是它的「引導得法」或「解救有效」。不然一個聯繫超自然或神聖事物的團體，為何會盡揀世俗的唾餘，以及參與現實事務的運作且跟俗流一起誤陷能趨疲的末路？因此，在我看來，宗教終究要一改日漸流於世俗化而重拾它原先所強調的神秘性或玄奇性，才有辦法喚起人內在的至誠和悸動；同時也得聯合起來抗拒科技文明所帶來的夢魘或彌合人間相互征伐所引起的傷痛（至於各教派間所存在的怨隙或因利益衝突所導致的聖戰，自然也在期待它去除或改善的範圍）。

尤其是今人所熱中的佛學研究，依我的比較權衡，它更應該也更有力轉而對治現代化，以便作為救渡世界有成的楷模。畢竟人類所推動的現代化給自己帶來了空前兩大浩劫：一個是現代化的支柱「工具理性」或「科技理性」的過度膨脹，大量耗去不可再生能量而造成地球日益瀕臨崩解的邊緣，人類正在自食「沒有明天」的惡果；另一個是現代化中的「現代性」，預設了人為主體而發展出來的權力宰制還在盲目擴張中（雖然有後現代思想家企圖瓦解它，以及網路社會分裂資訊對它的挑釁等，但它還是負嵎頑抗而不為所動），致使自然和人性、個人和社會，以及人和人之間原要相互依存而和諧融通的情境愈

來愈難以實現,而徒然深化了自我的孤獨和悲苦!面對這一千瘡百孔的世界和自我流失嚴重的現況,人類可有什麼良策加以改善?此刻無法乞靈於西方,因為現代化正是西方人所策畫和帶動的,他們不可能一邊霸佔著豐厚的物質享受和傲人的權力利益,還一邊領著大家逆現代化而行。那只有乞靈於東方了。

東方有源自中國的氣化宇宙觀和源自印度佛教的緣起宇宙觀,都可以據為對治西方促使現代化必然出現的創造宇宙觀。不論是氣化宇宙觀還是緣起宇宙觀,都不崇尚戡天役物,有利於世人從事比較長遠而平穩的生涯規畫(不像信守創造宇宙觀後流於跟自然競利而惶惶不可終日)。當中又以緣起宇宙觀對治創造宇宙觀最具猛藥救急效果(詳見〈深造新的起步〉章)。理由是這種宇宙觀當宇宙萬物為因緣和合所成(因緣不和合宇宙萬物就消失);所以宇宙萬物就無自性(無自性就是空),而人只要不執著宇宙萬物的實有,就能解脫痛苦煩惱而臻於涅槃寂靜境界。這樣所採行的應世策略一定最少消耗資源,而可以避免人類自惹的速取滅亡一項災禍。還有由緣起宇宙觀衍生或併生的無我觀念,否定世俗競逐權利的必要性,自然也可以藉來淡化和創造宇宙觀互通的人為主體觀念,而使人的存在多一分自由及和諧的保障。正由於佛教在當世可以具有這樣的優位性,所以佛學研究也得導向對治現代化的途徑上去,才能顯出這類研究特有的意義和價值。

上述這些倡議,都專致或統合於《新時代的宗教》收錄的〈展望新時代的宗教〉、〈宗教對話的新向度〉、〈宗教「現

代」化的社會福利事業方向〉、〈道教的反支配論述及其啟示〉、〈仙真信仰在當代的式微及其問題〉、〈佛教的當代變貌與俗化迷思〉、〈「企業禪」的危機與出路〉、〈儒家與基督宗教對諍性對話的模式〉、〈基督宗教原罪說的盲點與突破〉、附錄〈命與知命的類宗教探討〉，《後宗教學》收錄的〈緒論〉、〈後宗教與文明說〉、〈後宗教生死觀〉、〈後宗教對話〉、〈後基督教神學〉、〈後人間佛教的建構〉、〈後禪學研究的突破〉、〈後道教文化研究的方向〉、〈後佛教與儒家的對話〉、〈後民俗信仰研究的進路〉、〈結論〉，以及《後佛學》收錄的〈緒論〉、〈後佛教世紀〉、〈後佛教倫理學〉、〈後緣起觀的開展方向〉、〈後佛性的突破〉、〈後解脫論的多元取向〉、〈後慈悲觀芻議〉、〈後淨土論的現實考慮〉、〈後輪迴觀的建構〉、〈後佛教文化事業〉和〈結論〉等篇章中，成為我自從有能力盱衡全局後的新一波學思的見證。

　　縱然如此，我的些許困擾和翻轉不動現實等連帶憾事，也因此而起。好比我夤緣際會搭上學界研究宗教的列車，一樣也頗有一股要為宗教把脈除弊的氣勢，但依舊常被質疑沒有宗教信仰如何了解宗教並進而研究宗教。宗教界的人習慣問我：「你信某教嗎？」「你有修行的經驗嗎？」似乎不信宗教或缺乏修行的經驗，就是外道，也就沒有資格研究宗教。對於這樣的邏輯，原禁不起一駁的（因為那全不相干），但基於自己對被制度化後的種種宗教形式的陌生，不便當下數落他們存有宗教教條或儀式必然存在的迷思，只漸漸養成一種讓對方無從再追問

下去的回應方式：

「我是個泛宗教信仰者！」

不知道這是否一併化解了對方的心結，對我來說卻可以免除被誘引進入某一特定教派而終身受權力場域桎梏的麻煩。

又好比我在佛光大學籌備處主辦「佛教現代化國際學術研討會」發表的那篇論文〈順應現代化／對治現代化？──今人所倡佛教現代化的商榷〉，才剛告一段落，就有法鼓山的女出家眾迎上前來跟我炫耀她們教團早就有能力解決我所說的那些問題，因為她們可以在舉辦六萬人聚集的法會後地上不見一張紙屑。我正準備反問那動員六萬人所耗費的場布、交通和食宿等資源要由誰埋單時，她們一溜煙就不見了，徒留我杵在原地生悶氣！像這類遠不知自己正在流墮中的僧團越是普遍，我的悲感就越增強度，只為了言說無力將宗教一起救渡！

九二一大地震後不久，我去南投縣魚池鄉天帝教總院參加一場宗教學術會議，沿途所見尚有許多來不及清理的斷垣殘壁，街道蕭索情況也出人意料。承院方接待人員告知，埔里一帶所有公家機關（包括消防隊、警察分局、鎮公所、衛生所和學校等），盡數毀損；而他們總院只有山頂一座涼亭半倒，其他都完好如初。回程時，我坐林正珍教授的車，吳寧遠教授權當司機，同車的還有鄭志明教授和一名天帝教的教友。車子出了埔里大街後，一路奔馳，要趕回臺中火車站。這時我注意到了兩旁斜坡有多處大面積坍方，以及聯想起地震時數千人死傷的慘劇，不禁幽緩的說了一句：

「這次災變是老天爺給臺灣人的一點小懲罰！」

不意話才出口，坐在駕駛座旁邊那位教友，立即訝異的呼應道：「周教授這句話，很有智慧！」高手過招，點到為止。我倆都沒為自己說的話多作解釋，其他人聽後也不搭腔。但大家內裏明白，對方一定接觸到了什麼，才會對我那句話特別敏感。至於我自己，則沒有直接覷見這場災難的天意所在，只是心中早就有數：它絕對不是偶發的巨變，背後已經伸出一隻操控手，在主導著這一切的戲碼，不准落幕的還有其他更多樣式的厄運（詳見〈生態災難逼出新的靈療觀〉章）。

再度搭上兒童文學的列車

說了那麼多，只緣於宗教不再溝通兩界而自保神祕機制，有如在我心倏忽幻滅，殊覺可惜！因此，對宗教失去正途的哀悼，要有其他比較令人開心的來填補轉移，沈重的情緒才能得到舒緩。而這在我深入探討宗教的同時，也一併跨向兒童文學領域悠遊，從一進一出或一緊一鬆中享受到了錯亂時空的矛盾快感。只是這次的貼近研究，乃再度性的嘗試，因為我於三十年前在師專唸書及後來在小學教書就關注過兒童文學了。

起先是參與兒童文學研究所的籌備挫折和撰寫那篇重度批判兒童文學界的論文〈多元兒童文學與一元教育〉效應。前者，讓我看到了一些盲點，覺得機不可失建言要趁早，所以就在〈兒童文學研究所何去何從〉那篇文章裏對兒文所有所期待

而發出了這樣的信息：

> 第一，籌備過程中，相關事務應有充分的討論，以擬出較
> 可行或較有遠見的方向。第二，課程的規畫，應以符應該
> 發展方向為主。第三，硬體的設備，除了圖書的廣泛蒐羅
> 和相關器材的必備購置，還得籌辦專屬的刊物和出版成果
> 性的圖書。第四，教師的自我成長，應在發展方向底下，
> 個別或共同構建出一些學理性或實務性的學科或專著（前
> 者如《兒童學》、《兒童文學學》之類；後者如兒童電子
> 書的製作、兒童劇場的經營之類）。第五，定期或不定期
> 舉辦講座、演講會、學術研討會、成果發表會和跨學科跨
> 國際的學術交流等，好展現一個所應有的活力。

這由於我沒有機會實際加入經營，所以也只能忍著看它浮
浮沈沈，終究未將最有競爭力的遠景實踐出來。不過，我個人
也因為「受到了刺激」，除了《兒童學》遺憾未能寫就，其餘
則從《兒童文學新論》出版後，又連續完成《故事學》和《創
造性寫作教學》兩部專論，總算是對「無諸己而後非諸人」這
一《禮記‧大學》式訓旨的必要深體力行有了交代。

至於後者，則可以用獅子搏兔自我形容當時的蠻勁，幾乎
是日以繼夜的奮筆直書來展衍對環繞兒童文學諸項問題的新
觀點，以便跟兒童文學界的人證明我不是無的放矢，而這已體
現於《兒童文學新論》所收其他篇章中（分別為〈一個基進的
想法〉、〈兒童文學教育的新向度〉、〈兒童文學研究的困境

與突破〉、〈兒童文學的跨科論述芻議〉、〈女性教師與兒童
文學教學〉、〈童年史的建構與兒童文學〉、〈兒童文學批評
的地誌學〉和〈少數族羣兒童文學〉等）。我跟時賢意見相左
的前提是：兒童文學如果能夠成立，勢必要具備許多條件，而
這些條件似乎還沒有人能充分的掌握，使得兒童文學仍是一片
榛莽未闢或開發不夠的領地，後起者可以發揮的空間依然無限
寬廣。

　　因為我發現兒童的能力高低不同，有的能讀未經刪節改寫
的《三國演義》、《西遊記》、《水滸傳》和《紅樓夢》等古
典小說，有的連「大頭大頭／下雨不愁／人家有傘／我有大頭」
和「大魚不來小魚來／小魚不來蝦蟹來／蝦蟹來了小魚來／小
魚來了大魚來」這類的白話童謠也礙難欣賞，這要如何劃定兒
童文學的範圍？還有兒童所能言說或寫作的文學，跟兒童所能
理解或批判的文學可能差距很大（如愛看《亞森羅蘋》或《福
爾摩斯探案》的兒童就難以或根本無法寫出類似的作品），這
又要如何選定兒童文學的對象？因此，所有相關兒童文學的理
論，都少不了要先行宣稱：第一，兒童文學的存在，不是一個
經驗事實，而是一個理論假定。換句話說，它是成人所認為的
兒童的文學，跟兒童自己的文學經驗不必然相關，所以一切的
論說都有待經驗的檢證。第二，兒童和文學兩個概念，處在游
移不定或繼續發展的狀態，所賦予的意義都是為了方便研究、
教學和創作等，沒有定於一尊的意思。也就是說，有關兒童和
文學的種種界定，終究不是絕對的，而是權宜的。第三，不論

是整體論說還是部分論說，都隱含著對話的空間。倘若有人看出裏頭有多重且不協調的聲音，或質疑批判當中某些乖違不合理的成分，都將是再作彌補或改寫的最佳參照。此外，凡是論說所不及處（如為什麼有些兒童不喜歡兒童文學而大人寫作兒童文學常愛夾帶道德教訓之類），也就是大家從新思考如何發展或新變兒童文學的關鍵。這樣所要出示的兒童文學觀念，才有比較高的可信度。

接著我對臺灣一地所力追西方兒童文學的進程，也持保留態度。理由是：兒童受到重視而隨後有兒童文學的興起，根據埃斯卡皮（Denise Escarpit）《歐洲青少年文學暨兒童文學》、諾德曼（Perry Nodelman）《閱讀兒童文學的樂趣》、薛克寇（Deborah C. Thacker）等《兒童文學導論》、黑伍德（Colin Heywood）《孩子的歷史：從中世紀到現代的兒童與童年》和波茲曼（Neil Postman）《童年的消逝》等書的敘述，這在西方已經有二、三百年的歷史。但在中國一向沒有兒童文學這種東西，僅見的一些啟蒙教材（詳見〈啟蒙從一本哲學書起始〉章）所傳授的內容也不過是要兒童提早體驗成人的生活；直到近百年來西方文化陸續傳入，兒童文學的觀念才跟著引進而在中土社會萌芽成長。至於臺灣，則從上個世紀五〇年代以還，就頗積極要跟西方的兒童文學接軌，舉凡迻譯、創作、傳播和研究等都不落人後。然而，這裏面卻隱含著表面的榮景掩蓋不了內在還欠質精的困境而有待突破。

這一點，可以從兩方面來說：第一，臺灣的兒童文學發展

趨勢，是追躡著西方的腳步在尋求並比榮耀的，從生產到傳播和接受等幾乎都是一窩蜂的向西方看齊。以至明眼人不免就會看到一個怪異的現象，就是臺灣整體的泡沫經濟也下貫到兒童文學的經營而競颺起短線操作的風氣。不但有高投資高報酬的量產企畫和執行（如各種精裝套書的生產之類），還有五花八門的促銷手法以及各種讀書會的開辦和導讀人力的培訓措施等，彷彿一夕之間就要改造這個社會從來欠缺兒童文學滋潤的體質；殊不知這麼一來只平添了整個社會的消化不良症，卻如何也看不出大家已經走在一條可以穩健發展著的道路上。第二，在所有的注意力都擺在勤耕兒童文學園地和廣開兒童文學市場等層面上的同時，另一個弔詭的現象也發生了。也就是大家都還莫名其妙兒童文學到底是怎麼一回事，就胡亂的要搶攻兒童文學的灘頭堡；結果所有朝著兒童文學的傳播和推廣等活動，只能是一邊摸索一邊前進，到現在還在猶豫著走那一條路才算上道。

　　緣於有這一困境的察覺，我的論說就針對那裏頭最無力提升層次的創作和研究等，給出了對症下藥式的規諫，包括創作得改向走基進（radical）的路而極力於探索創新類型（除了吸收一般文學早已出現卻還未被兒童文學創作者多方採擷的現代派／後現代派／網路時代派等前衛菁華，還可以融攝古今中外各學科而自鑄產製新形態作品），以及研究得強化方法論和價值意識且能提供創作新類型作品所需或有用的資源等。而我所配合開課的，不論是通論性的「兒童文學」還是專精性的「基

進兒童文學」，也都會導到這個層面，一時頗有「一洗萬古凡馬空氣象」的態勢！

修課的年輕朋友，也在此一基進求變的氛圍中，盡情馳騁「放大尺度」去創作的膽量和巧思。於是有「兩隻鬼鬼祟祟的螞蟻／在我的書桌上急速移動著／那裏聞聞／這裏看看／突然一隻爬到我的書本上／似乎發現書上有更多牠的同伴／我好心的闔上書本／讓牠和牠的同伴永遠不分離／／另外一隻在杯緣上／牠擺個漂亮的跳水姿勢／我張嘴一吹幫助牠一躍而下／那廣大湖面／從此成為牠的搖籃」（吳文祥〈我最好心了〉）這類諧擬性的反影響童詩；也有「……我的綽號是英雄，如果你敢叫我鴨霸、狗熊，你就給我小心一點。如果你叫我阿爸，我可以考慮一下收你為徒」（鄭夙惠〈我叫王阿霸〉）、「我的哥哥在我心中是最偉大的英雄，他非常的照顧家裏，尤其是我。每次我心情不好，就把我叫到房裏，教我練拳頭，並且告訴我：『現在我打你是為你好，免得以後你出去被人打死了，我還要幫你報仇。』……」（余如恆〈我最崇拜的英雄〉）這類崇高化反派人物或塑造另類英雄的兒童散文；更有「小紅帽和她的外婆相依為命，但外婆在城裏工作，小紅帽則每天在家裏混吃等死……」（侯明達〈新小紅帽〉）這類戲仿式的童話和「……我發覺不管是喜歡上別人，或者是別人喜歡上我，都有人傷心，但我要當那快樂的人，所以我要一直戀愛下去，因為我的愛情不留白」（陳乾榮〈愛你不是我的錯〉）這類黑色幽默式的少年小說。我知道現今的傳播媒體還沒有先進到懂

得接受上述這些作品，所以我就在撰寫《創造性寫作教學》一書時，統統將它們採作範例，而給予形同是正式發表的機會。

這有太多可以反思兒童文學認知、審美和教化等進趨的空間，而我也都一一著錄在那幾本書裏，形成我的語言文化學架構發揮的一項附屬產能。當中的插曲則是一次去赴里仁書局老闆徐秀榮娶媳婦的喜筵，席間浦忠成帶著三分酒意從鄰桌來哈拉說笑。半輪後，他朗聲的對著大家說：

「周慶華的書我看不懂，但我叫我的研究生一定要去買來閱讀！」

他的一番話讓我既驚又喜，什麼時候連他也注意到了我寫的東西？因為我直覺他只專攻原住民文學，而不曉得他對我的書也有興趣，所以興起想跟這個人當面聊一聊的衝動。散會後，我作了續攤的提議。其他人都以時候不早得趕回家為由而逕行離去，僅剩浦忠成和我二人。浦忠成看了看四周，突然想到什麼似的跟我說：「來，我帶你去一些地方。」然後我們就坐上計程車，直奔他所說的那些地方：先去一家原住民入股經營的 PUB；再去一家有他原住民朋友在當經理的 KTV；最後停在一家一對原住民夫婦開的卡拉 OK 店。每到一個地方，他都會叫兩瓶啤酒和幾碟菜，但都來不及吃完就匆匆離開。直到午夜要道別了，他才將心中憋了許久的一句話隨著酒氣流洩了出來：

「你什麼都寫了，就只一樣還沒有！」

我了解他是在指原住民文學。事實上，我早就在探討了，

有些成果也已收入我出版的書內，只是他少見多怪而已！至此我也清楚了他帶我跑這一趟，就是暗示我這個社會上還有少數族羣的存在，而我一個看似什麼都會關心的人不該略過跟他們命運深結的文學作品。我沒有多作表示，只順便問一件事：那是我初到臺東，林文寶教授弄了一個整合型臺灣兒童文學研究計畫，商請我和教育所熊同鑫教授共同主持「少數族羣兒童文學」分項，計畫書是我執筆的，也信心滿滿，但結果卻遭到封殺。

「我們那個計畫被打回票，」我試探性的問道：「國科會是不是把它送給你審查？」

浦忠成倏地斂起笑容，低垂著頭，不搭腔。而看表情，我猜計畫一定是有他的大刀狠砍過的。如果是這樣，那麼他如此急切要我見識原住民在都會區謀生的狀況，豈不自相矛盾了？不管他有沒有領悟到這一點，當晚的交談結束在這裏，想必他會從新評估我所關懷的事物是否真的跟他有距離。

爾後鄒族的浦忠成，一路從花師語教系教授到市北教大中文系系主任到原民會副主委到臺東史前博物館館長到考試院考試委員，跟卑南族的孫大川一樣，官運亨通，兩人都備受社會的寵愛。而我也從情分上疏離了原住民朋友，只有在合作辦活動或指導研究生撰寫論文時，才會再度想及那對我來說沒什麼大不了的族羣經驗，畢竟我已經將全副心力用來思索規模人類的前景，不想回頭老被性別、階級、族羣和國家等衝突議題所糾纏。

還有一次兒文所假學校圖書館外場舉辦刊物《繪本棒棒糖》成果展，邀請我去觀賞，並隨幾位主管上臺講些話。事後，即將退休的楊茂秀教授湊到我耳旁，語重心長的說了一串話：

「周老師，當年你講的那些話很有道理，只可惜我們沒把兒文所辦好……」

啊，這隔了多少年，他怎麼還記得，並且在這個時候才回饋給我？我睜大眼睛巴望著他，心裏想要擠點什麼話安慰他，但舌頭卻不聽使喚僵住了。從此我也懷疑自己是否能完全忘掉當時跟兒文所人事的交駁，以及挫敗後的灰心和悵嘆！

延續研究所的一段恩情

如果說臺東是我坎壈身世的釋放地，而收入固定讓我公餘可以專心寫作，那麼這背後還有一條線經常牽繫著我，促使我在萬幸中有更多緣會能夠結采生姿。也就是說，有幾位研究所的老師過去曾經沾漑過我的，如今恩情又延續到臺東，不吝給我助力，而無形中更推著我往前進益。每一想起，都覺得我並非孤伶在此，師長的關愛依然不時穿越時空來為我加持，從而淡薄了源自其他人事紛至夾殺所引發的不愉快心情。

這幾位老師，行事向來光明磊落，不會隨便中傷人，也不屑官場那一套夥同排他，更無意於攻心計而老在暗地放人冷箭。因此，研究所有了他們，才沒讓我們徹底絕望而怨怪起這世界那裏找得到可敬重的人。而這一點，在前面相關章節中所

以不曾著墨，只因為要跟對立事相區隔，以免羼和在一起而連累稀釋到它的餘溫。

當中王文進老師跟我們特別親近，也最懂得營造浪漫氣氛。不但課堂上可以完全放鬆交談，還常在我們開始進入疲憊狀態時，吆喝一聲，大夥移座到咖啡廳，邊飲品邊聊「六朝文學專題」課未竟的話題，而不覺天色已晚，要找人問歸途了。其實，我從大二修王老師的「文學概論」課以來，就一直深覺他不僅沒有架子，而且還會適時關心學生的近況，所留印象的連結度甚至跨越好幾年。比如我剛修完文概課就得到聯合報小說獎，王老師約我見面時，愛惜有加，不斷詢及我寫作的計畫。而等到去校外就讀博士班後，正當系主任的他，力排眾議找我們返校兼課，並且特意為我保留一門「小說選」。那時極力反對此事的人，都被王老師嚴詞厲色擋了回去。

「我讀博士班時，系裏就是這樣照顧我。」王老師轉述他面折對方的情況給我們聽，「現在我們的學生出去讀博士班，當然要比照著做才公平！」

然而，隨著王老師的卸任，他所一併廣開門路歡迎我們投稿學報和參與學術活動等，情勢全部逆轉。至於我個人，專業課程沒了，請系裏幫忙申請副教授證書也被攔阻了，最後應徵專任教師案更遭到空前絕情的封殺。不久，王老師轉去東華大學中文系，而我也千折百迴來到了臺東。原以為相隔兩地，不會再有機會親聆師長的謦欬，沒料到王老師早託他的好友徐秀榮老闆前來臺東接洽業務時順便給我捎來了關懷。那天，徐老

闖找到教室，像已熟識般的對我說：

「王文進老師交代，我來臺東一定要看看你。」

就這一間接看視，意外的開啟我跟里仁書局合作的契機。當時我正在給「佛教與文學」課收尾，而配合著撰寫的《佛教與文學的系譜》一書恰巧完稿，就藉機遊說並探探徐老闆的出版興趣。他把稿子收了，說要回去問問股東的意見，再給我回覆。

在我等待的期間，徐老闆有沒有徵詢過王老師或其他人，我無從知曉，但隨後他以書屬精撰的理由而接受（通常出版社不會輕易接納新人的稿件），我就猜到這背後多少有王老師直接間接在疏通了。

緊接著第二本、第三本……直到第六本，都有如乘坐直升機凌空達陣在里仁書局梓行，甚至還蒙徐老闆於第二本《後佛學》底封面我提供的作者簡介末尾添加了一句「數量之多與品質之精，均為中生代學者之佼佼」。這評語有一部分應是得自耳聞（後來接觸多了，知道徐老闆很忙，根本不可能細看；而他口中的股東，就是老闆娘），而它不知已經延續多久王老師先前的背書，這就教我點滴感念在心了。

此外，我為大趨勢出版公司編撰的《舌頭上的蓮花與劍——全方位經營大志典：言辭卷》，也是王老師受託後發包委由我負責的。而它則起因於我和楊旻瑋常登門拜望，在閒聊中總會兼及評論政壇一些怪現象，王老師有感所聯想到的。記得那時李登輝總統越當越口無遮攔，好像隔一段時間不來個「語出

驚人」就不罷休（好比猛說一些「中共再大，也沒我爸爸大」、
「非洲人很聰明，日本人很笨」等無厘頭的話，令人傻眼）；
連愛引典故也無暇去細究那內隱的諷喻意，每回都叫人替他捏
把冷汗，深怕騰笑國際而丟盡國家的顏面！

　　就在一次我又抓到李氏語錄中的小辮子，而徹頭徹尾予以
析辨批判一番後，王老師當場大表嘆異，擊著掌轉向楊旻瑋說：

　　「周慶華這個人很難纏！」

　　此後那本言辭卷的資料就寄到了我手中，應該是王老師認
定我最適合拿它當箭靶，痛痛快快的研練射程和中的技巧。所
以我又再度感戴他的賞識和器重，只要那本書還在架子上，我
的憶念就不會打烊。

　　再來我所以會留心當代文學的變遷，主要是修李瑞騰老師
「臺灣文學專題」和「文學社會學」兩門課而蔓延開來的。李
老師本身就是一個龐大的資料庫，儲存信息和縷述的功力超
常。聽他講課，會隨著他聲若洪鐘的震撼力進入時光隧道，無
邊際的翱遊；返回時還能兜著滿懷的憧憬，繼續下一次想像的
探險。

　　李老師從一般文學社會學的角度，探索臺灣文學的生產、
傳播和接受等紛雜情事，除了利用他主編的《文訊》每期設專
題討論區，還跟朋友合辦《臺灣文學觀察雜誌》，企圖建構一
門專屬的臺灣文學社會學。而在他的引領下，我們也卯足全力
涉獵臺灣文壇的新聖地，將不同面向的觀察所得撰文回報，李
老師也都大量選篇排入刊物相關的專題裏。我的〈十年來海峽

兩岸文學交流的省思〉、〈《文學雜誌》的成就〉和〈形式與
意義的全方位開放──後現代主義文學評述〉等三文,就是承
他厚愛分別在《臺灣文學觀察雜誌》第一、三、七期刊登。當
時為了撰寫這些文章,不知進出文訊雜誌社多少次,只因為李
老師容許我們去那邊找資料,以及跟編輯羣封德屏她們討教,
一場高度豐盛的文學饗宴就在李老師的課裏發生。

　　研究所成立第二年,侯孝賢執導的《悲情城市》影片獲得
第四十六屆威尼斯影展金獅獎,消息傳來,舉國歡騰,而傳播
媒體更是連著好幾週都捨不得放掉報導它的效應。李老師在第
一時間,帶了剪報來供我們討論。我自己覺得不過癮,回去立
即把多日來觀察報導和閱讀三三書坊版《悲情城市》腳本等心
得,草成一篇小論文〈假問題與假悲情──《悲情城市》所引
發風波的檢討〉,揪舉出該影片存有「單純化史事」、「不明
省籍衝突深層原因」和「主題不切實際」等多重問題。李老師
看過後,要我改寫成適合在報紙副刊發表的形式,他準備送請
認識的主編採用,賣點在於我那篇文章是這陣子以來全面不滿
意影片的觀點和輿論的淺見。隔沒多久,文章在《中華日報》
副刊登出,我也依私下承諾將稿費用來宴請李老師和一道修課
的人。

　　我以為事情就到這裏為止,但又不然!此後跟李老師的互
動更為頻密,《文訊》那邊有新專題企畫,只要合適的他就會
叫編輯來邀稿;而在《臺灣文學觀察雜誌》撐完兩年停刊後我
偷偷寫下一篇有暗諷惋惜意味的短文〈文學雜誌的出路〉,登

在《青年日報》副刊，也被他發現了。他當是有感於我所發出的「對於將文學雜誌導向大眾化或通俗化的作法，我個人打從心底不敢苟同；而對於僅憑衝動來辦文學雜誌的人，我個人也只能以不同情的態度，斥為好高騖遠」那些看法，但見他眼神閃過一絲悽惘，把湧到喉頭的話又吞嚥下去；而我也不曉得怎麼辦，僅能擠出苦笑望著他。

另外，就讀博士班時，為了找財源以填補生計的缺口，我連文建會所提供鼓勵研究生撰寫現代文學論文的獎助也去申請了。申請書要有兩人推薦，除了指導教授，第二位我想到的是李老師。在電話上拜託過後，我去找他們。金老師和李老師都很爽快的當面寫下推薦函，而我答謝他們的僅僅是單薄到快不成敬意的一小罐茶葉（因為我實在窮得差點要去夜市擺地攤了）！在李老師辦公室那一邊，聽到四年來唯一出自老師口中明著的評論：

「你跟我認識的小學教師很不一樣！」

我有點愕然，忘了道謝，也忘了接話。幾時在深受李老師的擡愛外，又承他這麼注意落落寡合的我有違世道的言行。我想這輩子難以報答師恩了。

在我返校兼課前，李老師已離開淡大去了中央大學中文系。徵兆應在我們修他的課最後一次他喃喃自語了好幾回：「竟然查我的勤！」我們不清楚那是系或教務處幹的，但可以見著李老師是相當失望的。他們不看李老師主持《文訊》給學校增添的偌大聲望和引進多少的人脈資源，只在意他有沒有按規定

守在研究室，也難怪李老師要受辱兼受氣的另謀他去。

淡大中文系的損失還不止這一樁，因為同一年臺柱龔鵬程老師也轉戰陸委會文教處，然後南去中正大學歷史系，以及就任南華大學和佛光大學創校校長，終末棲身在對岸北京大學，人才都跑光了。而龔老師則是我最後要提到的人。

龔老師飽飫典冊，一身霸氣。起初我們也不習慣跟他相處，但修課和跑腿久了逐漸發現他的學術智慮單純而偉大（一心想著開創新格局），而他也儘量克服難關引我們進入學術圈內去感受周旋人事的種種凌礫波折經驗，以至就放心的跟著他東奔西走。

總計有三件事，至今我還在蒙受好處：第一，我辭去小學教職，生活陷入困境，龔老師知道後一旦有機會就會幫我介紹工作；甚至在他擔任國際佛學研究中心主任期間，也給我安排了一個兼任助研究員職位。雖然那些工作有的非我所能勝任未去接觸，有的只去了幾個月遇到人事異動退出，但蒙他提攜一事卻感染了我，在往後有能力時也不忘仿此模式照顧身邊的人。

第二，從龔老師告別淡大後，不論他在什麼地方，只要有策畫學術研討會，都會叫我寫一篇。所以我就時而臺北，時而高雄，時而嘉義，時而宜蘭，甚至香港、北京，到處跑，多少也認識了一些三教九流的人，眼界無形中變得越發寬廣。尤其難得的是，他很體諒學者福利薄，以至每場會議從接待到給發表費，都是最高規格的，不但可以讓大家從容論學，又能夠提

供大家散心遊憩的好去處。放眼海內外，這點還沒有人足以跟他相比擬。我的許多不同性質的文章，就是在他「你寫一篇吧」的號召聲中寫成的。爾後當我也有機會主導學術活動時，這些前塵往事都會聚攏來給我借鑑，即使做不到八分，也不能少於五分。

第三，在相當程度上，龔老師也為我鋪了一條學術出版的路。首先是他在金楓出版社當總策畫，找我為張潮《幽夢影》作導讀，那是上面印有我名字的第一本書。其次是三民書局要出版一套《國學導讀》，委請龔老師負責〈現代文學導讀〉部分。而龔老師交給我撰寫，他一起掛名，那是我首次有長文收在大部頭書裏。再次是他幫佛光山組了一個「佛光山人間佛教事業」研究小組，並約到趙介生、許仟、郭冠廷、謝正一和我等五人，各撰寫一本書，內涵分別為佛光山的組織管理、教育事業、文化事業、社會工作和國際拓展等；並前後出國兩次，接受佛光山安排去了澳洲、馬來西亞、泰國和南非等海外道場參訪。而我負責的是佛光山的文化事業，專書在臺東利用空檔於約定的一年內寫竣。但因龔老師跟僧團不合，飲恨去職，我的書也無緣在佛光山那邊出版，數年後才從新改題為《佛教的文化事業——佛光山個案探討》交由秀威資訊科技公司印行。雖然如此，這本書仍算是龔老師催熟的業績。再次是龔老師轉往北大客座後，為北京世紀文景文化傳播公司和上海東方出版中心等，策畫《思考中國‧近代思潮系列》和《中國符號學》兩套叢書，找我編撰一本《新仙學》和新寫一本《語文符號學》。

前者不知什麼緣故耽誤，迄今仍無消息；後者已於二〇一一年出版。這是我的書僅此一次跨海去，由龔老師曳引著在異地跋山涉水，尋覓知音。

這一趟額外且紮實的人文交感和學術際遇旅程，教我拉大了跟凡庸人生的距離。它是那麼的體性純然而又不失光彩的高華，直為我帶來生平最稱飽滿的精神享受。我深知今後不可能再有類似機運接觸如許多的事物，三位老師的恩庇澤惠將會伴著我的每一記敲響心鐘而悠悠迴盪，再夢進夢出。

臺灣文學退場紅學接替登場

就像臺灣政治出現翻天覆地大變動那樣，臺灣文壇也經歷一場史無前例的意識形態鬥爭。這是我在困勉因應外來文化衝撞過程中所一併感受到的，它本屬於茶壺內的風暴，卻又無端波及甚多領域，長久以來都在給這個杌陧不安的社會投下庸人自擾的變數！因此，我的研究也挪出一部分心力，在向學界發出亟欲撥亂反正的諫諍聲音！

當時李瑞騰老師所開設的「臺灣文學專題」課，傾向中性描述一部臺灣文學的歷史，罕有個人的好惡批判；而實際上所有相關階段性的論爭，也都逃不過他的文學社會學式的剖析，總能有效點出背後的政經變數及其關連物等。只是依我鑽研理論的心得，以及盱衡古今中外文學的變遷動向，不便僅是如此就將議題輕放過去，而還想站在制高點上來看這一切爭論的利

弊得失，並試為找尋可能的出路。

　　大約從二十世紀八〇年代開始，臺灣一地文學的生產、傳播和接受等快速進入一個複雜而多事的紀元。說複雜，是因為臺灣已經變成文學理論的風向球，所有世界各地出現的新理論，幾乎都匯聚到這裏來相繼流行，再加上本地學者殫精研思而成的一些理論，使得臺灣達到空前的容受量。而說多事，是因為隨著八〇年代後期動員戡亂時期的中止、黨禁報禁的解除，以及開放大陸旅遊、探親和文教交流等政治氣候的變動，立場相異的文學人也趁勢走向臺前捉對叫囂比劃。此外，海峽對岸的評論者也藉機在搶奪臺灣文學的發言權或解釋權，有關臺灣文學史的著作滿天飛舞；並且嘗試透過中介在臺灣翻印流傳，造成此地在史觀上形勢比人弱的弔詭現象。

　　以現有的論述來看，有些人要把臺灣文學限定在蘊涵有「臺灣意識」或「反帝、反封建和反強權等表現」的範圍（如葉石濤《臺灣文學史綱》和彭瑞金《臺灣文學探索》所示），這樣臺灣文學就成了抗議文學或反動文學；但它所抗議或所反動的只是外來的政權以及海峽對岸的統戰威脅，卻無法一舉廓清西方強權挾著政治、經濟和文化等優勢對臺灣的支配，以及難以區別於一些第三世界國家所共有的被殖民命運下的文學表現，以至說臺灣文學的自主性都還嫌太早。那麼換另一些主張「語言至上」者的說法又如何？也不行！因為他們所提出以「臺語文學」作為臺灣文學的標記（如洪惟仁《臺語文學與臺語文字》和林央敏《臺語文學運動史論》等所示），不但解決

不了跟國內外現有文學競爭乏力的問題，還會引發更嚴重的自我分裂和敵視排外的紛爭等後遺症。這麼一來，臺灣一詞想由地理概念轉為審美概念的企圖也就落空了。剩下來的，就是徒有一番憤激和蒼白的熱情以及外界疑惑相對的眼光等。

本來強調臺灣文學，是要為此地文學尋求國籍的；但凡是主張臺灣文學的人，不是不採用它的政治地理意涵，就是妄想以語言來粉飾它的實質匱乏，到頭來臺灣文學還是一個沒有國籍的幽靈！縱然於理臺灣文學作為一種地域性文學是毋庸置疑的（就像日本文學、印度文學、德國文學、法國文學、英國文學和美國文學一樣，只要經由集體的宣稱或認同就具有合法性），但在臺灣島內還不盡人人能肯定臺灣文學是一種國家性的文學前，臺灣文學未來的道路仍會是榛莽滿塞！

這種情況，演變到九〇年代，雖然有大學成立臺灣文學系所吸納去了大部分的怨悱，但也因為祥林嫂效應太久而自動疲軟下來，論爭者的高姿態不再。文壇上所見的，甚至連另一條跟臺灣文學論爭聲勢相頡頏的外來文學思潮交鋒也出現了新的變化。原先所引進臺灣而曾經風行或來不及風行的創作觀念和批評觀念等，漸漸銷聲匿跡，只剩女性主義和後殖民主義在獨撐大局。這大概跟它們的戰鬥性和易操作性特能滿足當代臺灣人的胃口有關。然而，那也好景不常。九〇年代末期網路文學興起，所有舊帝國刻意區別的界域，都在網路這一跨性別、跨階級、跨族羣和跨國家的新型媒體中失去了它們的屬地，女性主義和後殖民主義自然也得走入歷史。一個標誌著數位革命

的時代已經來臨，臺灣的文壇又在釋放另一種能量。

　　檢視這一段臺灣文學論爭史（包括七〇年的鄉土文學論爭、八〇年代前期的臺灣文學論爭和八〇年代後期的臺語文學論爭等），無不糾纏在一個意識形態的泥淖裏（也就是強調鄉土／非鄉土、獨派／統派、臺語／漢語一類的對立，權益衝突的死結恆在，永遠也解不開），而不知也沒有能力可以超越來看相關主張的哲學基礎是否穩固，以及能夠展望遠景的文化創新前提何在等更切身的課題。

　　好比臺語文學，它所需要的媒材（臺語）不敷使用，必須靠多量的造字或以拼音字來解決，而每增加一個新字就使閱讀多了一個困難度，最後可能會棄絕於讀者羣而僅存作者在乾過癮。這點提倡者以為靠旁注或編輯字辭典或透過教學，就可以使讀者難以領受的情況獲得改善，殊不知人的習性多厭難向易，誰有閒工夫去從事這種幾近不知「伊於胡底」的摸索活動？還有提倡者認為只有臺語文字化後，才能真正達到保存本土文化和發展本土文化的目的，這隱然含有不跟其他語文共存的排他性。但他們卻沒有想到今天還在使用該語文的人並不限於臺灣人，倘若有大陸人或香港人或新加坡人或美國華僑用閩南話或客家話寫作，那些作品能算是臺灣的文學嗎？而那些作家也可以歸入保存臺灣文化和發展臺灣文化有功的人行列嗎？顯然要藉臺語文學的提倡來獲致本土文化的保存和發展的目的取向，不是很切實際。何況使用臺語創作也只涉及一個語用的枝節問題，根本無濟於本土文化的保存和發展，重要的是思想

觀念和政經關係的影響。因此,臺語文學存在的必要性,自然要加以懷疑。

又好比臺灣文學,對外界來說,不可能因為它內含有臺灣意識,就看重起臺灣文學。他們所關心的還是對人類整體有益或有啟發性的文學,而臺灣文學那丁點難具有相對普遍性的臺灣意識,卻不足以形成一股吸引力。這只要看看西方的文學史著作所標榜的盡是古典主義、寫實主義、浪漫主義、現代主義和後現代主義等書寫類型,以及文學批評史著作所楬櫫的都是新批評、形式主義、結構主義、現象學批評、詮釋學批評、精神分析學批評、社會學批評、後結構主義、解構主義、讀者反應理論、接受美學、女性主義和後殖民主義等方法類型,就可以會意一二。換句話說,外界所在意的是什麼東西促成了文學的進展,而不是一種地域文學必然要有所謂地域的特徵。

以大中國圈來說,源遠流長的古典文學傳統,才真正有它的特色。如格律化的詩詞曲賦,所顯現的精美別緻,舉世無雙;為佛教(講唱文學)所浸染的小說戲曲,韻散夾雜及解脫色彩,古來也「僅此一家,別無分號」;甚至各種詩話、詞話、賦話、文話和評點等,依然散采動人,在西方有體系的文學批評外自成一格。可是這些在當今的臺灣都已經一如黃花被委棄於地,從新拾起的是飄洋過海而來的西方的精粕唾餘(臺灣文學的意識形態堅持,也是西方社會曾拋捨過的文化殘留所激發的)。

如此一來,我們將要如何看待所要跨出的每一步?時間越往後推移,古典文學傳統就離我們越遠。縱使有少數人還不忍

遽然斬斷對它的依戀，但整體上它已無從再左右文學的走向。在這種情況下，我們是不是要挾洋以自重？如果是的話，那麼結局恐怕會是個悲劇。而實際上，這個悲劇早就上演了。

且看貝爾（Cory Bell）《文學》那本普泛談論文學的書，卻僅存西方文學一脈；而布萊德貝里（Malcolm Bradbury）《文學地圖》該本概括全世界文學的巨冊，所敘儘有阿拉伯文學、以色列文學和非洲文學等，就是隻字不提臺灣海峽兩岸的文學。這是東方文學從近代以來一味仿效西式文學共同的命運，無法以異彩贏得人家的敬意。就像沈恩（Amartya Sen）《好思辯的印度人》所考得曾獲諾貝爾文學獎的泰戈爾（Rabindranath Tagore）聲譽竟大不如想像：「現在西方已經少有人閱讀他的作品，英國小說家葛林甚至在一九三七年就指出：『至於泰戈爾，除了葉慈先生，我實在不相信還有誰會認真看待他的詩。』」而這在寒哲（L. James Hammond）《西方思想抒寫》也不諱言「西方人很少有欣賞東方文學的，中國和日本詩人在西方的讀者也為數不多」。此外，希爾斯（Edward Shils）《知識分子與當權者》更直指「亞洲的現代文化很多仍是沒有創造力……正在進行有價值的工作是地方編史和本土傳統文化研究」。倘若有人對此類低估蔑視氣憤難平，那麼他還得具備強一點的心臟來看貝克曼（Michael Backman）《亞洲未來衝擊：未來三十年亞洲新商機》著錄的這段話：

　　不久前，我們為未滿五歲的兒子西蒙找學校，而申請進入

> 北倫敦一所小學的程序之一是跟校長面談……那位校長
> 告訴我們，他的學校「拉丁文很強」……「你有沒有教中
> 文的打算？」我問。「沒有，老實說，我從沒想過。」

這擺明了就是西方人唯我獨尊，寧可教學他們本系統卻已經死
去的拉丁文，也不願碰一下正在流行的他系統中文，豈不欺人
太甚？一個老大中國，居然只剩下任人嘲弄的份（而不再有一
點被景仰或敬畏），實在是匪夷所思！

可見西方人永遠不會同情弱者，也不可能給模仿者高評價
（縱使有高行健和莫言等人接續搶到諾貝爾獎的榮銜，但那也
僅是政治配額而非二人真正技高一籌，西方社會依然無心接納
他們的作品）。以至臺灣的文學人遁入茶壺內搞風暴，本身就
是一項喪權辱格的悲劇性演出。想要反轉身分，同樣得培養能
耐創造新類型才能達致。

也正緣於這「內外交困」感直逼眼前來，使得我的研究對
策必須轉向發露確有競爭力的新類型題材，才不致跟著現況一
起膠著。因此，在我出版《臺灣文學與「臺灣文學」》（內收
有〈文學是一個宣稱的問題〉、〈臺灣文學與「臺灣文學」〉、
〈權力競爭下的臺灣文學論述〉、〈臺灣文學論述與語言囚
房〉、〈臺灣五十年來文學創作理念上的一個迷思〉、〈臺灣
八〇年代文學文本的建構與解構〉、〈臺灣當代散文的文類焦
慮〉、〈臺灣當代禪詩的變古風貌〉、〈臺灣八〇年代小說中
的街頭活動〉和〈修辭的新向度〉等篇章）和《後臺灣文學》
（內收有〈緒論〉、〈後臺灣的文學思潮〉、〈後臺灣文學史

的書寫〉、〈後臺灣網路社會中作家的命運〉、〈後臺灣新世代詩人的語言癖好〉、〈後臺灣的歷史文學提倡途徑〉、〈後臺灣的原住民文學〉、〈後臺灣的中國古典文學研究〉、〈後臺灣的兒童文學創作與研究〉、〈後臺灣文學的開展方向〉和〈結論〉等篇章）二書，以及面對已被網路資訊餵飽而不再感興趣過往事物的年輕一代造成我開課掙扎了多次後，斷然停掉「臺灣文學」課而改開起「紅樓夢」課，並且比照昔日作法進去紅學世界裏探險。

　　結果發現《紅樓夢》還沒被掀揭的特點，在於它的整體表現乃直屬氣化觀型文化所有的抒情寫實傳統而更知所進行系統內的突破新變。這一突破新變，除了有全貌上跨系統的文本互涉和另類的指意連鎖特徵可以引來對比當代相關說法而顯出異質色彩，而且還有藉為包裝該跨系統的文本互涉和另類的指意連鎖特徵的眾文體交會在閃爍著古今中外稀罕的名著光芒。也因此，我們的涉外爭取文學桂冠，本錢就在以《紅樓夢》為典範而再啟新猷。換句話說，從將文學本身的各階段演變（包括西方人所開啟的前現代／現代／後現代／網路時代等）融合而出新意，以及援引其他學科的資源更擴大文學的體製等方面綜合來進行突破。這時它就正式的進入了「後紅樓夢時代」，而可以有效的再創新典範。

　　為了多方包裹出奇，我也前後完成了《紅樓搖夢》和《新說紅樓夢》兩本專書，不乏規模臺灣文學的出路及其可以在國際文壇揚聲的途徑等。而這在時距上，又不知歷經多少次跟他

人對決才產出的（我還有收在《文學圖繪》和《文苑馳走》等書中多篇同類型的文章）。也就是說，為呼應語言文化學架構而推進得出這個結論，已經跟蔡元培、胡適、李希凡、俞平伯、周汝昌、馮其庸、潘重規、余英時和周策縱等一票紅學家抗衡相戾了許久。不在圈內的朋友察覺後，疑惑的問我：

「做學術研究就一定要跟人家爭辯或批判人家嗎？」

這倒讓我很費心的要去想有那一種學術研究是不用跟人家爭辯或批判人家的？想來想去還真想不出有這種學術研究。所以我給的答案是：

「除非不幹這種事，不然都得裝備自己在學術殿堂上跟人家比劃較量。」

朋友思索了一會，又說：「這有什麼意義？」是啊，這又有什麼意義？我一時間茫然了。在過去我可以用權力欲望和文化理想等理由來支持自己的抉擇，現在卻像一個在暗夜裏急著找燈的人那樣窮渴望有著落。

「宿命吧，」我黯然地應著，「一旦走上學術這條路，就註定要當個這樣的過河卒子！」

語教系成立碩士班兼行探討語文教育

二〇〇二年，語教系成立碩士班，我的教學和研究等從此進入另一個階段。

臺東師院主要是培育國小師資，所有就讀專科學系的學

生，都必須修讀全校性的教育課程和本系的教學課程。這在我進來前，已有人固定開設，還輪不到我涉足，以至所擔任的盡在語文課程範圍。直到碩士班成立，系裏為它設定了「專業語文教育研究」趨向，所授課才開始衍化。

碩士班是洪文珍教授主持系務時籌設的，招生時系主任已換了溫宏悅教授。在籌備期間，除了設所宗旨「結合現代語言教學的理論和實務，發展多媒體語文教材，培育專業語文教育人才，提供在職教師語文教育進修，開拓未來語文教育產業」和設所目標「陶鑄語文教育研究的專才，訓練語文教育產業的編輯、規畫人才，推動語文資訊化教學，並培養具有人文關懷、受過現代語文教育訓練的教師」等大方向不變，其餘都差點重犯當初兒文所的毛病。

由於這是我即將參與經營的研究所，不能眼睜睜看著它淪為兒文所化，所以就極力爭取課程設計要更見彈性，以及得有具體的對策來形塑精神理念、發展進程和遠景等，才能徹底有別於他校的語文教育研究所（而不只是比他們的中文所化要具有語文教育專業特性）。前者因我的堅持終於加入了「語文研究法」、「當代文學理論」、「閱讀社會學」、「寫作教學專題」、「詩歌寫作專題」、「小說寫作專題」、「語言哲學」、「文化語言學」和「語文教學方法研究」等普適性課程（這點後來應驗了我的預見，有些中學教師來進修，因面對太多小教語文教學研究課程而備感無趣，中途輟學求去；而其他會留下來唸完的，都緣於還有我所開設的這些普適性的課程，讓他們

有同情共感的機會）。後者，則屢次在籌備會議中提出，但一樣是「言者諄諄，聽者藐藐」，沒有獲得迴響。

在我的立場，所以要提形塑精神理念這一套東西，乃因為我深知語文教育研究所所從事的研究和教學等，都要有足以作為前導的相關語文研究和語文教育研究的哲理依據；而這個哲理依據究竟是西式的還是中式的（西式的又到底是那一階段或那一形態的西式；而中式的又何所據或如何依憑），都必須妥為計慮謀畫，才有可能辦出真正有可看性的語文教育研究所來。

既然沒有人理會，那麼我所能做的就是憑一己力量來點滴促成這一理想的實現。首先，我寫了一篇長論〈語文教育研究所研究團隊的形塑方向〉，在期初的一場校內跨領域的學術研討會發表，以「所謂大學精神下的研究所」、「語文教育研究所的定位問題」、「研究團隊的整合及其發展重點」、「提升研究能力的輔助性作為」和「重開創新性研究局面的幾點建議」等要點先行勾勒出進趨方針。其次，我再為推衍，以一篇涵蓋「為渾沌鑿竅」、「輪扁語斤與寓言故事」、「給瞎子動手術的後遺症」和「我們要成為下一個神」等觀點的短論〈語文教育帶領風潮的新思維〉，在隨後系裏主辦的語文教育論壇中宣說，試圖廣造聲勢，為「從事先進語文教育確有人在」再下一城。最後，我則透過所開設課程予以精要式的體現，一起向著該精神理念邁進，而以「至少有我自己在撐持」的信念給所帶來一絲希望。

　　不論從那個角度看，所有的語文生產本身，都以競奇鬥艷而展現創新本事為終極目的（雖然就語文生產者來說仍不脫權力欲望的範圍）；而語文教育的後出隨機性，卻總是一路在苦苦追趕而績效薄見。這即使還不到要宣布語文教育的死刑，但也相去不遠了。因此，我所做的種種判別批謬工作，也就有再啟生路的後設期待空間。換句話說，判別批謬只是論述的手段，目的還在判別批謬後的規模新路的嘗試。

　　這總說是語文教育的「職業」性轉換；分說則是淡化教育的虛矯性和強化自主創新的基進性。一般認為教育不可或缺，只因為文化需要傳承、各行各業等待人才，以及可以成為國家意識形態機器等。這樣教育的存在僅是一種職業而非志業。志業是在創新文化和帶領風潮，而職業則是在複製文化或加工文化追逐風潮，彼此的著重點不同而成效也會有巨大的差距。但擬定教育政策和實際從事教育的人，卻經常把它矯說成是一種志業而自我加冕神聖性。關於這一點的轉換是：將來我們還是可以繼續強調它的神聖性，只是它的前提必須將志業帶進職業、甚至以志業取代職業（而以此來彰顯它非虛矯的神聖性）。如果不是這樣，那麼整個的教育體質仍舊未變，而語文教育自然也難有枯木逢春的機會了。

　　語文教育研究所的創辦，最上策就是要能體認這些而集中力氣去探索踐履。這在我自己，當然得率先闢道以檢證它的可能性。於是初期所開設的「語文研究法」、「閱讀社會學」和「寫作教學專題」等課程，就分別許下了這樣的教學目標：

從語文到語文研究到語文研究法的線性演變，所徵候的是
人對語文認知的需求日益在提高中，也代表了相關的經驗
累積已經足以提供給人精密化思維所需的資源。因此，開
設「語文研究法」這一課程，就有統整這類經驗的用意；
也期待藉由這一課程的開設，結合更多人力一起來探討新
的開展的可能性。

閱讀主體存在的非個別化、閱讀行為的非自主性以及閱讀
活動的非單線性等現象，造成閱讀一事的社會化特徵，也
使得一門「閱讀社會學」的學問可以被期待建構完成。這
在當今泛談閱讀心理學和閱讀教學等現實情境中，很少被
觸及。以至藉著這門課程的開設，可以為閱讀領域開闢新
的屬地，同時也將協助研習者拓展新的視野。

寫作是個人在世成就的一大憑藉，也是轉益文化前景最有
效的途徑；而這對一個初學者來說很難速臻上境，以至由
有寫作經驗的人來從事寫作教學的工作，也就可以提供紓
困的方案以及使得一種創新性生命的傳承和開展成為可
能。如果有人從後設的角度來研究這類教學的相關問題，
一定可以更加開闊議題，而有助於寫作效應的實質性進
展。本課程以專題研究的方式來進行講授和討論等，希望
有機會為寫作教學的研究投入一點變數，以及能夠為寫作
教學的研究開啟一些新的面向。

至於綱目細項，也因為我邊教邊寫而形現於所完成的《語文研究法》、《閱讀社會學》和《從通識教育到語文教育》（內收〈寫作教學研究發凡〉一章）等書中。

這個過程，我所領悟到的是，只要有教育，就一定會有語文教育；而有語文教育，也勢必要有語文教育研究來檢視它的成效和推動它的進程。於是從事語文教育的研究，也就成了關心語文教育的人所能夠內化的使命和當作終身的志業。而事實上，語文教育研究的對象還可以更為寬廣。原因就在：倘若語是指口說語而文是指書面語，那麼語文二者就是涵蓋一切所能指陳和內蘊的項目。因此，語文教育就是所有教育的總稱而可以統包一切教育。它既是「語文的教育」，又是「以語文來教育」。在這種情況下，語文教育研究也就不慮可以遍及各個教育的領域。

特別緊要的是，相關精神理念的連結伸展，而使得語文教育研究不致有立場游移或持守無方的空間。這在我個人，因有語言文化學的架構定位，所趨向無不再添加一些應時切事的標誌。也就是說，時序已經推進到一個西方強權威力轉弱而東方中國崛起的後全球化時代，一切以重構文明或再造文明的新意識在主導經濟和科技的運作；而另一股更需反全球化的後生態觀念也勢必要形塑完成，並且作為串聯全人類踐行隊伍的指導原則。因此，始終居於領航地位的語文教育，沒有理由在這一新時代不再引吭發聲；而從新來探討它的前進方向，也就正是時候。這從我後續開課（包括新增大學部的「思維與寫作」、

「閱讀文學經典」、「文學寫作」、「讀書教學」和「國語教材教法」等課程）及兼行探索寫成的《思維與寫作》、《作文指導》、《閱讀文學經典》（合著）、《新詩寫作》（合著）、《創造性寫作教學》和《語文教學方法》等書，都可見部署到位一貫的旨趣。

經由長期這般講授許諾和相關論述並具在身的實踐，我的教書生涯才沒有淪為純粹性的職業場景（混口飯吃），而是將它提升到志業的層次（文化理想）。也因此，過去曾牢據不去的職業意識，就緣於有這一身在講壇卻無為師的感覺而逐漸淡化（全由轉發寫作的欲望所優為取代），從此職業和志業連成一氣而無所強分彼此了。

關鍵性的碩士班招生所帶來的改變，實際上還有更多的效應，但這得等到後面相關章節再來細述。此地要先說一件溫馨兼帶戲謔的事：林文寶教授知道系裏從新開張了，立即挑出他收藏的二千多本語文教育書無償送給所辦。我正接碩士班導師，有感於他的濃情厚意，就跟系主任商量，做張感謝狀去報答。他同意了，文字稿由我擬定，請廠商將它刻在壓克力座上。而後約好去兒文所的時間，我們把研究生一起帶去。

林教授也安排一羣兒文所的研究生到場觀禮。由於我跟他的關係已略為解凍（前年他還找我合寫過《臺灣文學》一書），所以在接著的座談中話題自然就聊到兩所的交流，尤其是研究生的論學最不能缺少。林教授沒多作表示，只說看研究生有沒有意願。我見狀就予以擴大解釋，而跟我們的研究生說：

「人家已經張開手臂歡迎了，你們不妨主動一點，找時間過來跟他們聯誼。」

兩星期後，我想了解進展狀況，不意研究生卻回報說沒希望了。

「怎麼了？」我疑惑的問，「對方不是很有誠意？」

「才沒有！」班代苦著臉答話，「我們才進門，就聽到他們說我們太老氣，擔心被我們吃掉！」

哈，我差點忘了第一屆語教所研究生都經過職場一、二十年的消磨，臉上是有不少風霜了。但沒想到這也會嚇到對方，變成一道通好的障礙。

自尊心既然受傷了，那不去也罷！此後兩所又恢復原來沒有交集的狀態，僅剩茶餘飯後大家把容貌欠修整一事拿出來互相調侃一番！

開課細數已有一長串

將教學和研究結合在一塊，我的傳知自信始終來自平時手不停披的閱讀和精心迸發的產製。所以每開一門課，不是早已有相關的著作，就是比課程進度超前的把該新學的理論建構起來。此外，我無法想像那些只一味炒作或重述別人論點的教師是怎麼厚顏在講臺上宣稱他是一個知識供應者。如果那些人連自己都不相信可以研練啟新，那麼他們又如何告訴學習者走出一條自創品牌的坦途。這就是我身在職場最深的體驗，並且一

直警惕在心不能懈怠於自我成長，以及得連帶鼓舞有緣跟我一道學習的人奮勵向前。

　　早期聽聞一些狂放自大的人，總覺得那裏不對勁，而姑且以「社會似乎也欠缺不得，因為大家總需要有可供閒居談助的東西」一類觀點相看視。像東晉謝靈運說：「天下才共一石，曹子建獨得八斗，我得一斗，天下共一斗。」明末金聖嘆道：「自古至今只有我是大才。」民初劉文典語：「了解《莊子》的人只有兩個半，一個是莊子，一個是我，所有研究《莊子》的人共半個。」近人魯實先自述：「古來懂《史記》的不出三個人，一個是司馬遷，一個是我，一個還沒有出生。」試想沒有他們這樣講大話，不知道大家聚會要拿誰來消遣呢！但後來自己眼界變高了，從新評估此事，感受卻迥然有別，畢竟人家是真有本事才敢如此張揚流播（他們分別有《謝靈運集》、《聖自覺三昧》、《莊子補正》和《史記會注考證駁議》等書作為倚恃後盾）；否則有誰會一再傳誦某個無名小子講過同樣或類似的話？

　　慢慢地，朋友刺激性的言辭也出現了。他們不但了解我力折羣雄的歷史，而且還知道跟我交鋒不容易挫敗我。而我也曾經給自己作過定位：我很少稱許人，因為人沒有什麼好稱許的；我也很少讚美神，因為神不需要我讚美。因此，他們的反應就像底下這樣想將我一軍：

　　　「既然你都點名過了，那麼你自己又如何？」

　　　「我不便瞧不起別人，」我說，「但我會另給一個答案：

我只佩服兩個人，一個是我自己，一個還不清楚在那裏。」

「那你不是比那些人還要猖狂！」

這回朋友可樂了，因為他們終於逮到機會判我一個「疏於自制」的罪名！其實，這是我對自己學思深具信心的表徵罷了。我全然無意也沒興趣去跟人家競爭什麼泰斗或祭酒一類的頭銜，長久以來只感覺不服輸心理一直推著我往前衝刺，難以停下來動念禮敬一下別人！

也由於衝刺直奔慣了，連稍作歇息都會嫌在虛擲生命，所以開課和寫作也就像一部運轉的機器，無時無刻不在更換戲碼和增添產值。當中開課部分，不到十年時間已經有一長串。依序為：「臺灣文學」、「語言與文化」、「專題研究」、「臺灣當代文學批評」、「佛教與文學」、「兒童文學」、「倫理學」、「紅樓夢」、「基進兒童文學」、「當代宗教」、「生死學」、「宗教與文明」、「思維與寫作」、「文學寫作」、「閱讀文學經典」、「哲學與人生」、「故事學」、「讀書教學」、「語言學概論」、「國語教材教法」（以上屬大學部和進修部）、「語文研究法」、「閱讀社會學」、「語文教學方法研究」、「文化語言學」、「文學與語文教育」、「論文寫作規範」、「學位論文寫作」、「詩歌寫作專題」、「小說寫作專題」、「語言哲學」、「跨領域的讀寫」、「詩歌研究」和「小說研究」（以上屬研究所）等。

上述有些課僅講授一、二次就停開了，原因是學生沒興趣或我書已寫成再講就要乏味。倘若不是學校政策改變，限縮開

課範圍，那麼我很可能會再想辦法另啟他思，而讓所開課類型更多樣化，畢竟老是講同樣東西，我自己都快黏膩到要發狂！

情況還有出人意表的，就是排課無心組合而造成某些調適上的難題。好比上　堂課才跟較年輕朋友沉浸在死亡事件的哀傷中，不及半刻鐘就趕去另一堂課跟較年長朋友玩兒童遊戲；而剛在文學課培養起審美的輕鬆興味，馬上又換到哲學課或宗教課去面對嚴肅堅硬的理智思辨。這在我個人確是一種詭異的經驗，每次課後都得自我療癒許久，才能緩和那一起伏不定的情緒。

此外，基於對修課者不耐長時段聽講的觀察心得，我也儘量採活化方式進行教學。但由於策略時常改變，早已想不起來那門課用了什麼手法。湊巧有研究生事後回顧，幫我保留了一些：

> 老師上課內容豐富有趣，教學更是多元，說學逗唱……語文、哲學、佛學、宗教學、作詩……樣樣精通。（何秋堇〈我最敬愛的老師——周慶華老師〉）

> 周老師思維縝密、備課周全，每次上課必印好講義，拿出寫好的綱領圖文，一邊口述，一邊黑板書記……這麼說，好像周老師授課是教堂傳教、中規中矩，其實這只是嚐鼎一臠，就像一甕佛跳牆裏撈到干貝、豬腳，應該不會覺得美味僅止於此吧！用影片練語文，解讀導演所要表現的哲學思想、人文精神；教詩的基礎理論，課堂上即興創作，

同學分享、反饋彼此作品。因為老師的態度是開放包容、引導啟發的，所以大家敢寫、敢說。（蔡正雄〈謝謝妳，東大語教所〉）

周老師的教學非常用心、認真，內容活發有趣絕不枯燥乏味。在上課期間他會不斷提問要你回答，上他的課很難打瞌睡，因為要不斷動腦思考，腦子不停如何睡得著？（廖五梅〈懷念東大語教所的人事物〉）

老師寫得一手蒼勁有型的硬筆字，他的精闢理論實在難懂，他的上課方式多元化，印象最深的是：有一節課他請全班吃芒果冰，邊吃邊看一部要討論的電影。那芒果冰實在太好吃了，電影也很耐人尋味，當時心裏想：原來這怪怪的老師也有感性的一面啊！（林明玉〈那些人那些事那段美好的時光〉）

他說過的許多話，有時甚至是一句玩笑，總是會讓人腦筋打結後再加速運轉，以至於許多話題都讓人深刻難忘。他說：「上課是和學生一起創造回憶」、「在安全的地方冒險」、「對話不是為了共識，辯論是為了持續辯論」……上課氣氛低迷時，他總愛丟出敏感議題，引爆師生之間原本拘謹有禮的表面和諧。他好奇，也好玩，喜歡挑戰既有的價值觀，看你不以為然、辯得面紅耳赤、找不出話來的苦惱模樣，他最是開心。所以上他的課、和他吃飯，從不

無聊。（許靜文〈花季未了──關於語教所與慶華老師的
二三事〉）

其中最有趣的就是上周老師的「詩歌研究」這門課。第一
堂課，老師帶著一個紙箱進來，還故作神秘的給了它一張
寫著「我就是那棵樹」的名牌，怪異的行為又觸動了我在
第一個暑假對老師的第一次印象，我的神經馬上很清楚的
大喊：玩就對了！第二堂課，換上一株名叫「我不是仙人
掌」的仙人掌站在那裏，還是一樣：玩就對了嘛！的確，
寫詩還要正襟危坐那寫得出詩？這門課最後收結在臺東
森林公園的琵琶湖，遊湖一周後在我的吉他伴奏下，大家
歡唱早期耳熟能詳的民歌，為三個暑假的研究所課程畫下
句點。（陳意爭〈不想散的筵席〉）

出了研究所（上引各文，均收入我主編的《告別歷史──
一個獨特語文教育研究所的結束》一書中），修我課的人反應
就多半不關這些教學活動的費心安排，而是對周某這個人的看
法，彷彿他們都比我還要了解我自己。只不過那不免讓人心裏
五味雜陳了一點！

關於這一項，得從一件事談起：在佛光山主辦的那場「第
一屆宗教文化國際學術研討會」中，有位德國籍神父看我縱橫
捭闔各種宗教言說，刻意趨近口氣堅定的對我說：

「你會紅！」

如今又過了二十年，我在外面是不是已經紅了，我不清

楚。倒是我們這裏相處過的人，都曉得周某不好對付。年輕一點的會隱喻說我「有筆如刀」（意思是我論說犀利會儡人）或「一個跳動頻率超快速的靈魂，不得已被困在一具機動性不高的軀殼中」（意思是別妄想跟我在思緒空間競走）；而年長一點的則逕指我「看你走路的樣子，都像是在警告人『最好不要惹我』」，這些我都無從反駁。只是他們還以「殺手」、「兇神惡煞」、「食人魔」一類詞語形容我，這我就礙難領受了，因為我最想自況的是「孤苦的江湖中人」，顯然跟他們的認知相去太遠了。

至於偶有貼心動感的時刻，例如進修部學士後師資班一些在社會歷練過已不太年輕的朋友，他們像在搶救什麼似的紛紛盼望我「身上的刺不要掉下來」，那我就美意全收了，畢竟只有他們才看得出來針砭世道和螫人取樂的差別。

多年前，我在《七行詩》中以一首〈刺蝟〉詩自嘲：「渾身是刺有什麼不好／敵人見到都得望風潛逃／既然全長滿了／拔掉幾根還是會猛冒出來／難道要像別人暗藏皮下／對你冷不防的偷放幾支呢／歡迎繼續稱我為刺蝟」。幫我寫序的丁敏教授闡釋說：「作者彷彿告訴我們：『多刺』，是從生活的磨鍊中，為了保衛自己所長出來的。」這就道著了我的心聲，因為她還看到我另一首〈榴槤〉詩：「沒有人會相信／長得如此扭曲多刺／竟是來自一場艱苦的纏鬥／豐厚滿握的果瓣／填滿了每一個可以伸展的空間／終於醞釀出那股濃粘的香味／不管你喜不喜歡它都是水果之王」。以至她的研判「多刺是

從生活的艱困纏鬥中長出來的，但同等也蘊育出豐厚香濃的果瓣。全詩在自辯中透露出自信，畢竟做殺手是要有實力的」，就不盡是恭維。至如她接下去說的「『多刺』的形象背後，是必須和世界不懈地抗爭、戰鬥的心理」，那又是起於我別有一首〈笑〉詩：

世界以寂靜哺育我們

我們回報它戰鬥和笑聲

笑聲融化不了寒冬中的冰

也撲滅不了炎夏裏的火

只剩獲勝者

高高舉著雙手

孤獨的期待下一次沒有阻礙的狂歡

丁教授的斷言是「世界在冷眼旁觀，天地不仁以萬物為芻狗，人唯有靠自己在戰鬥中搏勝，才能有笑聲。但戰鬥是一場接著一場的，戰勝者也只能孤獨地隨時處在備戰狀態中。這樣的笑聲是不能填補人間的炎涼冷暖，不是歡樂的笑聲」，這反令我有點不自在了，終究我還不敢自居此境，也未「實質」到舉目無親的地步！

中式符號學的建構推衍

探討符號學的課題，是繼我特別有感應的語言後又一新領

屬的開展。但這次僅為純學術興趣,而少有機會在講臺上宣說。來由就在跟人文講會成員論學時,有此專長的陳界華每每總要來一段深奧的「符號學式解析」,聽得大家滿頭霧水。而一向不認命的我,對於這類比較陌生的東西,都會以《侏儸紀公園》影片裏的名言「生命會找到自己的出路」自期,想方設法把它弄明白。於是就在不斷披覽文獻和研議撰文中,逐漸地將符號學理出了輪廓。

先前已經摸索過索緒爾《普通語言學教程》、巴特《符號學要義》、傅柯《詞與物》和德希達《論文字學》等書,對符號學的概念還不致太陌生;這次再找來巴特《符號學美學》、卡西勒《符號‧神話‧文化》、摩立斯(Charles W. Morris)《符號,語言和行為》、埃諾(Anne Hénault)《符號學簡史》、迪利(John Deely)《符號學基礎》、霍克思(Terence Hawkcs)《結構主義與符號學》、格雷瑪斯(Algirdas-Julien Greimas)《符號學與社會科學》、霍奇(Robert Hodge)等《社會符號學》和伊拉姆(Keir Elam)《符號學與戲劇理論》等書詳為繹理,並輔以何秀煌《記號學導論》、古添洪《記號詩學》、齊隆壬《電影符號學》、陳光中《符號與社會初論》和李幼蒸《理論符號學導論》等書參照考索,終於明瞭符號學所可以廣及的範圍。

這個範圍,所構成的符號學圖像,在王海山主編《科學方法百科》的相關詞條內,已然有了簡要的勾勒。也就是說,符號學是一種關於符號或符號過程及其功能的理論。它最早由皮

爾斯（Charles S. Peirce）和索緒爾各自從哲學和語言學角度開創，而後由摩立斯等人發揚和傳播；同時現代西方哲學的某些流派，如分析哲學、結構主義、語言學和邏輯學等學科，又從不同觀點以不同方式對符號學進行研究而深化了符號學的理論，也使符號學正式升格為一種研究方法。這種研究方法，當今還不同程度地穿越且應用於人類學、社會學、政治學、思想史、文化史、文學、藝術、電影和建築學等領域，並形成了諸如符號學美學、電影符號學、音樂符號學、建築符號學和文學符號學等科際整合學科。

　　但也同樣的，上述這一完結性的認知，在我來說不會是上限，我還想知道建構中式符號學的可能性。照理符號學本是西方人的專長，所累積的成果也不得不令人刮目相看；尤其是他們所開展出來的符號學的廣度和深度，更讓非西方社會望塵莫及。然而，這並不代表西方的符號學就足以為楷模，而非西方人必須臣服於該文化霸權。這中間還牽涉著不同世界觀和價值意識而無法共量的事實，任何權力宰制或自我屈就，都會將人類心靈逼向單一化或平面化的邊緣。從整體來看，西方人的傲氣，以及因為牢據創造觀而在各種學術領域要挑戰自然／媲美上帝風采所展現出來精細構設的色調，大家已經領教過了；但中國人原要有的骨氣，以及因為謹守氣化觀而所有學術都趨向於縮結人情／諧和自然的特長，卻依然闇默不彰，反隨西方人起舞而奢言全球化。這豈是新殖民悲劇的開始？人世間的相互尊重、彼此扶持，又如何能在這一波新西化的浪潮中存在？

　　很明顯的，這個十分不協調的畫面已深深困擾著我，不得不有一番新論述來教它改觀。而這得先宣洩我自己一股積久難平的情緒，也就是眼看著國人日漸沈醉於歐風美雨的滋養而不自我奮起，真不知該悲嘆，抑或憤怒！縱然科技資訊早已讓國界失去了制約力，而跨國企業也改變了經營生態，但這一切對我們來說都必須以在強國夾縫中苟活為代價，並沒有什麼值得歡欣鼓舞的地方。原是泱泱大國且具有悠久文化傳統的中華民族，如今安在哉？我所以這樣說，並不表示有濃厚的民族主義情結，而是不忍民族尊嚴掃地而極力要予以召喚罷了。

　　當然，光嘴巴這般說說，不可能就真的消氣，還得有具體的行動來達到紓解的目的，所以我前後趕寫了《中國符號學》和《語用符號學》兩本書，試圖以建立一套嶄新的中國符號學規模，作為此次填空補憾的憑證。前者，涵蓋有〈緒論〉、〈意義的生成與衍變〉、〈歷史文本的建構與解構〉、〈倫理話語的經驗性與理論性〉、〈傳統雅俗文學觀念的定性與定量問題〉、〈宗教神祕話語的指涉問題〉、〈歷代啟蒙教材中兒童觀念的演變及其意義〉、〈古籍今譯的語言轉換問題〉、〈當代中國古典小說研究的話語檢測〉、〈民俗文化的教育價值〉、〈結論〉，及附錄〈繪畫符號的意義問題〉、〈俠話語的神話性與社會功能〉和〈中國文獻學研究的話語新版〉等篇什，專門從文本（text）、話語（discourse）和觀念（idea）等層次著眼，探勘它們在傳統文化情境中特殊的生產、傳播和接受等機制，而為中國符號學摹繪出一個動態的全幅性面貌。

　　後者，包括有〈緒論〉、〈語言表述：語用符號的基本形式〉、〈文本：你／我／他〉、〈現實：當代文學理論裏的一個魅影〉、〈對話與「對話」：一個系統別義式的考察〉、〈幹：敘事文本中的怪咖〉、〈神秘語言：語用構設與檢證問題〉、〈術語／學：一種志業與權力意志的交鋒〉、〈歷史敘述：一個動態性的剪貼簿〉、〈臺灣文學：文學人的一種政治情結〉、〈宗教信仰：一個跨文化溝通的起點〉、〈後佛學方法論：一個「後」式發用的案例〉、〈他詮釋了什麼：賴賢宗《佛教詮釋學》的討論兼作為語用符號學的檢證範本〉和〈結論〉等章次，則選取一些重要的語用案例，給予透視它們的文化內蘊，而為亟需的中式符號學再度奠立理論基礎。

　　《中國符號學》在揚智出版時，我於序文中說了一段話：「在鑽研符號學的路途上，友人陳界華教授是一個不能不提到的人。他的符號學和比較文學專長，在我們一羣經常論學的朋友的聚會中，特別顯得新奇和具有帶引作用。有不少相關的資訊，都是從他的口中得知；而他一些明顯有前瞻性的點子，也都化為一場場學術研討會，以便各人尋求驗證或形塑新的論題。而我就在這個機緣下，得以檢視原有的觀念並勉為再披荊斬棘，嘗試開啟中國符號學的新途徑。草萊初闢，總無法忘懷這一路上共甘苦過的人。」陳界華因此將書採作他所任教中興大學外文系課室的教材；而他還跟孟樊通了一次電話。孟樊問他：

　　　「周慶華為什麼把這個東西叫作中國符號學？」

　　孟樊大概從書裏找不到什麼具象性的符號而有此一疑問，陳界華就為他解釋，說我的講法比較偏向文化符號學而跟語文符號學和一般符號學的路數不同；至於加上中國二字，那是為有別於西方的新限制詞。至此，《中國符號學》的出版和流通，兩位朋友給了莫大的助力，我一直感念在心（後來才知道後半段一起論學的黃筱慧，那時也在她執教的東吳大學哲學系用我的書當讀本，盛情一樣在暗中挹注）。

　　事隔多年，再蒙龔鵬程老師的恩惠，給我撰寫《語文符號學》的機會。在這本書中，我確立了兩點：第一，世間學問的發展，以符號學的形塑最具整體性兼綜合性特徵。它以符號的物質性及其使用、符號的表義過程和信息交流，以及符號生產的社會文化背景等為關注重點，不但提領了一切學問形態，並且還深入發掘一切學問的動態實演。就整體性和綜合性來說，再也找不到一種學科可以跟符號學相比。而由符號學切分而來的語文符號學，則又是這種整體性兼綜合性學問的標竿，已經或多或少地展現出它的新學魅力。

　　話是這樣說，但大家也得知道，符號學是以語言為模本的，在不說符號時，它就是語言（包含一般性的語言和通見人造物或自然物的類語言）。因此，符號學的特徵，就是語言的特徵。只不過現時的語言學已被窄化到僅剩語音／語義／語法／語用等成分，所以後出的符號學一旦把自己定位在最高層次，它就被取代了去。以至由符號學再分化的文化符號學、語文符號學和一般符號學等，就跟我所建構語言文化學（或文化

語言學）包蘊的一切相通而可以對勘。換句話說，在我的鋪展裏，此地只是換詞為說，並非有兩套學問存在。雖然如此，我以越要自己後出轉精的期許來撰寫這一專論，內部的構件及其分量配置當然會比先前相關的著作精審可觀。

第二，由符號學考慮到語文符號學後，接著就是中式的語文符號學。如果說語文符號學在經過一番統整而形同新創後，就有重開語文認知版圖的作用，那麼一個中式的語文符號學也就可以據為張目，讓它的「取材」特性來勉為撐起這一次的創新規畫。而實際上這也不難如期達成所設定的目標，從此跟西式的語文符號學異轡並驅，甚至可以更新世上已有的觀念，將對方「取而代之」；它所憑藉的不僅是在語文符號學各層面上能夠獨樹一幟，而且還足以對地球不可再生能量即將趨於飽和而陷於一片死寂的困境進行救渡。也就是說，語文符號學所提供的「觀念先行」，是一切作為的前導；而中式語文符號學所具有的縮結人情／諧和自然的整體特色，則可以有效地應對緣西式語文符號學而來的挑戰自然／媲美上帝極端所引發的能趨疲危機（它雖然不及佛式語文符號學所見自證涅槃／解脫痛苦心量可發揮猛藥效果，但因實踐無礙的真理性俱在反而較能保證地球的長治久安），更足夠作為「一切作為的前導」的前導。

這是說西式語文符號學一向強調系統內的創新，結果在締造高度物質文明的同時，也荼毒遺害了這個世界。它所不能免除的造成耗能、惡化生態、汙染環境、破壞臭氧層、升高地表

溫度和恐怖核武等後遺症,總要有可以跨系統創新的語文符號學予以救治;而這正好由最貼近現實所需的中式語文符號學來擔起重任。它縱然比較缺乏系統內的創新欲求,但在衡量濟世方案能夠盡情地由它來供給,則又覺得它有跨系統的創新本事以解決現世的危殆問題。換句話說,當舉世沒有濟助地球免於匱乏和陷落的良方,中式語文符號學形成後則可以編組先頭部隊投入搶救的戰役;在這種情況下,別人不能而我能就具有新意,如同跨域創新而值得大家來仰望和習取。因此,即使中式語文符號學沒有經歷西式語文符號學那樣從前現代邁向現代、後現代和網路時代等而彷彿有輝煌度不夠的嫌疑,但這正是中式語文符號學的優點所在而遠為西式語文符號學所不及。因為當今世界所以這樣岌岌可危,就是西式語文符號學從中塑形及其無止盡推衍促成的;而這在中式語文符號學的示範展演下,根本看不到有這樣的表現,它的可以更新世人觀感的質素應該獲得大家的重視。

我所以建議把中式語文符號學推向臺前擔負挽救世道淪胥的重責大任,主要是沒有更合理、更高效能的其他語文符號學足夠寄予厚望;它將不再是過去百年來國人自覺卑微的棄我隨他那般地苟且偷生著,而是能夠堂皇地站出來登高一呼以為偕進救世。因此,透過我書中所說最末一道語文符號學中的文化治療程序,汰除自我盲目屈就或無謂追趕的習氣而從新審度新能趨疲世界觀的徹底實踐需求,也就成了中式語文符號學入時的最新蘄嚮。而這所要轉用「語言符號學」、「一般文本符

號學」和「文學文本符號學」等細項資源來達成使命的具體方案，以及毋須理會西式語文符號學所衍發「後現代的語文符號學」和「網路時代的語文符號學」的假象挑戰等，則已經在各章節裏詳盡論述了。它在沒有更好的因應對策出來取代前，顯然是渴望踐行，也必要踐行。如此一來，即使書名沒有再冠上中式二字，從內文看也很清楚該理已經貫穿了全書。

　　記得稿子交出去，大約過了半年，龔老師轉來東方出版中心的審查意見，說我的書寫得不錯，但沒說好在那裏。然後幾經折騰書終於出版了，大陸趙毅衡有一篇〈中國符號學九十年〉（收於唐小林等主編《符號學諸領域》一書中），提到中國符號學研究這部分，他先舉述龔老師《文化符號學》的特色，而後以一句「最近則有臺灣學者周慶華《語文符號學》，在這條路上繼續探索」收尾。似乎那是看封面下論斷（封面有「中國符號學叢書」字樣），完全不知道我不是在作「探討」，而是已有了「明見」。倘若這本書在大陸都是這樣被淺描輕略，那麼想看到一個老大中國真正醒來就得無限期等待了。

一系列綜合文學論述的完成

　　文學是我最長時間觀照的對象，所完構的論說也屬最大宗。從古典到現代，從東方到西方，幾乎都游走攬勝了一遍。而歸結撰述成果，則有泛論性質的如《文學圖繪》、《秩序的探索──當代文學論述的省察》，有通論性質的如《文學概

論》、《文學理論》，有文類性質的如《新說紅樓夢》、《紅樓搖夢》、《故事學》、《兒童文學新論》，有接受論性質的如《文學詮釋學》，有生產兼傳播論性質的如《文學經理學》，有文學史性質的如《佛教與文學的系譜》、《後臺灣文學》、《臺灣文學與「臺灣文學」》，有文學理論史性質的如《臺灣當代文學理論》和《詩話摘句批評研究》等。此外，另有單篇分散於《反全球化的新語境》、《微雕人文——歷世與渡化未來的旅程》、《轉傳統為開新——另眼看待漢文化》、《從通識教育到語文教育》、《語用符號學》、《中國符號學》和《文苑馳走》等書中，還來不及係聯它們所屬類型。

對文學所以會發出這許多的論說，除了我所在的中文學習和教學環境有方便就近採擇，最主要是我自己生命傾向有不得已於文學審美的情趣。這不是從強求而來的，如果不是本於宿緣，我也無法說清楚為什麼這輩子會跟文學特別親近。而在稍作檢視後，這份感遇竟早已不經意註記進了《微雕人文——歷世與渡化未來的旅程》所收一些短文中。如：

回顧生平，究竟是什麼時候想變換寫作這一身分，已經不記得了；但那種因為長久受挫而難以翻身的煎熬和酸楚卻還歷歷在目。有時窩在斗室苦慮，有時混在人羣裏愁思，更有時從深夜後就纏住枕邊的孤寂而黯然神傷，總沒有一刻鐘肯放過自己而任它漫無目標的游走。一個備嚐困頓的靈魂還沒有找到出口，就先悒鬱在五丈紅塵裏渴望著呼

吸。（〈據題抒意·我的心還在漂泊〉）

前人喜歡自比天地間的過客，末了都期待能繁華落盡見真淳，找到一方的歸宿。我卻不是這樣，老覺得自己像一縷遊魂，飄來蕩去，從來沒有心許過固定的居所。正如我最近一本詩集《新福爾摩沙組詩》後記所說的「沒有處所，遷徙只是為了遷徙」；因此跟詩相遇，也就成了逗留的唯一理由。（〈據題抒意·詩想東海岸〉）

我一直在想著「我寫故我在」或「寫作使人偉大」一類淺顯卻不免浮面的問題，而忽略了「為了脫困」才是我們所以要寫作的最真實也最根本的原因。因此，每一支生花妙筆的背後，就是一個顛躓的人生；而能夠重新綻開歡顏的人，也一定是嚐受過了寫作路上的艱辛、折騰的滋味。（〈上帝也料想不到的點子──柯品文《創意作文寫作魔法書》序〉）

當什麼都不再存在時，說這話的人所說的那句話會留下，這似乎只對文學人來說為真。向來沒有一個普通人只說一句話就會留名千古，只有文學人才能。它也許是一句詩，也許是一句小說的對白或一句戲劇的臺詞，都可以因撼動人心或撫觸閒情而跨過時空穿越你我胸臆的寂地。這是文學的魅力所在，也是崇尚絢美兼嚮往永恆的人所能找到的靈性唯一出口。（〈據題抒意·非零度寫作〉）

這不論是焦思苦斟，還是隨興遊蕩，或是解脫纏礙及其終極昇華等，都自我綰結了一幅文學生命圖像。也因為我活入活出這幅圖像，所以有再大的磨難慘痛都能自動化解於無形。雖然不盡樂觀於未來，但也從未悲觀繫縛於過去。

只是當理智生命逐漸增長後，我還得暫停腳步而攏總後設思索這一文學美感究竟可以複雜或豐富到什麼境地，因此而有了上述一系列張皇幽眇或重啟徑路的文學論述。這些論述，從結穴於《文學概論》、《文學理論》、《故事學》、《文學詮釋學》和《文學經理學》等幾本專門布局的書裏，也已形成了一個有別於時論的超大體系。

這個體系，最先要抗衡的是文學末世論。該末世論，乃起因於文學在當代的演變，遇到了幾股力量的夾擊，差點窒息而死：首先是後現代派的語言遊戲觀一併支解封殺前現代派模象觀和現代派造象觀的流動；其次是資訊發達轉移了大家的注意力以及文化評論帶起通俗文化的研究風潮而淡薄壓縮了文學的發展空間；再次是電影、電視和廣播等電子媒體的劫掠改造而異化了文學所有豐富意象的傳達且深為影響文學感性領受的貧乏化。另外，有些人從電腦科技的新寵網際網路中找到文學重整復甦的契機，卻也因為相關超鏈結和互動機制的啟動而讓文學更為徹底的後現代化，依舊無濟於事。

縱是如此，這種一再被挑起的「文學死亡」宣告，似乎也沒有大家所想像的那麼嚴重，畢竟文學觀念的變形伸展和創作出版風氣的持續不輟等現象明著，都顯示著文學一直在圖謀生

存，並非從此就一蹶不振了。更何況文學始終存在於「人的設定」中（才會有系統內偌多文學見解的變異），它的死亡和復活等議決，全跟權力主體相涉而無關文學的客觀性呢！換句話說，只要人耽溺他所設定的文學，文學就不會死亡；自然也沒有所謂死亡後再復活的事。

就因為我有這一「全跟權力主體相涉而無關文學的客觀性」的體認，所以整個體系也有一部分是在排除雜音的干擾，以確保它的純粹性。也就是說，文學已經不是一種先驗存在，它乃緣於現實的需要而被後驗設定的。因此，有甚多談論文學的書都在追問一個客觀存在的文學，就顯然是嚴重的誤判。文學從有相關的作品出現，直到現今瀰漫在社會的每個角落，始終都還在被規模限定中。這是說要認定一件作品是否歸屬於文學範疇，背後是有理論在支持著；而該理論就是人為的創設，它無從自我矯說成具有絕對性或普遍性。

在上述這個前提下，凡是有所不滿有關論述的浮誇或不能提點前路的，就可以重立一套理論以為掃除迷霧和提供照明。這也就是我新裁文學理論版圖的旨趣所在。首先，我把從「文學是什麼」到「文學可以成為什麼」的必要理路轉換，作了詳細的交代，然後才據為考量「文學成為什麼後的開展」方向。此地有新的文學限定，也有全面性的理論建構和預期文學未來學等。其次，我乃依序展開論述「文學的類型和審美」、「作者和讀者的辯證」、「寫作和接受的機制及其流變」、「文學傳播的生態概念」和「文學和其他學科的整合建制」等課題，

企圖重構一套別他且高效率的文學理論。最後，則沿著前面預期的未來文學而再發展出「文學到底還能成為什麼」的預估，以為首尾相互呼應而更增加整套理論的可信賴度。

此外，再騰出餘力來旁觀，不免會發覺現實中還有許多人仍然困惑於要創作什麼、應該如何理解接受和怎樣提升教學的成效等難題，彷彿這世間尚存一塊黑暗大陸，等著高明的人給它施放亮光。可見這裏有加強文學經理的必要；而這也就是另啓一套文學經理學可以形塑來提供方案的地方。

其實，文學經理學的建構要比純然解決上述難題複雜許多。它得從交代「文學經理學的緣起」、說明「文學經理學的重要性」和檢視預期「文學經理學的處境開展」開始，而後集中力氣於梳理「自我文學經理」、「他人文學經理」和「公家文學經理」等具體的向度，最終還得自行擬議「文學經理學的運用方向」以及別為展望「未來文學經理學」等具體的向度，才算是有效的構設。當中主體所分布的自我文學經理、他人文學經理和公家文學經理等，又分別以「創作觀點的文學經理／自我完構和自我推銷的模式／晉身為呼應神秘天才創新的行列」、「傳播和接收觀點的文學經理／企業營利和推動神聖化事業的贏面拔河／認同和促成文學淑世的恆久堅持」和「一種特殊觀點的文學經理／經費挹注和創作風氣的引導／美好創作環境的營造／返身檢肅幫助文學審美發展的成效」逐項細密的討論外示，才合而展現出一整套有關文學的難得且新穎的經營管理學。而這也都隨我文學論述體系的建立，一一的布列成

文，足以跟世人共商賞愛。

至於實得的讀者回饋，已知的則有幾件：第一，有一次跟黃偉雄餐敘，他語帶玄機的對我說：「告訴你一件可以讓你得意的事。」我請他直講，別吊人胃口。於是他就把去佛光大學文學所旁聽黃維樑教授所開相關文學理論課的情形說了一遍，最後提到：

「黃教授半途秀出你那本《文學理論》，說你在文學理論界也是一家。」

乍聽此一消息，本該高興，但繼想黃教授只是拉人湊數，並不清楚我書裏說了什麼；否則他應會有周某的說法最為合理或比較可靠的論斷給出。所以我只平淡的跟黃偉雄表示：「聽聽就好，別太過認真！」

第二，去參加臺北大學中文系主辦的幾場「文學與哲學學術研討會」，有一回會後聚餐，多了幾個新面孔，主人賴賢宗一一介紹讓大家相互認識。到了我這裏，突然聽見對面一位任教於臺師大國文系的女發表人驚詫的喊道：

「啊，你就是《故事學》的作者，我竟然可以在這裏遇見我所崇拜的人！」

原來她也看了我的書。只是在那種場合被人恭維很尷尬，既要迴避旁人突至的眼光，又得擔心對方進一步詢問而影響大家用餐的情緒，更別說我想知道那本近三十萬字的磚頭書她究竟讀遍參透了沒有最不便在那一刻表白！飯後，她老公走過來跟我說：「書我們是買了，但放著還沒看！」我要的答案已有

一半了。

　　第三，翻過我的書的人，幾乎都呈現一種接近歇斯底里的狀態在面對我，每次不是得忍聽他們痛陳我的書像有字天書，就是要佯聽他們直白說常拿我的書當催眠用，比一些理論厭食症者還傷我的心。但也有跟我有同樣癖好的人，越難契入的東西越能引發興趣；那個人就是來語教系就讀的林偉雄。他說進大學前就買了我的《文學理論》回去啃，始終沒啃出所以然來；但自從修過我的課後，又回頭重啃一遍，已經約略懂三分之一了。他畢業前，我再問他現在情況又如何。

　　「有一半了，」他答道，「另一半我畢業後會繼續把它弄懂！」

　　聽這語氣，好像是當年從我嘴裏流露出去的。如今又過了許多年，不曉得林偉雄是不是還在受一本理論書的折磨。如果是的話，那麼我會遙念他啃不動就別硬啃了，畢竟我已被太多無厘頭反抵聲音搞到連寄望讀者都是一件苦不堪言的事，不如放它去吧！

　　最後，有一些初識的女性朋友，當面跟我表示，她們的床頭擺了幾本我的書或在她們課室也用我的書。那我就得暗地裏拜託老天爺，幫忙查一查背後真實的狀況，我實在無從判斷那算不算是對周某百般用心的了悟。

死亡靈異跨域學科的連帶形塑

　　所完成的一系列文學論述，終究也得有語言文化學的架構來加以定位，而讓它的系統別義以及擇優進趨等普世志業性運作得以展開。這顯現於我相關著作所未盡意的，就由死亡靈異跨域學科的連帶形塑來補足。也就是說，根據語言文化學的架構可以區分出世界現存三大文化系統及其文學表現差異（詳見〈困勉摸索西方現代理論的歷程〉章），這已經有我的文學論述而足以使實況大明，同時對於地球永續經營所需於文學美感助力的，也都盡在我的書裏表露無疑；但整體上並未能深窺這背後到底還有什麼變數會制約這一切行動，那就得有一個越界的思維來勉為達成，而這無疑的就是緣宗教而來的有關死亡靈異的必要勘察，盼能從中找到解答。

　　撇開文學跟死亡靈異的糾合交集（包括死亡靈異會促成文學的實現，以及文學也在敘寫死亡靈異經驗等），只就死亡靈異事件來說，就有許多面向可以感知而很能夠藉由不同學科資源來看待，從而形塑出一個具跨域性質的新學科。這項成果，也就是我別為致力而前後撰寫《死亡學》和《靈異學》二書所提供的。

　　在處理死亡課題上，我從科學、哲學、心理學、社會學、經濟學、倫理學、法律學、宗教學和藝術學等角度切入，掀揭和透視了它的複雜內涵，而為它構設出了死亡科學、死亡哲

學、死亡心理學、死亡社會學、死亡經濟學、死亡倫理學、死
亡法律學、死亡宗教學和死亡藝術學等次科學。而在處理靈異
課題上，我也從科學、哲學、心理學、社會學、宗教學、文化
學、符號學、權力學和價值學等更深角度切入，提點和深析它
的廣袤力場，而為它建立了靈異科學、靈異哲學、靈異心理學、
靈異社會學、靈異宗教學、靈異文化學、靈異符號學、靈異權
力學和靈異價值學等次學科。

　　前者，是有感於死亡不是一個肉體生命的消失，而是更多
精神生命的誕生。它總是讓我們思前想後，也讓我們忖度自己
所能承受的擔負；而經驗就這樣代代相傳，綿延不絕。把這點
推擴開來，死亡要有積極性的語言，才能將它說清楚，並且賦
予它凡事都得聯想到死亡的特殊價值。換句話說，生命即使不
是為死亡而存在，至少也是因死亡而成為可懸念的對象，死亡
的計慮勢必要貫穿人的一生。而坊間所見的成書諸如鮑克
（John Bowker）《死亡的意義》、包曼（Zygmunt Bauman）
《生與死的雙重變奏——人類生命策略的社會學詮釋》、波伊
曼（Loius P. Pojman）《生與死——現代道德困境的挑戰》、
羅默爾（Barbara R. Rommer）《揭開生死謎》、卡斯田葆（Robert
Kastenbaum）《死亡心理學》、傅偉勳《死亡的尊嚴與生命的
尊嚴——從臨終精神醫學到現代生死學》、段德智《死亡哲學》
和楊鴻臺《死亡社會學》等，都不愜我心，才有重構上述一套
兼具深廣度的死亡學問新嘗試。

　　後者，也是有感於從小到大一直處在隨時有靈異出現來關

命妨生的環境中，所以大家對靈異的敏感及其防備心理也就難免與日俱增、甚至要恆久的莫名以對蒼茫。這種蒼茫，是一種恐懼兼無奈情緒轉生的不確定未來；它的減卻虛無滿抱的方案，得等到某些足以抵拒的條件齊備了才有可能成形。而這條逆反靈異折騰的道路，很明顯還沒有人有把握將它有效的規畫出來，以至依然要任由靈異顯威力而犯眾顏。也就是說，所有關於懸念計慮生死的一大關鍵，就在靈異那一干擾源的無時無刻不在釋放奪死的信息，使得大家對死亡的駭怕先被靈異所佔據而有意無意的成就了靈異是導致死亡的捷徑這樣的惡名。因此，想改變一般人素樸感知靈異的觀念，就得極力於探索從生前到死後可能的無止盡交替或有限性輪迴現象及其相關的神祕體驗。它要著重在理論建構和實際經驗的相互印證；而整個過程也儘可能開啟跨文化的視野，期望靈界和現實界的良性互動能夠因為彼此的努力而長久見效。最後就以這種見解和想望的實踐延伸，一方面試著引發同好一起突破世俗禁忌而向一個未知領域投石問路揚聲的雅興；一方面則回返來自我策勵能有更多心力的投注繼續當一個曠古問津人。而市面上所見的通書諸如朗恩（Bernhard Lang）《天堂與地獄》、威爾科克（David Wilcock）《源場：超自然關鍵報告》、法林頓（Karen Farrington）《巫怪的傳說》、劉清彥譯《特異功能》、石上玄一郎《輪迴與轉生──死後世界的探究》、慈誠羅珠堪布《輪迴的故事》、岳娟娟等《鬼神》和李嗣涔等《難以置信Ⅱ──尋訪諸神的網站》等，也都未饜我心，始有研發上述一套甚備宏闊規模的靈

異學問新努力。

　　倘若說死亡學的構設是為了方便應用於自我生命的安頓和開展、建立跟超越界的和諧關係，以及促成整體觀社會福利的實現等，而可以為世學所統包，那麼靈異學的建立是為了使靈異經驗成為最新認知的範疇、道德昇華的憑藉和豐富審美的資源等，而這則已局部逸離世學的範疇，在某種程度上必須別為看待。也就因為從現實界跨向靈界（超越界或神秘界）而總結了一部具延續性的生命史觀照，所以我一併想及涵括靈異學在內的新世學的規畫。那是把世學所有的人文學科、社會學科和自然學科等，更換成有靈異學相通的圖式，讓靈異學得以經驗現象的連續直貫性、解釋法則的共通系統性和權力變數的一體適用性等來跟世學構成一個緊相牽繫的關係網絡。至於我們的認定抉擇，則在於：有關靈異學和世學的交涉情況，得容許有次元性的層次存在（如一次元和一次元的關連、一次元和多次元的關連，以及多次元和多次元的關連等）；再顯明一點的，從靈界和現實界的接駁過後，靈異學在選取論域上還可以有抽象層級的考慮（如依次的形上原理、認識條件和邏輯規律等）；最終則收攝在可以名號的次學科底下，而為一種最直接可見構成分子的分布實況（一如我所新設的各種靈異學次學科那樣）。

　　我就以所立下的理論規模以及貫穿全程的案例解釋等都是世所罕見為準據，自我評估這可以稱得上是靈異研究的最新成績；而我的問津船渡，到這裏也總算有了柳暗花明的結果。從此靈異是不是還會顯威力而犯眾顏，我不敢保證；但我所規

模這條反轉靈異關命妨生為靈異助命益生的道路,可說已在相當程度上備列了抵拒的條件,大家不妨引以為形塑減卻虛無滿抱的方案。

由於撰寫上述二書期間,我也在學校開設「生死學」通識課程,課中課後多少經歷了一些相似的事件,所以越感理論和實際相發有成的趣味,以及更覺我在《靈異學》書末所不克盡意拈出「嘗試再深化本論述所開發的一些課題且儘可能擴大例證的範圍」、「順著本論述的體例來看,顯然還頗有新闢課題的空間」和「反向的靈異世俗學的亟待成形」等幾點作為今後開拓指標的必要實踐。而這則有幾次特殊的遭遇,可以供我自己反思的空間。

首先是一次期初,有位能通靈的女生(她正在追隨高人學習法術),跟我說課堂來了許多靈界的朋友,不但坐滿教室,連窗外都懸空站了一排在旁聽(天氣熱,有的還自備斗笠)。我看不見,但知道是怎麼一回事,立即請她轉告窗外的朋友,說教室還有「空位」,趕快進來坐,別在那邊曬太陽。不過,她的意念溝通失效,祂們仍然不為所動,繼續站著聽講。我只好逕自開場,並介紹課程和作分組及交代小田調作業等。下課鐘響,大家散去,教室剩下我和那位女生在閒聊。我問她靈界朋友是否也都離開了。她環視一週後,說:

「後面角落還有一組在討論。」

經她這麼一說,我突然悟及原來那些靠窗站的朋友,如果不是沒繳學費不敢入座,就是駭怕進來後要被分組去作小田

調，這種圖方便的行為可是徹底相通於現實界呵！只可惜我無能為力再兼管這檔事，不然我會彈性准祂們跑跑龍套就好，畢竟這年頭規定太多作業等於是要嚇壞一羣修課者，徒然給自己增加開不成課「有失顏面」的困擾！

其次是在我兩本書出齊後，指定參考書就將《死亡學》改成《靈異學》（但不強迫修課者購買）。班上一名同樣能通靈的男生，課中總是將《靈異學》攤開立在桌上，且不時翻動幾頁。這舉止有點教人疑惑，但又不便問他。直到期終看他的心得報告，我才了解裏頭的秘辛。那名男生提到兩件事：第一，靈界朋友普遍覺得書中〈靈異科學〉和〈靈異哲學〉那兩章最難懂；第二，有些靈界朋友來參與課堂很投入，祂們只要聽到新鮮的話題，都會鼓掌叫好，直說：

「嘿，這以前沒聽過耶！」

前一件，那該翻書不就是應要求而給靈界朋友看的嗎？那些朋友這種捨不得花錢「買一本」的小氣模樣，我總算見識到了。而後一件，則苦了我自己，每次開相同的課，都得從新備課，深怕有常聽客在暗中遺憾沒得到滿足。

再次是有位語教系的女生，修了我不少課，也常來研究室串門子，話題天南地北。有一天聽到她說連續出狀況，只好去請人收驚，收驚婆告訴她有個外靈經常在她的住處出沒，企圖不明。她問我怎麼辦，我依經驗判斷對方應無惡意，就勸她專心唸書，以便令對方無可捉弄且知難而退。她採信了，臨走前順便從我架子上借走一堆書，裏面有我那本《文學理論》。一

星期後，她來還書。我無意間瞥見一本書面有指甲刮痕；興趣一來，再仔細查看，發現除了我的書，其他都有相似的跡線。我擡頭看她，她會意了，主動說：

「不是我弄的！」

然後我們都在猜那個外靈可能也跟著看了這些書，才會留下記號給暗示。但奇怪的是，為什麼會單獨略過《文學理論》？這時我的某種敏感又來了，就再度出主意，教她另外搬一些書回去，並把我的《閱讀社會學》、《故事學》和《中國符號學》三本書雜錯在裏面，看會怎麼樣。隔天她將書抱回來，我一檢視，指甲刮痕又是跳過我的書。這回我明白了，連鬼都曉得周某的書太難理會而不敢或懶得碰觸。當時是這樣自我解嘲的，但那位女生有不同的看法：

「也許祂跟林偉雄一樣，要多讀幾遍，等搞懂後才作記號表示祂讀過了。」

這也有道理，只是無法求證罷了。而經過這次事件的考驗，我開始注意可以溝通兩界的東西，在表達上究竟要採取那一種策略比較合適。

此外，我跟家族有感靈體質的人聊到神祕事物的頻率突然高了起來（還從一位叔叔口中得知我祖父生前會法事，曾經幫村人驅趕過妖魔鬼怪，顯然他的靈質有遺傳給家內成員）；而學界一些私下兼差當靈媒的朋友，相遇也都會跟我分享他們的經驗，讓我不斷有機會調整平時觀察和研判欠周詳的部分，那是另一本靈異學書的前奏曲。

相關方法學的開展

「老師，我們這門課改到咖啡廳上，怎麼樣？」

我們所裏首屆研究生每次不耐聽課就提出這個要求，我也不便反對。而到了咖啡廳，我以為他們會繼續請我講課，但實情卻不是這樣，個個都連珠砲似的講個不停，變成是我在洗耳恭聽。等天色晚了要散會，他們看我一臉納悶的表情，才說：

「我們這樣做是想分擔老師的辛勞，請您別見怪！」

是嘛，我的「閱讀社會學」課和「語文研究法」課講得這麼賣力，早該有人出來緩衝一下，讓我也可以喘口氣圖個輕鬆！問題是這攸關方法論的課題，只合在課堂上演練，現在跑來咖啡廳要幹什麼？再說他們如果想寫好論文，沒有通過這一關是辦不到的。但遇到這種情況，我也很無奈。他們都仗恃自己有一把年紀了，讀研究所僅僅抱著幾分好玩的心態，我不應該把希望全寄託在他們身上。而事後也證明，他們論文的品質不盡理想，只因為當初聽課輕忽以對。

方法論，也稱方法學，它是我就讀研究所前就已在流行的一個熱門話題，相關的著作多得不可勝數。比較有名的，如伽達瑪（Hans-Georg Gadamer）《真理與方法》、費阿本（Paul Feyerabend）《反對方法》、巴頓（Michael Q. Patton）《質的評鑑與研究》、赫柔各（Thomas Herzog）《社會科學研究方法與資料分析》、高斯坦（Martin Goldstein）等《科學方法新

論》、劉介民《比較文學方法論》、殷海光《思想與方法》、杜維運《史學方法論》、陳秉璋《社會學方法論》、李明燦《社會科學方法論》和魏宏森《系統科學方法論導論》等。我個人在一番困勉摸索後，發現它的重要性固然無可置疑，但也不免有不少問題被遮蔽而始終未能顯明於世，因此而埋下了我日後想要全面予以釐清的信念。

　　大家都知道，方法論是以方法為討論對象所形成的學問。而方法，可以指解決問題的方式或處理問題的程序，也可以指器物利用或官能運作；一般的情況都指前者。另外，方法論還有談論方法運用和談論方法運用如何可能等不同層次（前者是基於專科領域的需求，從做出有系統的組織安排中加以討論，以方便運用或指導運用；後者則是通則性的討論人類解決問題和建立理論牽涉到的基本假定、取捨裝置及評鑑標準等）。這在一些兼論方法論課題的諸如何秀煌《文化·哲學與方法》和康樂等主編《歷史學與社會科學》等書中，也都能詳為分辨。只不過方法學問並非到此為止，它仍有甚多盲點尚未被覷見，而亟待後續更為精實的說詞來加以掃除。

　　首先，不管是談論方法運用還是談論方法運用如何可能，都未觸及問題的關鍵。問題的關鍵在於人的權力欲望和文化理想等。根據韋伯（Max Weber）《支配的類型——韋伯選集Ⅲ》、開普樓（Theodore Caplow）《權力遊戲——人類三角關係》、郎恩（Dennis H. Wrong）《權力——它的形式、基礎和作用》和卡卡貝茲（Andrew Kakabadse）《權力、政治與

組織》等書所述，權力是一種已作用或可作用的影響力或支配力。它在等待別人認同以取得具體的權力關係前，只能存有想望而將實際的認同寄予別人。但無論如何，這都是人從事任何研究的終極驅力；以至所有方法運用也無不要受此一權力欲望的制約。此外，人還可以發揮獨特識見而使整體方法運用具有相互主觀性（能獲得相同背景或相似經驗者的普遍認同），以為現實世界推移變遷或改造修飾的可實踐性作一實質的見證。而這種自我期許的相互主觀性，也等於預告了這裏面有一份文化理想在。換句話說，期待別人來認同，就是為了看到人類文化能得著推移變遷或改造修飾的機會。因此，不論最後能否實現，都無妨於這種理想性的存在。至於文化理想基本上僅能由權力欲望所衍生；它不但難以獨立自存，而且還得隨權力欲望的轉移而轉移（也就是權力欲望的方向改變了，文化理想的內涵及其寄寓方式也會跟著起變化），這就不言可喻了。

其次，方法的採行定位，既已為權力欲望和文化理想等所制約而缺乏絕對客觀性（最多只具有相互主觀性），那麼它就更應該被察覺相關功能和必有侷限的辯證性。也就是說，方法在解決問題的同時，它的刻意取鑑和特定觀照模式等也為它保留了失察或未見對象的其他面向，而使得它的功能只夠維持在相對有效層次。就因為這必有的侷限，也造成相關意識介入來期待「更有效或更可觀方法的形塑和發揚，以便為人類文化添花綴錦」的進階道路要辯證性的浮現出來（例證可參看〈預感取得學界通行證還在更遠處〉章，我對學者運用現象學方法和

結構主義方法分析古詩的補苴罅漏）。

再次，所有待解的問題，很少只依賴一種方法就可以竟功，馴致多種方法並用所需留意它的環衛性或層次性，也就得一併知解而給予有效的處理。換句話說，一個問題有多少面向，就得有多少方法來發露，一起環衛著將問題解決；而一個問題有多少層次，也得有多少方法來勘定，彼此分層次的把問題解決。它們可以聯合為用，卻不能相互糾纏，以免妨礙到理序的表達。

此外，有關方法本身的體質性健全（如概念設定、命題建立和演繹推理等程序，一點也不能馬虎）、構設對象的清楚意識（如知識性、規範性和審美性等區分，沒有含糊混淆的餘地）和最終文化性的判別標界（如創造型文化、氣化觀型文化和緣起觀型文化等差異，更加不宜雲霧莫辨）等，都得從既有方法論的窾陋淺見中超脫出來，而從新設說昇華。

我的《語文研究法》（設有〈緒論〉、〈語文研究法的性質〉、〈語文研究法的範圍〉、〈對象語文研究法〉、〈後語語文研究法〉、〈後後設語文研究法〉和〈結論〉等章次）、《閱讀社會學》（設有〈緒論〉、〈閱讀社會學的範圍〉、〈閱讀的相關課題及其社會性特徵〉、〈閱讀行為的社會性〉、〈閱讀活動的社會化現象〉、〈閱讀主體的社會性認知〉、〈閱讀客體的社會化創新途徑〉和〈結論〉等章次）、《語文教學方法》（設有〈緒論〉、〈方法本身的一些觀念〉、〈基礎性的語文教學方法〉、〈知識取向的語文教學方法〉、〈規範取向

的語文教學方法〉、〈審美取向的語文教學方法〉、〈語文教學的新趨勢〉和〈結論〉等章次）和《文學詮釋學》（設有〈緒論〉、〈什麼是文學詮釋學〉、〈文學為什麼需要詮釋〉、〈文學詮釋所得具備的條件〉、〈文學詮釋的對象有那些〉、〈詮釋循環的問題和解決〉、〈怎樣看待文學詮釋的結果〉、〈異文學詮釋系統的競爭課題〉、〈文學詮釋和統整觀念〉、〈新科際整合式的文學詮釋〉、〈文學詮釋和多媒體運用〉、〈文學詮釋在後資訊社會中的衍變〉和〈未來文學詮釋學的展望〉等章次）等明顯深具方法論性質的著作，莫不是在示範論述這些課題；而其他如《語言文化學》、《兒童文學新論》、《佛教與文學的系譜》、《中國符號學》、《死亡學》、《後宗教學》、《故事學》、《後臺灣文學》、《文學概論》、《後佛學》、《文學理論》、《身體權力學》、《語用符號學》、《靈異學》、《紅樓搖夢》、《走訪哲學後花園》、《轉傳統為開新——另眼看待漢文化》和《語文符號學》等書，也或多或少都在自煥上述的謀略，可說已經構成一個博通且超越時流的方法學規模。

　　由於此一體系謹敕，頭緒紛繁，致使我在指導研究生或應邀去他校演講，最感難以在短時間內宣說得讓人明白。比如我光提出一個「文獻探討要用什麼方法」問題，這時就會看到聽眾不僅面面相覷，並且還滿臉狐疑周某在搞什麼花樣。在他們的觀念裏，文獻探討只是「針對研究主體，蒐集相關的研究成果予以整理、歸類、分析和批判，以便作為研究問題或研究假

設的依據」，而完全不知道該項舉動又是如何可能的。這在別
人的研究裏從來沒被意識，也不見有那一本方法學專書有觸及
過。因此，當我再說這得採用「現象主義方法」才可能時，那
問題又來了，此方法又是什麼東西？他們的惶惑再度颸至，眼
神狂露殺氣，看得我想接著解說且把上述課題帶出來的念頭都
一逕的自動消去！

又比如每個研究者喜歡聲稱他是在觀察某種現象或在探
討某種現象，卻渾噩不清楚該現象到底是指什麼，或者該現象
究竟是怎樣被感知的。幾乎沒有一個被我問過的研究生，不在
我的語音剛落時驚訝得目瞪口呆！此刻我就必須連說帶演的
將觀念論、現象主義和現象學等不同現象觀加以舉證闡明（觀
念論的現象觀是指跟本體相對的事物的表象；現象主義的現象
觀是指人所能意識或經驗的對象；現象學的現象觀是指意識作
用本身），整場下來已經累得半死，卻又得面對他們隨後這一
沒頭沒腦的問話：

「你可以把剛才說的話從頭講一遍嗎？」

我終於了解費阿本為何要寫《反對方法》那本書了，因為
只有這樣他才能夠逃避指導研究生這種備受煎熬的苦差事！
縱使如此，我還是會堅持建構方法學的初衷。也就是說，即使
有像費阿本那樣力陳方法無政府主義的必要性，也無法減卻我
此處理性進取的決心。畢竟該方法無政府主義所肯認「怎樣都
行」本身就已在方法論自覺的範疇了，那一點不夠有力的批判
恰好成了「方法不可或缺」的反證。

走訪了一趟哲學後花園

　　構設理論所呈顯的後設修辭本身，就是哲學形態的，所以我在屢經文學感興、宗教冥契、符號歷險和生死靈異探勘等行程後，又特地走訪了一趟哲學後花園，以便能讓有關的理論構設得個結穴。而這毋寧也是對我三十幾年前受困於一本哲學書（詳見〈啟蒙從一本哲學書起始〉章）的終極性解脫：不只從根源處理解了哲學的所從來，並且實踐推衍於相關的論述中，最終還以一本專論《走訪哲學後花園》來為哲學作最後的定位，從此我心中了無遺憾！

　　根據羅素（Bertrand Russell）《西洋哲學史》、文德爾班（Wilhelm Windelband）《西洋哲學史》和奧力弗（Martyn Oliver）《哲學的歷史》等書所述，哲學這個概念從古希臘時代發端，而以愛智（philosophia）通行。但對於愛智究竟內涵如何，卻未有明顯的規範；後人僅能依向來所見以理性對待思索事物而逐漸框限它的範疇。而這種理性的運作，則不外先設定概念，再建立命題，最後進行演繹推理，而形成一套套的理論體系。

　　有了理論體系，就可以用來說明事物或創發事物（也就是預期所會發生的事物或斷定有關事物的必要存在），以至所謂的哲學也就成了一切理論的統稱。雖然如此，在後續發展中因為學科的畫分，導致哲學日益往後設思維方向轉進。好比原來

科學和哲學是不分的，但從十九世紀以後，自然科學的研究興盛，二者就分離開了。這種分離所紛紛成立的各種人文學科、社會學科和自然學科等，理論說明就由它們所據有，而哲學一轉變成各學科的宏觀共相，總縮所有的「後設語言」（meta language）。事實上，依它的命名原應是統攝性的學問，現在被瓜分走成分後，就只能指涉形上學（後設思維存有）、認識論（後設思維存有物獲知過程）和邏輯學（後設思維存有物獲知過程的推論法則）等沒有學科可以強佔的對象。這也就是順著亞里斯多德《形而上學》路數再有漆秀爾《知識論》、沃福拉姆（Sybil Wolfram）《哲學邏輯》、馬瑟《符號邏輯導論》和希爾伯（David Hilbert）等《數理邏輯原理》這類著作形現的內在原因。

學科的發展趨勢，大體是這樣。但又不盡然如此截然分劃！有些學科發現仍然無法擺脫哲學的籠罩或覺得必須從新搭上哲學來擡高身價，致使多有以哲學為名在論述的現象。如羅森貝格（Alex Rosenberg）《當代科學哲學》、馬蒂尼奇（Aloysius P. Martinich）編《語言哲學》、希克（John Hick）《宗教哲學》、佛瑞克納（William K. Frankena）《倫理哲學》和亞德烈（Virgil C. Aldrich）《藝術哲學》等書所新設的「科學哲學」、「語言哲學」、「宗教哲學」、「倫理哲學」和「藝術哲學」等，就是這類情況所取的名目。因此，哲學又有點要返回原來所處統攝性的位置，不再被強為孤立去指稱所有學科理論的宏觀共相。

　　所以會有這樣的轉變，應該跟哲學的制高點式的學問不容被抹煞有關。換句話說，既然哲學是愛智的總稱，那麼所有學科理論都是愛智成果如何能脫離而自我稱名？也難怪凡是把哲學放逐而又覺得不妥的學科，最末都一一的將哲學召喚回來。縱是如此，在哲學思潮演變的過程中所暴露的問題遠比這一只涉及內涵的歧異要複雜許多。舉凡它的跨系統差異和未來發展方向等，都得從愛智層面再進入特殊識見和理想懷抱等層面才有辦法一併解決。

　　以世界現存的三大文化系統來說，西方創造觀型文化整體的特徵是，相關知識的建構（及器物的發明）根源於建構者相信宇宙萬物受造於某一主宰，如一神教教義的預設和古希臘時代形上學的推演以及近代西方擅長的科學研究等都是同一範疇。而東方的氣化觀型文化和緣起觀型文化各自整體的特色則是，前者相關知識的建構根源於建構者相信宇宙萬物為自然氣化而成（自然氣化就是一個天道流衍的過程），如中國傳統儒道義理的預設和演化（儒家／儒教注重在集體秩序的經營；道家／道教注重在個體生命的安頓，彼此略有進路上的不同）正是如此；後者相關知識的建構根源於建構者相信宇宙萬物為因緣和合而成（洞悉因緣和合道理而不為所縛就是佛），如古印度佛教教義的預設和增飾（如今已傳布至世界五大洲）恰是這樣。彼此幾乎是不可共量的（後二者表面看似可以融通，內裏還是大有差別）；但這一切卻很少被平等對待而加以有效的後設思維。

　　至於上述三大文化系統的跨域難題到底要怎樣洞徹董理，以及我們還有什麼可以期約的榮景作為今後追求的目標等，也看不出既有的哲學思維已經致力於斯了。換句話說，相關的哲學思維在後設性上早就停止全方位發揮了，更別說它在面對現實環境還有待急起領航前進的作用。

　　因為現有哲學論著在這種具有前瞻性的問題上一直施展不開來，所以我個人才會勉力一試重啟論域而寫一本跟市面上所見的不一樣的哲學書。這本哲學書以《走訪哲學後花園》命名，是想藉一般實體建築大廈的後花園來比喻哲學所繁衍的各式各樣容顏。也就是說，哲學在它的硬式構設以外，也應該還有可以軟式說解引伸的空間；而這本《走訪哲學後花園》就是要藉機向大家展示哲學所有可能的面貌。

　　當中書名很明顯是「走訪哲學大廈的後花園」的簡稱，它在取巧省去「大廈的」三個字後，跟內文隱喻式的章節名訂定正好可以作一詩化的對應（光章次的部署，就包括〈我們活在哲學裏〉、〈哲學的大廈〉、〈藏在哲學大廈後面的花園〉、〈後花園中的奇花異卉〉、〈哲人小徑〉、〈形上微風吹過亭臺〉、〈認識如流水環繞〉、〈邏輯不能分開種植〉、〈來人巧遇倫理〉、〈橋事有科學〉、〈池畔垂柳看過去是唯美〉、〈孟春煙濛後初見生的喜悅〉、〈隆冬酷寒前釋放輓歌〉、〈靈異浮現的時候不必驚奇〉、〈夢醒就去行吟〉、〈藝術在等你彩繪〉、〈雅集可以辯論學術〉、〈樹影斑駁處斯人還在不在〉、〈牆外的世界〉、〈賭祂或它在有關幸福〉、〈逛哲學大廈後

花園忌諱大聲喧嘩〉、〈再建另一座哲學大廈的可能性〉、〈新的園藝規畫〉和〈我們仍然活在哲學裏〉等）。這是我個人在多方考慮後覺得採用此一模式來鋪展論述比較可以深入人心，以至連每一章的開頭都盡力跟實體建築大廈的情況同臺合演而便於曲折思路和招徠注視的眼神。即使如此，本書在論述取逕上還是有自成系統精實的演示。

首先是以創造觀型文化、氣化觀型文化和緣起觀型文化等三大文化體系來包裹各種哲學議題，而儘可能在每一項目討論中切近分疏的講。這是本書最具匠心的地方，也是最足夠跟其他同類型論著一別苗頭的特殊知見所在。

其次是對於傳統哲學家所長期述作不輟的形上學、認識論、邏輯學、倫理學和美學等幾大課題，除了優先抓著不放，還有延伸出去處理生死、靈異、文學、藝術、學術論辯、哲人處境和宗教等一樣重要的後設問題。它們分別扣住上述三大文化體系後，所論就跟俗流常偏向單一觀點的立論方式相比而可以懸殊致勝。

再次是在實際牽繫密織的理路中不斷地伺機嵌入有關案例，或者藉為印證論說，或者藉為對比互觀，總是以不徒託空言或但逞議論為自我戒惕的準則。

此外，所要展望的「再建另一座哲學大廈的可能性」和「新的園藝規畫」等，也都擬議出了可行的策略，就等大家戮力以赴共同來完成這一有助於地球永續經營和人類長治久安的偉業。

我個人深信哲學始終是貼近我們的生活的，而我們每一個人也都是已名或未名的哲學家。因此，隨著這本書的例示，從新採取輕鬆不失認真的態度來走訪哲學大廈的後花園，看看哲學諸多或淺揭或深藏的清新殊異面貌，想想哲學所通達的從現實界到靈界的無限寬廣道路，不啻就是一生最不可錯過且值得一再耽溺的深度旅行。

這趟旅行，在我來說的附帶效益，首先是出版社編輯的美言，說我的書「與眾不同」；然後是它在外面流通後，《國語日報》少年文藝版主編王秀蘭看見了，邀我撰寫「方向」專欄，這一寫就橫跨四個年頭。中間有不少讀者的賞鑑回饋（大多是小學教師拿去當補充教材），促使我想把那些短文集結成一本《小小哲學人生》，權作《走訪哲學後花園》無心插柳的副產品。

還有我的大學部課程「哲學與人生」和研究所課程「語言哲學」也同時開設了，新增的諸多案例都成為課堂上哲學式討論的對象，突然覺得這又折煞了一輩年輕朋友！看他們的熱情早已消蝕於電腦螢光幕前，我也只好草草收兵，將心力移來寫些衍展性的文章。當中最想寫也頗感迫切需要有人寫的是一部《中國文學哲學史》，而我也不只一次的對人這般預告著。不意有朋友得知後，沒安好心先給點喝采，反而語帶挑釁的問我：

「中國有文學哲學這種東西嗎？」

我明白他的意思是只有西方才有文學哲學，所以心裏不禁暗罵一聲：你這沙豬，中國沒有文學哲學，那裏才有文學哲學！

但又不便當場發火，僅挑胡適《中國古代哲學史》、馮友蘭《中國哲學史》和勞思光《中國哲學史》等來類比，而以「從新界定哲學為我所用」回應他（尤其是認為中國根本沒有西式宇宙論、形上學、方法論、認識論、文化哲學和邏輯解析等哲學內涵的勞思光，都寫出那厚厚四卷本的《中國哲學史》，顯然哲學不是某些人說了算數）。

「你確定那可行？」他又想反駁我。

「還沒寫，」我說，「怎麼知道不可行！」

這部《中國文學哲學史》，我會叨念著，也深深地寄予厚望，直到有一天去完成它。

佛教文化的深情寄望

自從跟宗教多方覿面後，特別顯眼的佛教文化也成了我所關注的對象。這是一個延續性的課題，也是對語言文化學架構作另一深層的呼應。由於先前我已對佛教誤蹈現代化不歸路有過諫諍（詳見〈宗教在我心倏忽幻滅〉章），希望它反轉逆勢而行，所以現在仍一秉初衷再對可以成為佛教命脈及人類前途所繫的相關作為予以深情的寄望。

基本上，佛教所強調神祕體證繁衍出來的一套文化體系，相較於西方一神教所強調救贖信仰和中國傳統儒道（宗教）所強調全身觀念等繁衍出來的各自一套文化體系，它很明顯可以獨樹一幟，甚至在現前環境中還有濟急而必要推行的特殊性。

只是當這種文化體系被佛教內部意識到要藉助其他文化體系（尤其是由西方一神教所形塑的文化體系）來推廣或開新，以及外界對它也有類似的期待或擅自為它出主意而有所謂現代化的佛教文化事業後，可能就會大為走樣而頓失原有的奇異面貌。這就得為它把脈診斷，並且勉為提供幾許建言，企盼它迷途知返。

關於這個課題，不妨從具體可見的佛教文化事業談起。一般所謂的事業，在辭書裏都不約而同的將它界定為「人生所做有益於社會國家的事」。這連到文化來說，那就是指文化的傳播、推廣或開發、利用、甚至新創等有益人類社會的事。因為這些傳播、推廣或開發、利用、甚至新創等行為都已經為文化所蘊涵（隸屬於各個次系統），以至提到文化就包含了文化事業而使得文化事業和文化本身變成是同語反覆。但此地為了方便取論，還是暫依靜態（語意）和動態（作為）的不同而把文化和文化事業區別開來。

這樣有關的佛教文化事業，一樣可以分出佛教文化和佛教文化事業兩個層次。前者，依理也得從文化的界說（詳見〈語言文化躋升盱衡全局的資源〉章）取義而以佛教為限制詞，它包括佛教所專屬的終極信仰、觀念系統、規範系統、表現系統和行動系統等。後者，原也應當比照上述一般性的文化事業那樣去界定它；只是這裏另有語源，必須一併顧及。換句話說，佛教內部對事業一詞已經有過限定，在討論時無妨順勢而為。它大略是：根據三藏經典所示，事業合用為同義複詞，分列則

事指「因緣生的有為法」（又可以涵蓋「有情事、「非情事」
和「二合事」等三種）；而業則指所作、事、辦事作法和行為
等，含有善惡苦樂果報的意味，也就是跟因果關係相結合的一
種持續不斷的作用力。它是成波羅蜜多的七最勝之一；同時它
倘若為菩薩所行，那麼又可以匯入十八圓淨範圍（參見丁福保
《佛學大辭典》和佛光大辭典編修委員會主編《佛光大辭典》
等）。基於上述這個前提，所謂佛教文化事業，就是仿菩薩為
二乘和凡夫等做一切利益的事而將佛教文化推廣開來。它可以
跟世道齊造共善業，但又獨為突進以去執離苦為最終訴求（不
僅對社會國家有益而已）。

對於這種非俗流式的文化事業，我們大致可以從兩方面來
考量：一方面是針對佛教文化事業的流變狀況的；一方面是針
對佛教文化事業應世功效的。這可以據為了解後繼的佛教文化
事業是否還有可以調整或發揮的空間。

依照上述，佛教文化事業是指仿菩薩為二乘和凡夫等做一
切利益的事而將佛教文化推廣開來，而這在古代，多見於著
述、纂集、出版、講經和授徒等作為；近代以來，則又增加興
學、設講座和利用音聲影視等媒體弘法。此外，佛教界有意無
意創造的佛教文學和佛教藝術（包括建築、雕塑、音樂和繪畫
等）以及開發或利用的傳播媒體，也一併成了佛教文化事業的
表徵。尤其是後者，如今所能見到的傳播媒體（如電影、電視、
廣播、書籍、報紙、雜誌、光碟、網際網路、演唱、戲劇表演、
繪畫、建築、雕塑和音樂等），幾乎都有佛教團體在參與開發

和利用，無形中將佛教文化事業擴大到無以復加的地步。

　　在果效上，如果不那麼快依菩提達摩初來中土對梁武帝所說那番話（詳見〈深造新的起步〉章）判定所有佛教文化事業也沒什麼功德可計慮（因為那些都是「但以世求」而遠離「淨智妙圓，體自空寂」的體證實修），而只就指月或筌蹄作用一點來說，那麼我們還是能夠暫時肯定它的（第二義）功德性。也就是說，佛教文化事業也在行善行列，而從佛教的勝義角度來看，行善本身並無助於解脫（仍在善惡果報等生死苦海中輪迴），但行善後不居功或不念善行，則可解脫（去除執念，不再墮入生死苦海而輪迴不盡）。這也就是禪宗所闡釋的「所以一切聲色，是佛之慧目。法不孤起，仗境方生。為物之故，有其多智。終日說，何曾說；終日聞，何曾聞。所以釋迦四十九年說。未嘗說著一字」（《宛陵錄》），說了而不執念所說，做了而不執念所做；福報予人，自己情盡見除、脫體現成，終入佛道。

　　雖然如此，當佛教文化事業有進一步的欲求而要追趕時代潮流時，它的問題就大為曝露了。因為所謂的追趕時代潮流，無非是要以西方的作為為模本，極力於促成教制教義的革新，以及借重現代的傳播科技和廣為從事社會福利工作等；而這些都是在參與耗用地球有限資源行列而帶領大家急驅能趨疲的臨界點。試問當今各佛教團體都已經現代化或正在現代化了，未來還會有遠景可以期待嗎？正由於佛教漠視地球所面臨的能趨疲危機，以及忽略舉世因過度發展科技所造成的混亂、汙

染等後遺症和為搶奪資源、擴大殖民等所帶來的爭戰陰影,致使它原有奇異面貌所可以用來自我標榜且進而能對日漸沉淪的人類社會有所匡正的功能大為喪失,從此僅能一再降格的隨順流俗而莫知所終。

既然以追趕時代潮流去推廣佛教文化事業是一件沒有前途的事,而它還有被寄望來濟急延緩地球寂滅的作用,那麼改弦易轍而回歸佛教解脫救渡的初衷,也就是唯一可以考慮的了。這件事勢必要以不增加人類的負擔為前提,然後再來擬議一些可長可久的策略。因此,它無妨有下列的方向規畫:

首先,繼起的佛教文化事業得集中力氣於規模確實可行的解脫救渡方案(可以在我《佛學新視野》和《後佛學》二書所建構的模式下繼續發揮);但它卻不合依賴現代科技來「全畢其功」。這種兩難困境的化解,可以靠人相互傳染的力量予以達成。換句話說,只要有人願意率先身體力行,慢慢地就會有其他人仿效跟進,最後也許真的會形成普遍的效應(即使不能,佛教還是能夠保有自己獨特的風格)。倘若它還要靠電腦網路這類新科技來傳播教義,那麼它在先天上就悖離了無執的宗旨。

其次,繼起的佛教文化事業對於現有不能珍惜地球有限資源的種種個人或集體行為要勇於批判。這些批判固然會造成另一種執著而當下不得解脫;但它所信奉的救渡情懷卻會轉生力量而成就菩薩美德,人世間仍然無由再添憾事。

再次,從後設論述的角度來看,繼起的佛教文化事業也得

留一個讓別人有機會參與它脈動的空間,這樣大家才可以將佛
教文化內化在自己的生命中隨機發用。因此,它應該整合現有
各教團資源來籌謀能夠有效開展解脫救渡的方案,以免因為沒
有背後支持的力量而流於空談。這種方案,只要堅守不參與耗
用資源的原則,都可以去形塑運用,以見證佛教依舊是獨擅世
道的本色。

所謂佛教文化事業的未來道路,大抵就如上面所規模的
了。它的重要性,已經不言可喻;而它的迫切要見著績效,也
有如箭在弦上了。如果說舉世滔滔而難有船筏可渡,那麼佛教
所提供的解脫法門可能就是一個不好錯過的選擇(相關的解脫
法門,可參看《中阿含經》、《陀羅尼經》、《俱舍論》、《寶
性論》、《十住毘婆沙論》、《十地經論》、《華嚴經探玄記》
和《六祖法寶壇經》等書)。繼起的佛教文化事業理當不能棄
捨機會,而好好的傳達這個道理;否則又何必強調、甚至堅持
自己的存在呢!

我對佛教文化所深情寄望的,不過是要它來化解能趨疲危
機,而使大家有一個足以安居和免於匱乏的環境;只是當今所
見佛教文化事業卻一逕違背它的教義,徒教人浩嘆灰心不已!
這在我於二〇〇〇年那次參與「佛光山人間佛教事業」研究小
組而近距離觀察僧團的運作後,感受更為深刻!佛光山的道場
遍布海內外,所從事的佛教文化事業可說早已集古今中外的大
成(佛教歷來所做的它都做了,沒做的它也做了);但它的逾
量表現和無力提供諍言等,反成了自己的致命傷,而不知如何

想像它將以什麼方式收場！

好比到澳洲南天寺參訪時，我問一些洋信徒為何要改信佛教，他們的回答是：「佛教說人死後可以輪迴轉世，讓我們覺得這才是真理；不像先前所信仰的基督教只告訴我們天堂或地獄是唯一的去處！」原來澳洲白人自己締造了一個人間樂土後還想下輩子再來享受（澳洲的社會福利好到有些人寧願失業領救濟金而去當志工），而佛光山也僅能以此俗諦誘引他們。等鏡頭轉到南非南華寺後，佛光山所收的黑人信徒就降等改教他們靜坐收心，連優著輪轉一類勸善教義也不敢出示了（總不好告訴他們來世還是黑人吧）！至於華人信徒又如何？我問馬來西亞一位佛光會會員：

「你為什麼要加入佛光會？」

「有求有應！」他毫不思索的說。

是呵，佛菩薩透過佛光山的中介可以給信眾福佑庇蔭，以及僧團本身在急難救助上能夠滿足信眾的所需等，使得世俗人有的奔競心理紛紛轉往這邊伸展。如此一來，佛教的聖諦解脫就更杳渺難尋了。這不啻一併印證了我的批判不為無的放矢，佛教終究得及早醒悟來從事匡世的偉業，它的命脈延續和人類的安全存活才庶幾有望。

致力於轉傳統為開新的識見摶造

印度佛教所開啟的緣起觀型文化，已經挺不住而向西方創

造觀型文化傾斜了，只因為對方太強勢而自己又過於懦弱；同樣的，中國傳統的氣化觀型文化也在鮮少掙扎中棄我從他，變成人家的附庸，早已沒了民族尊嚴，也沒了可以想望的未來。

每當看到西方人所寫《英語帝國》、《文化帝國主義》、《白宮使命》、《誰是恐怖主義》和《恐怖主義文化》這類夸夸其談的著作，不論是為自褒還是自貶，都覺得鋒芒、榮耀、甚至使壞盡在他人；而再看也是西方人所寫《中國——新霸權》、《當中國改變世界》、《中國撼動世界：飢餓之國崛起》和《當中國統治世界》這類國人無緣置喙的著作，就又覺得大家儘是仿效別人而前景不甚樂觀。為什麼會是這樣的局面？

氣化觀型文化原以縮結人情／諧和自然為特長而立足於東亞，並以節約利用的姿態面世而有所助益於地球的永續經營。但從近代以來，緣於挑戰自然／媲美上帝欲求所形塑的創造觀型文化一支獨大，透過科技、政經和軍事優勢征服世界，導致氣化觀型文化或卑微退卻，或妥協迎合，再也看不到自我的面貌。這除了對方過於張揚跋扈，自己別無爭氣的良方也是一大關鍵。

然而，這卻不是可以樂見通向將來的局勢。原因就在：創造觀型文化所以會橫掃全球，主要是基督教興起後為廣招徠信徒而在希伯來宗教基礎上加入原罪教條的強為規定，造成必須尋求救贖以便重回天國而出現明顯的塵世急迫感。這種急迫感的積重難返，就是到了十六世紀宗教改革後新教徒（並一起刺激帶動舊教徒）相關反應的逾常表現：新教徒脫離天主教教會

後所強調的「因信稱義」觀念，逐漸演變成要以在塵世累積財富和創造發明（包括科學、哲學、文學和藝術等等的建樹翻新）來榮耀上帝或當作特能仰體上帝造人賜給他無窮潛能的旨意而不免會躁急懄迫；尤其在資本主義和殖民主義隨著矯為成形後，更見這種過度的煩憂。此外，在他們漸次締造現世巨大成就以及武力支配取得優勢後孳生出來的優選觀，也變本加厲的掀起浩天噬人的殖民災難和帝國夢魇；而為媲美上帝造物本事極力於宰制塵世的作為，也已經衍生出地球的資源日益枯竭，且因科技不斷發達所帶來的生態失衡、環境汙染、臭氧層破洞、溫室效應和核武恐怖等後遺症無法解決。因此，原不是這個路數的他系文化的萎縮退場，就正好舉世一道走上面臨能趨疲到達臨界點的不歸路。

中國傳統原有美好的大同社會的設計（詳見〈進修路上關卡重重〉章），但始終都沒能徹底的落實，以至輾轉迄今淪落到海峽兩岸必須仰西方鼻息才能過活的下場。所謂亞洲四小龍、新中國的崛起，都是以西方為典範且僅能充當別人的中下游工廠，從此喪失了自家面目。

有感於創造觀型文化無理的凌駕和人類前途多舛的堪憂，以及緣起觀型文化必須別為寄望（詳見前章）等，我個人認為召回氣化觀型文化以為參與現實事務的運作而不再失衡日困，理當是一件急切要廣為施行的大事。而這可以將它原先高格化所未被深入發掘的質素，從新另眼看待而以「轉傳統為開新」的方式呈現，以便對靜緩和西化或全球化浪潮所引發能

趨疲窘迫的壓力。

此一見識的搏造,大可從許多層面來磨鍊發用。而這無妨優先考慮讓中國傳統文哲中的神祕文本和某些特殊的生活美學浮現出來:中國傳統文哲好說鬼怪神奇和勤於講論體證玄理等,外人見著多斥為無稽;殊不知這都是緣於氣化信仰而可能的。因此,新為勾勒雜廁文哲著作中的相關材料而敷成一可供概循的文本並加以專精的詮釋,也就有比較文化學對觀或互鏡上的意義。這在中國傳統為不必言宣的常理,衍變至今國人改向急務西方發揚蹈厲的文化而全面退卻,自此不辨彼此面貌且一起誤蹈戕天役物而迅趨地球寂滅的末路;以至重返那一神秘文本所處的情境前沿,就無異是在召喚遺落於內曾經甚知縮結人情/諧和自然的唯美和善心靈,很可以順勢推廣而悉數昭鑑世人。至於特殊的生活美學方面,不妨舉「野合」為例。野合是先秦時代的一種祈雨儀式,由國君率領男男女女到略有雲氣聚合的山野集體交媾,希冀「天人感應」而降雨以解除旱象。此一習俗在秦漢大一統帝國形成後,已不便從事而失傳;但它的專屬於氣化觀型文化特有強調陰陽交感諧和自然的生活美學,並未全然退出歷史舞臺。如今從新回顧它,除了緬懷自省,還可以對諍外來的換妻俱樂部、轟趴和雜交等一類純為感官享受的娛樂。

再來考慮靠相關修為體現在儒道哲學裏的資源強力對諍這個被西化浸染支配而傾圮灰暗的世道人心。大體上,儒道值得被珍惜的是它們所內蘊自覺仁心道志而發為仁行仁政或無

為而治所顯現綰結人情／諧和自然的特性，以及所表率的不必我執風範等，可以用來對治畸型科技和假性民主（現有民主制度的設計都無法容許「等值的參與」，只能在「程序」上動腦筋而又不免為少數人所操控，不啻形同虛設）的過度伸展，使人類得有機會重返較素樸平和的生活形態，以避免能趨疲的快速來臨以及競逐世俗權益所引起的爭奪殺伐！

以關命妨生的後遺症輕重作為標準，可以斷定未來人類所需要先行發展的信仰。這時回歸中國傳統儒道的呼聲，也就毋庸置疑的要發出再三了。至於它在實踐上的可能性，則可以由永續經營地球和長治久安人類社會的欲求來作保證。此外，我們還可以考慮採取一些輔助性的思想觀念來旁襯或激活這一波轉傳統為創新的思潮。它約略有古文今譯的翻新配合、轉言為文以顯創意的語用符號學發用、先秦名家所遺留給我們的非邏輯的後設認知、漢語聲調獨特價值的揭發、輾轉推及原有精實華美的文傳統在當今遭受外來文化侵蝕而斷裂勢必予以修補，才能重見天日，以及從中國傳統的情志思維和當今外鑠數位文學未能救活文學的雙雙提點和批判來規模一條必要啟新的文學道路等。

漢文化所以需要另眼看待，除了它所隱藏的許多特質尚待發掘並廣為傳揚，在相當程度上還是它的可為對諍緩和全球化浪潮所帶來的窘迫壓力。畢竟創造觀型文化極度發展在跟西方人強烈權力欲望聯手或合謀演出後所造成的生態危機和殖民災難等後遺症，無法再透過它自我救贖以發揮無益的「以水濟

水，以火救火」功效（更何況西方人早已騎虎難下，根本不可能輕易就此罷手），以至仰賴收斂的漢文化來挽救，也就成了我們再行深化轉為推廣的莫大使命。

我個人憑一己之力，雖然掀揭此中奧義未能淋漓盡致，但也形塑了一種論述啟世的模式。相關的論文，已有〈另具隻眼：中國傳統文哲中神祕文本的建構與詮釋〉、〈「野合」：中國上古社會的一種生活美學〉、〈從新焦點化：跨文化溝通中的哲學諍論〉、〈「古文／今譯」一個不可能的媒合：以陳鼓應的《莊子今註今譯》為例〉、〈開啟轉傳統為現代的語用符號學道路：以龔鵬程先生《文化符號學》為開展核心〉、〈你我非你也非我：《公孫龍子》中的後設認知抉微〉、〈言文的辯證回歸：漢語聲調的社會功能與文化功能〉、〈臺灣文學如果要有希望：以葉笛的文學論述為一個參考點〉、〈從臺灣文本到文本臺灣：一個華語敘述的新向度〉、〈詩性思維 VS. 情志思維：一個根源性的中西詩觀的比較〉和〈數位文學的明天：一個文學未來學的焦慮點〉等；後來集結成《轉傳統為開新——另眼看待漢文化》一書。

書出版後，我們語教所一位有感應靈光能力的研究生（常聽他說某教授身旁有黑影或某教授背後有極光，而對照那些教授的身體狀況，大致都滿符合的），無意中瞧見了，好奇的對我說：

「這本書透出的亮光很強哦！」

「因為封面本身有半泛白的關係吧！」我漫應著。

「不是，」他舉旁邊的書作比較，「那些書也有浮光，但亮度都不及這一本。」

我心想這本書所顯現的思慮向度，乃世所罕見而可以著為新範例，它是合該有超常亮度的。只不過這已不重要！重要的是，大家比照著經由此一轉傳統為開新的程序，既可藉為確保主體的存在優勢，又能契合現實濟危扶傾的隱聲籲求，合而展現出可為人類所持續矚目的卓越成就，此乃我衷心的企盼。

最後一瞥華語文教學

將教學和研究結合在一起是我長年來的習慣，而所撰寫跟教學有關的專書也有多種，自覺已不負二者應該相得益彰的期待。唯一遺憾的是，尚未傾力旁涉晚近正夯的華語文教學。因此，為了不留白，也得來個最後一瞥華語文教學，以示在語文教學這個領域仍有我無法忘懷的東西。

這是說大家喊得震天價響的對外華語文（漢語文）教學少有進益，而我既已深知人類未來急切需要藉由召喚氣化觀型文化給予濟渡，那麼趁此機會檢視現有華語文教學的缺失而加以規諫且示範所得前進的方向，也就恰能顯出我向來研究學術的一貫旨趣。

大致上，對外華語文教學已經施行許久，但成效恐怕還停留在給人「學了可以跟華人貿易或到華人居住地區旅行」的印象階段，而不是像大家學英語那樣透過它把「西方文化納入改

變自我文化的體質」。這種不對等的文化交流始終存在著，使得相關的華語文教學顯得極端委屈。

　　類似這樣還沒高格起來的華語文教學，又在認知不夠真切的華語文教學者身上再度的自我矮化。他們普遍認為從事華語文教學的人一定要懂外國語文，並且也得迎合學習者的需求而採用雙語文教學。試想我們去西方國家留學，人家從來不會搭配華語文來教學，而現在換成人家學華語文，我們卻要遷就他們，這不是在自我降格嗎？也難怪我們的華語文教學一直擺脫不了淺易化以便適應別人學習的命運。

　　再說外國人一向認定的華語文特別難學，連一些漢學家大多無法順利用華文書寫，那也只是有心與否的問題。如果他們心中仍有自己所屬語文最優越的沙文觀念而老是鄙視華語文，自然不會用心學習華語文；反過來華語文倘若有其他語文所不及的高度價值，那麼他們不全力把它學好，就會變成他們一生的大遺憾！試問我們要推廣華語文，有給過人家這種「你不來學就會後悔」的感覺嗎？顯然沒有！

　　既然現有華語文教學是在這一自行屈降兼未能給人希望的氛圍中存活，那麼它就算再積極的去海外拓展，也可以想見仍會是成效不彰！換句話說，縱使當今中國大陸崛起了，挾著世界第二大經濟體的實力在許多國家設立孔子學院和中文學校，看似華語文熱就要蔓延全世界了；但只要上述兩大困境沒有解決，這類風潮很快就會走入歷史。

　　這裏有一個顯明的對比橫梗著，就是西方文化依然強勢的

主宰著非西方社會：在西方人來說，他們為什麼要學比自己弱勢的文化？很明顯的，他們不可能在他們的文化中找到這個答案；而我們從事華語文教學的人也不知道要去那裏找答案給他們，以至相沿至今大家都在「試試看，嚐點小菜也不錯」的心理背景中進行華語文教學，而根本無力改變華語文未能開闊的格局。

其實，這種狀況並非完全無法扭轉。依情勢華語文目前是偉大不起來，但不表示它永遠沒有此一機會。理由在於英語帝國也是近幾世紀才建立的，它所採用的手段是殖民征服和資本主義邏輯；而這證明已經越來越行不通而註定要走向日暮窮途，因為它的耗能以及造成環境破壞和生態失衡等後遺症逐漸需要他人來拯救！這時華語文原所體現絀結人情／諧和自然的文化特性，就勢必要重整再出發而介入現實事務的運作，才能緩和能趨疲的危機。因此，它可以顯得越來越重要。

華語文的這種重要性，不是以反向凌駕他方文化來彰明的，而是透過批判和悖離西方人所帶動政治、經濟、社會和科技等全球化以顯能的。也就是說，人類要在地球上永續經營，確已無法仰賴西方創造觀型文化那一套窮竭式的作法；而中國傳統氣化觀型文化這一套取諧式的作法，正是它所需藉以安頓的。於是轉過來走向全球化的反面，就會跟氣化觀型文化相遇。而它經由華語文教學來帶領，從新啟動反全球化的列車，相信前來投效的人會愈來愈多，畢竟西方文化不再能保障大家在地球上長處了。怕的是，從事華語文教學的人搞不清方向，

到頭來白忙一場！

　　前提如此，華語文教學不得不有新的方法論來導航。它一方面對既有不能這般的華語文教學要有所檢討和批判，以便大家知道它們的盲點和問題所在；一方面則必須規模能符應此一救渡世界的文化理想且兼高度創意有效的方法，以為開啟華語文教學的新視野。而由這方法論併論方法的義理新發明，有關華語文教學就可以因此而提高位階及其效率，徹底往防止世界繼續沉淪的道路邁進。

　　這正是我所新撰《華語文教學方法論》一書的概況。內裏除了隨時提點各領域教學得扣緊上述該文化理想，還細為條陳「為誰」、「選材」、「教什麼」和「怎麼教」等從未有過的教學模式，並以「華語文閱讀教學的創意方法」、「華語文說話教學的戲劇化方法」、「華語文寫字教學的文化模式方法」和「華語文作文教學的跨系統創意方法」等實際配置而完成一套全新的華語文教學理論。此外，另有具體的教學活動設計可供觀摩，以及勉為規畫相關的進階思考作為未來發展指標，合而顯示一個理論和實務進趨提示兼具且有前瞻性的論述範例。而這一範例，不僅對外華語文教學可以援用，連對內語文教學也一樣足夠借鏡，從而有助於改善這些教學效果不佳的境況。

　　為了更整敕趨向上述文化理想，我還寫就一部《華語文文化教學》作為姐妹篇。書中極力區辨自我所屬文化傳統在介入現實事務運作後可以最見濟世力道，因為現存三大文化體系，

創造觀型文化崇尚縱欲、氣化觀型文化崇尚節欲、緣起觀型文化崇尚斷欲,這三者分別給世界帶來了不同的影響力:創造觀型文化由於內蘊對造物主的深信不疑且為贖罪而大肆搜括資源去創造發明,以為媲美造物主和尋求救贖的憑藉,早已強伸欲望而將世界搞得千瘡百孔,人類再也無處可以安居了;而氣化觀型文化和緣起觀型文化原一個比照精氣化生萬物的和諧性不透支欲望、一個規模逆緣起解脫策略企圖絕去欲望,都可以維護世界的原始秩序,但到了近代卻因前者的凌駕而妥協勉為去追隨,從此暗淡模糊了自家面目。然而,當今世界的滅絕危機,不可能仰賴創造觀型文化回過頭來自救救人,而得倚靠氣化觀型文化和緣起觀型文化從中予以緩和化解。只可惜現前這兩系統都還在昏蒙怠惰中!

我們比較可以藉來扭轉世界滅絕危機的氣化觀型文化和緣起觀型文化,後者的斷欲實踐如同下猛藥,理當是最足以致效而無妨優先召喚;但這對享受慣了的世人來說,要他們跟著斷滅一切豈是容易?因此,只剩氣化觀型文化能夠多被寄望(參見〈深造新的起步〉章)。而這從新揚聲,就得透過華語文教學來滴水穿石,然後期能浸假博得響應。這看來是順理成章的事,卻緣於現有華語文教學用心無方而不見具體的效果。致使大家倘若認同華語文教學還是拯救世界的一個重要途徑,那麼別為裝備強化華語文教學也就成了最迫切的事。

這一預期曙光的出現,就是《華語文文化教學》所要貢獻的。裏頭既有所以要致力於華語文文化教學的理由說明,又有

華語文文化教學面向的開關，以及華語文文化教學檢核方式的
提供等，甚至連有關華語文文化教學要怎樣推動展演，都擬議
備列了。大家只要多從書本取徑，一個華語文教學的新紀元就
會來臨；而想藉華語文教學來拯救世界的美夢，也可以隨著成
形。

就在撰寫上述二書的前夕，我們語教所也開始招收外籍
生。他們跟本籍生一起修我的課，沒有給予優待，也沒有鬆懈
對他們寫小論文的要求。有一天，一位來臺已經七年的美籍研
究生，跟我說他現在很臺了（很有臺灣人的味道）。

「你臺到什麼程度？」我問。

「可以蹲在地上喝啤酒。」他說。

「你是一個人喝？」我又問，「還是跟一羣人喝？」

「一個人喝。」他回答。

「那你還不夠臺，」我說，「因為臺灣人不會自己蹲在地
上喝啤酒而是跟一羣人！」

他聽後，眼神閃過一絲迷惘，似乎不知道華人羣居或夥伴
的習性；也沒察覺西方人獨來獨往的個人主義早已衍生成經由
殖民主義／資本主義對他者文化的穿刺攪亂而禍事不斷！

我無從檢測那位外籍生最終的學習成效，因為他只讀一年
就休學去了。追究他休學的緣故，有可能是其他外籍生轉告的
不符效益原則（他即使研究所畢業去大學兼課，鐘點費也遠不
及在補習班教英文收入的多）；更有可能是我推測的學校不再
提供全額獎學金，令他感到即將面對無謂投資的深重困擾，以

至要斷然求去！可見西方人還有我們所忽略的工於算計一面，如果不早點讓華語文文化教學上路，那麼想要改造世界的目標就會更加的遙遠。

關懷焦點化

後全球化時代批判論述的規模

生態災難逼出新的靈療觀

歸結於整體救渡的文化治療

論學還在北部友朋中圓桌會議式進行

構思建言東大改造成小而美的大學

有我在的學校就是最好的

夥伴合作締造的佳績

後全球化時代批判論述的規模

　　各種理論既已相繼完成，而教學實務也前後進行了二、三十年，是該總結這個階段所付出心力的時候了。而這在我的權衡中，無慮是要將平常的關懷更為焦點化，好讓前面的諸項成果能聚集來發揮特深醒世的作用。

　　就我所察覺的，目前最需要從事的是後全球化時代批判論述的規模。如果依華特斯（Malcolm Waters）《全球化》、寇恩（Noel Cowen）《全球化的歷史》和湯林森（John Tomlinson）《文化與全球化的反思》等書所說，全球化是指全球性的人口、金融、資訊科技和商品等的流動現象，那麼這背後的推手就非西方霸權莫屬。而西方霸權長久以來在世界各地推動民主政治、自由貿易、知識經濟和社會福利等文化全面性亟欲同化的工作，也已經形成一股不可抗拒的全球化氛圍，使得世界正在進行一體化的新構成。但由於這一新構成有強迫和威脅成分，所以全球化連帶的也遭到會引致負面效應的指控。這種指控，據佛德曼（Thomas L. Friedman）《了解全球化》、赫爾德（David Held）等《全球化與反全球化》、史旭瑞特（Tony Schirato）等《全球化觀念與未來》和傅頌（André Fourçans）《這就是你面對的全球化》等書所示，有的出自西方社會的反思力量，有的緣於非西方社會的恐懼反彈，以至出現了全球化和反全球化的行動拉鋸。

　　縱是如此，全球化真正的動因卻還是很少被覺知，致使反全球化就只能在表面作為上給予抵制，根本無力在深層的信念上加以掀揭批判。上引諸書多認為全球化不是到最近才開始，它從十九世紀以來逐漸發生跨國貿易和資金勞工的流動、甚至幾度的金融危機時期就出現了。這是無可懷疑的事；但當真要說有全球化的事實，還可以遠推到十六世紀宗教改革後一併興起的殖民主義和資本主義。基督教新教徒憑著他們因信稱義的信念，脫離舊教會的束縛，由於社會地位低落（而非上層社會的既得利益者），必須以快速致富的方式來改善處境，所以促成了資本主義的興起；爾後為了更能取得存在的優勢，一併到處強行掠奪資源和建立根據地而造成殖民主義的隆盛，而全球化也就從此時陸續的展開，迄今都不見平息當中藉別人的資源來實現自己致富美夢的優著氣燄！而基督徒所以會走到這個地步（舊教徒後來也紛紛受到刺激而跟著張揚起來），關鍵就在他們所信守的原罪觀（詳見〈致力於轉傳統為開新的識見搏造〉章）。因此，西方人（絕大部分是基督徒）所體現的創造觀這一世界觀，就正好支持了他們要以創造發明來回應上帝造人而人負罪被貶謫到塵世後尋求救贖的必經途徑。但可嘆的是，非西方社會中人原不是這種信仰，卻在人家一番傾銷後迎合了上去，導致世界日漸一體化在窮為耗用地球有限的資源。就因為這耗用地球有限資源而導致世界秩序崩毀和人類生存難以為繼等危機，於是必須以反全球化行動來化解救渡！

　　既然要反全球化，那麼全球化就不能再看著它延續，而得

讓時序推進到後全球化時代。這是從現今漸漸廣見的反全球化思潮加碼（也就是知道轉批判西方人遺禍地球的根本原因而敦促他們調整信念）後所期待實現的，雖然還不到時候，但理念一旦整裝準備出發了，遲早會有相關的迴響。

實際上，全球化歷經幾個世紀的衝撞，也快到強弩末端了。而當今如麥考爾（Joel Makower）《綠經濟：提升獲利的綠色企業策略》、山德勒（Auden Schendler）《綠能經濟學——企業與環境雙贏法則》、瓊斯（Van Jones）《綠領經濟：下一波景氣大復甦的新動力》和卡洛普（Fred Krupp）等《大契機：二十一世紀綠能新經濟力》等書所發露綠能經濟的形成，以及如馬凱碩（Kishore Mahbubani）《亞半球大國崛起：亞洲強權再起的衝擊與挑戰》、奈思比（John Naisbitt）等《中國大趨勢：八大支柱撐起經濟強權》、賽斯（Aaron Chaze）《印度：下一個經濟強權》、羅特（Larry Rother）《巴西，未來之國：集強盛經濟體和奇幻嘉年華的全球第五大經濟勢力》和馬哈揚（Vijay Mahajan）《非洲崛起：超乎你想像的九億人口商機》等書所指出中國、印度、巴西和非洲的崛起，不啻在預告全球化必須走向下一步了。只不過綠能經濟所強調的再利用和開發新能源等觀念和作為，還是老套（僅是轉成綠色資本主義罷了），並非真有助於終結能趨疲的危殆；而第三世界的崛起（尤其是中國躍升世界第二大經濟體最搶眼），儼然一切以重構文明或再造文明的新意識在主導經濟和科技的運作，但情況卻無法這麼樂觀，因為西方強權所帶動的全球化已

經快要耗用完地球的資源，第三世界崛起除了拾人唾餘，還要分攤環境汙染和生態失衡等後果，根本沒有什麼遠景可以期待。因此，所謂後全球化的「後」，它的意義還得越過這一新經濟和西方強權威力轉弱的假象而從徹底反全球化來定位。

　　基於這個原因，後全球化的後思維就亟需有東西來填補反全球化後所會出現的思想空缺。而這在我們必要凸顯主體的立場，一定是先寄望自己採取行動來回應。換句話說，在這個重要時刻，相關的批判論述就得積極的規模形塑，以備不時所需。但緣於反全球化此一最新的濟世策略仍在擬議中，必須先有適當或充分的語境提供空間給它發揮，所以我就透過出版《反全球化的新語境》一書來成就這次的諫諍旅程。

　　書中收有〈基進世界觀與保守世界觀的多元辯證：反全球化媒因的在地新構想〉、〈原味或看家本領：華語敘述的新變途徑〉、〈華語帝國 VS.英語帝國：一個可能的制衡的任務〉、〈形式與內容：後生態哲學〉、〈文化治療：通識的觀點及其致用場域〉、〈媒因來媒因去：從社會形塑到文化繁衍的語言力量〉、〈電影文化學：有關文學性電影審美的新話語〉、〈非線性思維的新焦點化：後中國哲學方法論及其展望〉、〈字義論述與論述字義：中國傳統哲學的表出與看待方式〉、〈在後資訊社會裏讀經：一個超超鏈結的嘗試〉、〈仁學學：《論語》文本的描述與詮解〉、〈靈療的社會意義及其後設轉向：靈療新觀點〉、〈跨域升沉後的抉擇：詩辨與新詩寫作的方向〉、〈指標與驅動：「思維與寫作」課程的回顧與前瞻〉和〈出版

透視與高空鳥瞰：洪文瓊臺灣兒童文學史的書寫典範〉等篇章
（另有〈導論：反全球化新語境的形塑方向〉冠首）。所論重
點，分別為搏成反全球化新媒因（meme，瀰）的構想、最有
可能成為這一波反全球化強大制衡力量的華語敘述及其抗衡
式的華語帝國則期待儘快形塑反轉來發揮濟危扶傾或挽救世
局的功能、可以透過後生態哲學的去執方式和文化治療的通識
致用遠景來支持反全球化的律動、寄望新媒因的產生和類似電
影文化學的建構予以反全球化致命的打擊和從旁規諫、反全球
化所能形成強大制衡力量背後需要中國哲學的非線性思維和
一套氣化觀來奠基、無妨透過超超鏈結的讀經方式和從新彰顯
中國古來仁學的優著性以儲備抗衡全球化的有力武器、以另類
的靈療轉向觀念來思考反全球化的必要跨界動員和藉類如新
詩寫作的跨域升沉後新抉擇來貞定反全球化的路向，以及藉由
「思維與寫作」課程和類如兒童文學史的建構來探討外來文化
的不當凌駕而輔以對治全球化等。

　　長期以來，西方人一直在預測未來，包括地緣政治對世人
思考和政治的影響、社會和科技等多種力量同步發生且交叉互
動的超鏈結趨勢，以及顧客導向、擁抱文化變革、例外管理、
創新和以價值為基礎的策略聯盟一類企業革新方向等，這都是
盼望舉世一起發生效應且已由弗列德曼（George Friedman）
《未來一百年大預測》、葛蘭德（Eric Garland）《領你預見
未來》和史登（Nicholas Stern）《全球新政——氣候變遷下的
世界經濟改造計畫》等書大為揭發的；但他們從來不知道或不

正視，這樣下去如何保證地球的資源不會耗盡和大家的生存空間不再有任何風險。因此，反全球化以掃除這類的盲目性，也就更得由非西方社會的人從中濟助，對未來有一番別為前瞻的預測。而這在我的書中，不啻已經作了特佳的示範。

當今有所謂賽局理論，像龐士東（William Poundstone）《囚犯的兩難——賽局理論與數學天才馮紐曼的故事》和費雪（Len Fisher）《剪刀・石頭・布：生活中的賽局理論》等書所談及的，告訴人一些諸如囚犯困境、公共財的悲劇、搭便車、膽小鬼賽局、自願者困境、兩性戰爭、商場爾虞我詐、軍備競賽和獵鹿問題等，都是雙方未能協議合作所釀成的。倘若將這點通到全球化現場，那麼似乎也可以預告「只要你願意追隨全球化的腳步，你就不會被孤立而慘遭淘汰的命運」。問題是：比起人類如此無節制的全球化下去而很快就會滅絕來說，反全球化只不過是從富裕轉清貧，那又算得了什麼？再說反全球化一旦形成一股浪潮，被孤立的國家越來越多，豈不是可以反過來有效的制衡全球化操縱者的瘋狂舉動？可見反全球化的未來充滿著希望，大家沒有理由略過它而還能思考人類的前途問題！

有收到我贈書的朋友，對於我的倡議，多半的反應是：「這太理想高懸了！」我明白他們的疑慮所在，也了解獨挽狂瀾是一件吃力不討好的事；但我不能對自己所期許的失去信心，畢竟我已從晚近風行的混沌理論、複雜理論和小世界理論等處得到啟發，正在為它的可能性不斷投入諍言變數，只要有少部分

人先感受，說不定將來會出現媒因（文化傳染因子）的效應，
而逐漸改造了這個世界。

聽完我的這類解說，一位平時喜歡挑戰我論點的朋友，又
想跟我擡槓：

「你以為這樣做就可以等待媒因效應的發生？」

「不然，」我反問，「那你說該怎麼辦？」

他大概覺得此刻懷疑論已派不上用場，所以靜默不吭聲
了。即使如此，這也不是我該為勝利而高興的時候，因為那真
正的媒因效應終究還在想望中，不知道何時才能普遍實現！

生態災難逼出新的靈療觀

批判過了全球化的迷狂禍害，也提供了緩和相關危機的方
案，接下來就要深聚焦在這一高度不確定環境中所出現的生態
災難，以及試為規模對症下藥式的濟渡策略。這個濟渡策略因
為牽涉到靈界的懲治問題，得有跨界的思維介入，所以又逼出
我考慮發展新的靈療觀。

舊靈療以撫慰受傷殘的靈體和協商索討者去執（東方所
重）或力勸當事人對外靈的寬恕（西方所重），效果普通、甚
至鮮見真正的療癒案例。它除了不懂靈靈互涉或靈靈互槓的輪
迴潛因，而且還低估了靈體互有質差的重要性，以至經常事倍
功半。如今倘若大家覺得靈療還有存在的空間，那麼它勢必是
啟靈式的，以強化自己對「相敬相安」、「無求自高」、「修

養護體」和「練才全身」等策略的深切體認，才有辦法逐漸扭轉他者靈療為自我靈療，而取得雖然弱勢卻是強者的存在優勢；進而以此新靈療觀開啟緩解輪迴壓力和特能因應能趨疲危殆的稀罕新遠景。

由於溫室效應愈演愈烈，地球上的冰河和極地冰冠即將消失，人類就要在波拉克（Henry Pollack）《無冰的世界》一書所推測一個窘迫家園的險境中過活。這裏面會有極端氣候、水旱災、河水乾涸、野火燎原、森林蟲害、傳染病散播、食物鏈被摧毀、海岸線入侵內陸、糧食短缺和地下水鹹化等；陸續的將有幾億人變成氣候難民，而水將成為比石油更加珍貴的資源。

另一現象就是慕勒（Henrik Müller）《全球七大短缺》一書所指陳的人類將面臨短缺有工作力的人口、短缺有文化的自由開放的靈魂、短缺在競爭激烈的世界裏可用的時間、短缺乾淨安全的能源、短缺可以對抗犯罪和恐怖暴力的權力、短缺適合居住的土地和短缺源源不絕的水資源等重大問題。這些問題，也跟上述的生態災難有直接間接的關係。換句話說，因為有上述的生態災難，所以造成了一些短缺；而因為有一些短缺，所以益加促成上述生態災難的深化，這中間是相互影響、甚至是相互辯證的，且跟我們百般無可奈何的心情軋在一起。

就在此一原該驚疑不定的過程，又加入了許多震撼性的天災，如臺灣於一九九九年九月二十一日和二〇一六年二月六日發生的地震及二〇〇九年八月八日發生的水災、南亞於二〇〇

四年十二月二十六日發生的大海嘯、中國四川於二〇〇八年五月十二日發生的大地震、海地於二〇〇八年九月四日發生的颶風，以及日本東北部於二〇一一年三月十一日發生的海嘯等。這不知道什麼時候會降臨或再度降臨自己身上的災變恐慌，更讓整體生靈蒙上一層陰影。因此，我們無異是活在一個越來越沒有保障的時代，前去有太多不測的險巇。

面對這種險巇，許多人都在提供對策，好比高爾（Al Gore）的《不願面對的真相》要大家節能減碳、柯爾朋（Theo Colborn）等的《失竊的未來：環境荷爾蒙的隱形浩劫》要大家減少化合物的使用以降低環境荷爾蒙的指數，以及弗列德曼的《未來一百年大預測》要大家透過地緣政治來左右國家和人類的行事方式等。但情況卻不如所想像的那麼單純，因為這些對策已經轉成新的綠能經濟和新的操控手段，深被蹂躪的地球將持續陷落以至於萬劫不復！

這一切惡果的根由，自是西方人對造物主的信仰所摶就仿照性的支配世界而不斷戕天役物的作為，且強為推行變成全球化的運動。因此，所有生態災難如果不隨便說是地球的反撲，那麼它們就是上述那種作為所引發兩界失衡的必要仲裁結果。換句話說，一旦緣於信仰而肯定靈界的存在，那麼勢必還要再肯定靈界有超過現實界的能耐，可以在生態失衡時出來裁決回復秩序的進程，而所有的生態災難就是基於這類考量而被設定的；人類不願自律或自制，最終就得忍受相關災難的折磨。這也就是許多災變諸如世界各地的風災水災以及南亞大海

嘯和中國四川大地震等都不在預警中發生,而那些災變現場很少見到動物屍體乃是跟牠們無關而及早被靈界驅趕的緣故。世人未察覺有這種可能性,所想到的儘是沒有多大作用的亡羊補牢作法,理所當然會一再的被靈界發動其他災變給予警示。

倘若還要找出旁證,那麼有三張照片可以藉來說明。它們紀錄了災變後屋毀人亡的慘況,但獨獨有單樹(第三張還有點小竹叢)挺立著:第一張是南亞大海嘯後在印尼美拉波災區一座毀損的清真寺外所見的,收於經典雜誌社《大海嘯:毀滅與重生》一書中;第二張是同次的海嘯後在印尼美拉波市鎮所有建築物全部傾圮中所見的,一樣收於上述書中;第三張是莫拉克颱風侵臺所造成水災在那瑪夏鄉南沙魯村一處房子全被埋進土裏所見的,收於涂心怡等《原起不滅·只是新生:八八水災週年紀念》一書中。在這些照片裏,獨存的樹很明顯不是受災戶,那麼它又要告訴我們什麼?如果不是它全力挺過了災難,那就是有外力不讓它倒下隨水流去漂盪。前者的可能性不高,因為即使再高壯的樹也都撐不住那種巨變,何況是照片中那看起來不怎麼惹眼的小樹!而後者則讓我聯想到災變是靈界對人的一個懲罰行動,姑且保留那棵樹就是為了藉以顯示不相干的對象都不會加以毀滅(反過來該懲罰的對象一個也逃不掉)。

大家都明白,每次災變的發生,有的屬於人為(如饑荒、毒害、氣爆、火災、車禍、船難、空難、傳染病和戰爭等),有的屬於天然(如地震、洪水、海嘯和颱風);但後者也可能

是前者連帶促成的。而不論如何，只要有人作孽的成分存在，這些災禍都可以直接間接指向靈界介入為挽回生態失衡所逼出的懲罰策略，為的是換得人類的覺醒和節制能力。只不過很遺憾的，人類的覺醒總是難以見著，而相關的節制能力也遲未看出成效，以至得靠深層次的靈療來進行補救。

縱然如此，靈療真正的有效，還是從自我覺知而予以調適成的；他者靈療，都有可能變成另一種權力操控，不但無助於生態災難的化解，還會釀成救助繁亂而深化有形無形的生態災難。因此，自我節制以提升精神靈的層次而普遍化後，才是世界免於繼續沈淪的保障。

這也就是我要另行撰寫《生態災難與靈療》一書的原因。書中設定生態災難、靈療和延伸配備等三部分，分別收有〈生態論述後典律：卡森《寂靜的春天》、高爾《不願面對的真相》、安德生《綠色資本家》的檢視與超越〉、〈後環境生態學：一個從恐懼出發的在地思考〉、〈急性傳染病的恐怖哲學：一種生態災難經驗的理論建構與後設思考〉、〈另一種生態災難：山寨文化話語及其實質效應〉、〈死亡與平衡：災難靈異學〉、〈從視覺到後設知覺：災難影像的超經驗解讀〉、〈靈異觀與觀靈異：靈異研究的新模式〉、〈索討與寬恕的平衡點：靈療的文化心理及其跨界難題的化解〉、〈給靈病把脈：靈療面面觀〉、〈啟靈方案：新靈療觀〉、〈佛教科學與科學佛教：以緣起觀為中介的參世之旅〉、〈後生態時代的佛教修行：逆緣起解脫與非乘願再來〉、〈禪與「禪」：一個有關佛教修行法

門的詮釋與實踐〉、〈語文產業化的哲學省思：一個因應能趨疲危機的基進的觀點〉和〈孤獨眼看文化迷茫：龔鵬程先生散文《北溟行記》、《孤獨的眼睛》、《自由的翅膀》的新情懷〉等篇章（另有〈導論：從生態災難到靈療的思辨歷程〉冠首）。

第一部分，就在揭發既有的生態論述不夠究竟，而所導致的相關災難必須是靈異觀點的，才能真切反映當前的狀況。所論包括要向生態後典律推進、得倡導一種有效的後環境生態學、對急性傳染病的災難恐怖性要細為繹理、有關會造成另一種生態災難的山寨文化必須予以遏止、必要對災難靈異學進行全面性的建構和舉證災難影像的靈異式解讀以便過渡到靈療的課題等。

第二部分，則在內在理路上承繼第一部分，試為開啟靈療的新紀元，以為生態災難提出有效的拯救對策。所論包括從靈異切入、將中西兩大靈療形態揭發出來、對靈療的種種面向加以疏通和再行提點一種可能的自成式新靈療觀等。

第三部分，屬於延伸配備。前二部分各章已有配備開列，這裏則再作一些拓廣，以見生態災難必要挽救的相關方案。所論包括以佛教的緣起觀為中介來參世、續上強化佛教修行以便進入後生態時代、落實到新禪學來治心益世、帶出文化創意產業中特別重要的語文產業一環以變更方向來因應生態危機和順便提供一位旅行家的經歷和感慨作為殷鑑等。

近代西方科學興起，極力於締造物質文明；而資本主義和殖民主義在背後促動，更增加它的力度和速度，終而造成舉世

狂亂耗能而頻致生態災難的後遺症。這種災難的形成，固然是經由政治、經濟和科技等全球化所推波助瀾的，但人心的貪婪和某些價值信念違反自然律則卻是當中的主要因素。這在現實界和靈界的互動過程，最容易引發大規模的災禍而有需要實質性的靈療來改善。而從他者靈療到自我靈療回歸的完成，也就是終止生態災難而恢復兩界秩序平衡的不二法門。無疑的，本書正切中了上述這個要害，所提出的對策，足以使地球得以休養生息，而人類想恆久存活的退路打算也終於有了明確的指標。

書內局部章節，曾在友朋論學中宣說過。一次當我講完啟靈式的自我靈療（見前）後，有位正遭受他家屋前樹妖騷擾而深陷投資失利困境的初識朋友，走過來向我致意：

「感謝你的講法，給了我不少啟發！」

旁邊站著另一位能通靈的學界友人，他先前已經幫對方處理數次而未果，還約我見面，問我怎麼辦。我說寫詩讚美祂們，勸喻祂們離開。我知道那位朋友不會寫詩，所以就代他寫了〈十一棵金榕〉系列詩，準備送給他布置於案頭或牆壁，以表示對那十一個樹妖的善意。但詩才剛寫成，那位朋友就婚變而自己一人搬出了，我只好將它收入我的詩集《意象跟你去遨遊》，而另設卷名「輕的回首」容納。因此，對於他這次似乎是專程來聽我講論此類課題，我一點也不覺得意外；只是不了解這個人的過往，無法進一步針對他的虧欠提供具體的改善辦法，最後僅以該對策的有效性得著驗證而自我寬懷。其實，我更想普

世人都來深思舉措失當的後果，而早點防範戒絕，還給大家一個淳善美好的環境。

歸結於整體救渡的文化治療

我的絕大部分學術著作，都是在架構擬妥後就著手寫作，從訂題到完稿很少超過半年時間。唯有《文化治療》這本書延宕最久，自起意至部署寫出，前後隔了五年。

時序要拉回二〇〇七年初，我邀賴賢宗來臺東演講，跟我們研究生暢敘他所專擅的佛學和哲學課題。我原以為他也會兼談留學德國鑽研康德和海德格（Martin Heidegger）學說的經驗，不料他一開始提到的卻是另一個人尼采（Friedrich Nietzsche），而且還把我也扯了進去。他說：

「慶華兄是東方的尼采！」

不曉得這究竟是褒還是貶！尼采的善於批判是舉世聞名的，而他的狂放自大也是無人能及的（他曾宣稱上帝死了，要提倡超人來取代祂；還大言不慚的對人說：「要是沒有了上帝，那麼我將統治這個世界！」最後因為發瘋而被關進了精神病院）。我沒興趣相仿於後者，也對前者自覺彼此視野大不相同。賴賢宗的強為比配，我多少有點錯愕不解！

不過，在他秀出〈月蝕〉一詩和〈達摩面壁——十方諸佛接手處〉禪畫作後，我倒靈感一來現場草了一首〈和月蝕〉詩回應：「一個世紀／洗鍊心中的灰暗／火山不必等待缺口／就

有宇宙渺小的反身詢問／餓了嗎／洗缽去吧／等達摩面壁回來／第三十本自性書中就會有文化治療／再一次歌唱失去的光明」。詩裏「文化治療」一詞是賴賢宗於演講中拋給我的，不意此後卻成了我日夜懸想的對象。直到二〇一一年，孟樊膺任五南圖書出版公司顧問，為公司企畫五南文庫叢書而跟我邀稿，我才決意以它為題，將多年來的心願付諸實踐，以了卻老友當初的願望。

寫這本書，是為了顯示對人類處境的全面性關懷。它比我先前任何一本書都要詳盡且更深力道，可以總匯過去的零散言說和表出最新的研究成果。換句話說，向來我對世人的諫諍，最終得歸結於整體救渡的文化治療論說，才能圓滿倡議周全新啟世道的旅程。

根據菲蘭德（S. George Philander）《地球發燒》、麥克邁克爾（Tony McMichael）《人類浩劫──生態失衡的反噬》、戴蒙（Jared Diamond）《大崩壞：人類社會的明天？》、麥奇本（Bill Mckibben）《地球‧地殊：如何在質變的地球上生存？》、李柏（Stephen Leeb）《石油玩完了》、帕特爾《Raj Patel》《糧食戰爭》和巴洛（Maude Barlow）等《水資源戰爭：揭露跨國企業壟斷世界水資源的真實內幕》等書所敘，溫室效應、全面資源短缺和爭戰陰影以及能趨疲的極端威脅等，使得地球愈來愈糟；而在沒有有效的拯救對策出來緩和以前，地球走向大崩壞已是難以避免的事。

雖然有類如瑞德里（Matt Ridley）《世界，沒你想的那麼

糟：達爾文也喊 Yes 的樂觀演化》、高曼（Daniel Goleman）
《綠色 EQ》、麥唐諾（William McDonough）等《從搖籃到
搖籃：綠色經濟的設計提案》、修爾（Juliet B. Schor）《新富
餘：人類未來二十年的生活新路徑》和林納斯（Mark Lynas）
《改變世界的 6℃》這些著作試著把危機意識轉成為地球找尋
出路的策略，而積極謀畫具體的方針。只是這裏面大多不切實
際，對緩和地球的災厄仍舊看不出會有什麼成效。理由是現在
我們所面對的是資源被耗用而引發諸多後遺症的問題，它應該
要以徹底的節用或極少用來使那些後遺症自動消失於無形；但
所有可見的解決環保、生態和核戰恐怖等難題的對策，卻是基
於轉用或開新的後利用厚生觀念，對於降低能趨疲壓力終究是
無功而返。

　　衡量情勢，這大概只有靠文化治療，才足夠予以濟渡。現
實中有許多精神性的治療，如意義治療、哲學治療、藝術治療
和敘事治療等，但都僅侷限於個別心理創傷的治療，還搆不上
集體性的治療，於世道的深沈轉化無補。如今談文化治療，就
是一種集體性的治療。這種治療，整體上是要靠文化來拯救世
界的沈痾，所以才把該拯救稱為治療。由於文化是一種軟實
力，作用不同一般的猛藥或強心劑，它只能從觀念上逐漸改變
世人對自己所在環境高度的自覺及其應有的行為態度，以至它
就無法比擬醫學上的一些「藥到病除」的速成療效。

　　以文化作為濟渡世界的手段，它在方法論上是全面性的。
也就是說，文化的統包性本身就暗示了它勢必要全面啟動來發

揮功能,以便彰顯它的不同凡響。當然,這種文化治療的期待,得是超文化帝國主義式的。文化帝國主義涉及某一個國家的支配過程,以及消費資本主義的全球性宰制,顯然不能繼續援引來惡化世界而無所效力於匡世的偉業。此外,對於實用層次的文化產業中某些運作模式(如商品化和現代科技密切結合等),也無意接榫,因為它只會加速把世界推向毀滅的邊緣。

既然文化同化過程的跨國企業,所搬演的是當今能趨疲狂奔臨界點的戲碼,它的可被譴責性早已需要「另一種文化」來治癒;而文化產業化的帝國主義/資本主義合謀的腐蝕性,也預告了它沒有長久維持的本錢,那麼剩下的就是一個統觀性且可以自由出入任何國度的文化治療方案要從中形塑出來。

所謂統觀性的文化治療方案,是指能夠總攝全局而致以相關的文化治療的策略及其施行途逕;它是經過統觀權衡而後選擇相應的文化予以治療,前提是「應需」而邏輯結構則是一種或多種「文化修為」。因為文化治療旨在應需,所以它的策略擬定及其施行途徑的規畫就得因物制動而由統觀權衡能力來保證;而它的邏輯結構在一種或多種文化修為,以至慎為選擇也就成了文化治療可以被希冀的一大考驗。

這在我書裏的規畫,則是於觀念系統以「能趨疲觀」為新的世界觀,並且改以「恐懼生態崩毀」為終極信仰;然後在規範系統極力於「縮諧倫常」,以及在表現系統和行動系統分別「但取和諧優美的表現方式」和「降低再降低對資源的需求」等。因此,比照前例(詳見〈語言文化躋升盱衡全局的資源〉

章),自然可以發展出能趨疲觀型文化而實際演為五個次系統。

很明顯的,這裏「降低再降低對資源的需求」是兼取則於緣起觀型文化;而「絪諧倫常」和「但取和諧優美的表現方式」等則全矜式於氣化觀型文化;至於能趨疲世界觀乃獨盼創造觀型文化自我退卻後必要孳生的(因為該熱力學第二定律也是醞釀自西方世界,創造觀型文化得反向而行才會跟它相應),合而展現一種非割裂式的整體文化治療取向,並且從新以「恐懼生態崩毀」為終極信仰所在。而由此也可見,新方案所取鏡於氣化觀型文化特多,證實了我一再強調推衍中國傳統文化足堪濟世的論點。

此外,我的書還進階性的提到,當文化治療在排除各種阻力上尚未能見效時,我們還可以連類而期待於靈界介入參與的後文化治療。而這後文化治療無妨結合原就存在的靈界懲罰機制(詳見前章),更是發揮它的教化功能,調節生靈分布兩界的比例,而減少現實界擠進過多生靈持續耗能及其致遺許多禍害。這是繼文化治療後所規模的強化版文化治療方案,姑且稱它為後文化治療。而它的前提一樣是地球不能再被剝削和糟蹋下去;否則等不可再生能量趨於飽和而使地球陷於一片死寂時,兩界的生靈都將無所安身。

後面這一部分,別有亟欲對諍兩界的漠視習慣。原因在於,目前世界所見的種種危機雖然都還不到絕對值,但倘若現實界不在意靈界一些災難懲治的警示而仍要蠻幹下去,那麼就真的會走上能趨疲末路而人類得自我去承擔苦果;而倘若靈界

也還無感於能趨疲即將到達臨界點的險峻，不能有大動作來挽救生態的失衡，那麼它就不啻在鼓勵大家更向慘痛的深淵陷落，這個世界也許會崩毀的更快！因此，不論現實界或靈界都不能漠視後文化治療的及時開展，它理當比文化治療更藏深刻的教誨意義，兩界都沒有理由輕忽它的總綰對世界的救渡。

論學還在北部友朋中圓桌會議式進行

入行以來，我特別珍惜友朋間的論學。不論由誰發起，只要是出於學術交流的目的，我一定全力以赴，並且提出完整的論文供與會者討論。而我對大家的敬意，也轉為積極的質疑問難。因此，學界朋友明知周某不輕易妥協傾服，卻又經常希望我出席參贊事宜。他們引誘我的說詞，總不離這一句：

「你來，場面會比較熱鬧！」

也許因為大家都秉持純論學的志趣，以至友誼維繫一、二十年的所在多有（僅極少數人無此興致，淺接幾次就脫隊離去）。而我所說的，就是當初無意中加入人文講會認識的那輩朋友。

我們的據點主要在北部一些公私場所，論學方式小型最多仿圓桌會議充分討論，大型則伺機移師到他處比照一般學術會議規格（分散於北中南東的黌舍，包括臺灣大學、臺北大學、市北教育大學、東吳大學、中興大學、亞洲大學、環球科技大學、南華大學、成功大學、樹德科技大學和臺東大學等）。當

中陳界華是核心人物,他所直接間接策畫的論文發表會、研讀會和學術研討會等不計其數;而經由他邀約的朋友來來去去無慮也有上百人,有些還留下成了實質的人文講會新成員(如黃筱慧、蔡瑞霖、楊秀宮和古綺玲等)。

自忖我的學術路越走越寬廣,跟這羣朋友論學頗受刺激有莫大的關係。尤其是一些性質迥異的專論(如《身體權力學》和《文學詮釋學》等),以及為數甚夥的單篇論文(都已結集成書)等,如果不是得著論學的機會,我大概也沒有想到要那樣去發展。甚至有部分帶哲理性的詩作,也是在論學場合有感而寫成的。後者就算是餘興節目了,因為我都會趁空檔唸出跟大家分享,而同樣雅好不減的眾夥伴,每次也都有不同形式的回應,為論學增添不少趣味!

類似這種有助於調濟身心的事,我們這羣朋友可說很善於製造。好比有一年,我掛名主持一個國科會人文學研究中心的「文學詮釋學」研讀會,在陳界華的張羅推動下,成員猛啃伽達瑪的《真理與方法》和搭配其他的講說,論學氣氛異常熱絡。後半段有蔡瑞霖和謝繡如等人加入,並連著古綺玲主持的「認知人類學」研讀會在進行。一次由蔡瑞霖導讀康德的《實用人類學》,席間我注意到古綺玲面前擺了一個光艷照人的橘子,看著看著不禁又動了詩興,當下就吟出「我迷惘的眼神/觸摸到你光滑的肌膚/一個圓形淡紅色的夢終於可以沈睡了/明天醒來/記得我在家飢渴的等你」這一首題為〈桌上那個橘子——讀康德有感〉。不意蔡瑞霖說他也有詩作,隨即從電腦裏

秀了出來。那是一首跟他那陣子極力在發展的「游牧單子」觀念有關的詩：「在四方飄浮／不再棲息於／窗內外的單子們／游牧在／無人國度」。忽然我發現他的詩和我的詩可以相嵌成一個頗有後現代拼貼感的遊戲畫面，立刻就加以誦唸分享（詩題不變）：

　　　　我迷惘的眼神

　　　　在四方飄浮

　　　　觸摸到你光滑的肌膚

　　　　不再棲息於

　　　　窗內外的單子們

　　　　一個圓形淡紅色的夢終於可以沈睡了

　　　　游牧在

　　　　無人國度

　　　　明天醒來

　　　　記得我在家飢渴的等你

　　　康德的人性化知識饗宴（有別於他《純粹理性批判》、《實踐理性批判》和《判斷力批判》等三大批判的神性化規模），碰到游牧單子，再遇上一首看來比較完整的諧趣詩，竟不知借用的臺大舊總圖研討室外的暮色已經四合深重了。

　　　會後，古綺玲在臺大校園內的鹿鳴宴餐館宴請大家。蔡瑞霖和我感覺潔白的紙桌巾不利用太可惜，就提議兩人聯詩，他一句我一句；菜上到一半，一首由蔡瑞霖定題的詩完成了，我

們一起署名並贈送鹿鳴宴。幾名女服務生很快的帶來剪刀取了去，在櫃檯圍觀且唸了又唸。蔡瑞霖問我是否要抄一份保存，我答以不如留著美好感覺以後懷想。這樣我們就翩然的離去，神情十分愉悅的放下一首後來再也想不起任何句子的〈落雨〉詩。

「文學詮釋學」研讀會結案前，我們邀到一羣同好辦了一場微型研討會。輪到蔡瑞霖和謝繡如發表的那個場次，我已疲憊到不得不短暫打個盹才能再撐下去；但因他們二人講的東西特殊新穎，許多異質性的詞彙不斷在空中飄揚，我臨時捕捉到一些而寫下〈和棲息游牧〉一首詩（略）。在乘機唸給大家聽時，古綺玲和石美玲打趣說：

「剛才我們注意到你有繆思來上身。」

其實我是快累垮了，乍聞單子、皮質、曼荼羅和基黏性這些名堂，才振奮起來，東拼西湊出那首詩。接在我後面發言的孫中曾，似乎興致更高昂，立即承諾馬上也要為今天的論學和一首。果然沒多久，他就在電腦的鍵盤上敲出來了。並題為〈單子論〉（略）。當孫中曾分享完他的詩作，研討會也到了尾聲。我倏地覺得古代文人的雅集衍變到今天多了一點成分：吟詩作對的本業已經被學術論辯所取代，但畢竟我們的文學娛情還在，正好可以用它來催化美感，共譜一場不必加料的知識覓踪嘉年華會。

又好比有一年，楊秀宮主持一個「《論》／《孟》的結構分析」研讀會。我也忝為一員。剛開始就被大家爭論中西哲不

夠長進的議題激盪得莫名的亢奮：陳界華站在外文學界發言，說應該將鵝湖那些搞中哲的人送去屠宰場；接著我站在中文學界發言，建議把臺灣搞西哲的人也關進毒氣室；最後楊秀宮以學哲學的身分出來仲裁說：

「搞中西哲的人都死光了，你們這些雜牌的也要統統掃入焚化爐！」

好個《紅樓夢》式的「食盡鳥投林，落了片白茫茫大地真乾淨」。一場由林武佐搭配導讀的康德道德形上學，結局竟然扯到對哲學界的諸多不滿，也真是天大的意外！

「《論》／《孟》的結構分析」研讀會進行到一半。黃筱慧主持的「時間與敘事」研讀會也上場了。由於大部分的場次都在同一天同個場地舉行，所以我們一羣常論學的朋友也就兩邊都全程參加。當時在場的有一半是陌生的面孔，但仍無妨於彼此研讀討論的融洽性。特別是陳界華與眾不同的敘事結構觀和黃筱慧的呂格爾（Paul Ricoeur）敘事方法論拆解。我聽著聽著又有詩感了。趁著大家在議論一則《聖經》故事的空檔，我再拼貼了一首詩〈雅各的大腿被天使摸了一把〉（略）。

這首詩除了引起與會者的會心微笑，此外不見有什麼回響。但到了第二次集會，情況就開始改觀。原來中餐時間，楊秀宮從洗手間取來半褶的擦手紙發給大家，蔡瑞霖和我一看，這麼別緻的紙怎麼捨得使用。於是蔡瑞霖就在那邊大發宏論，說光憑那張白紙也可以講一番學問，並且還能從西方哲學談到禪宗。大家笑鬧了一回，我驀地靈感迸發，忍不住就往那張紙

上題起詩來，而讓一首〈無言〉（略）出來自瀆藝術、自瀆空白，也自瀆一個難以形容的時間停止運轉的午後。

　　沒想到這會是那幾次參與超異質性組合研讀會真實的感受，有說不出的快悅和形上昇華。當時蔡瑞霖看我已經詩成又要發表了，他也趕緊草了一首〈阿難〉（略）。他詩裏的濃思密契更甚於我，幾乎到了快要激發觀賞者「齊聲阿難」的地步！我倆朗誦完畢，還分別將詩夾垂在前臺一對音箱上，而會議室突然熱鬧了起來，不少人在中場休息時間圍住那裏指指點點還有說有笑。隨後趕到的孫中曾見狀，對我們說：

　　「你們有〈無言〉和〈阿難〉，那我來寫一首〈空白〉好了。」

　　他說寫就寫，不一會就抄妥比照著貼出了（略）。只是事情還沒完，楊秀宮興沖沖的又抓來一疊紙，暗示我們繼續寫別停！既然這樣，為了不辜負她的盛情，蔡瑞霖和我又立刻即景賦詩以為答謝（那時孫中曾已先離席，不然就會多一個颼詩人）：〈視角之初〉（略）是蔡瑞霖結合現場流動的議題而發的，詩中透過呂格爾的時間／敘事的視角，試圖還原一個宇宙洪荒；至於我的〈還你遊戲〉（略），則把幾個敘事學家如普羅普（Vladimir Propp）、布雷蒙（Claude Bremond）和格雷瑪斯（J. A. Greimas）等叫喚出來戲謔一遍，末了自己還不能生氣（別嫌他們的論述常像有字天書）。

　　那一天，就像乘坐雲霄飛車在哲學／敘事／詩的國度裏翻騰，沒人叫停就停不下來。不知道在場的人是如何看待我們這

幾個狂徒攪亂了一池春水,我所感覺的是想跟詩有關的人,無論多嚴肅的場面都可以讓他長出帶笑意的翅膀滑進蔚藍的天空(上述所省略詩作,都已收入我的詩集《新福爾摩沙組詩》後記中)。

稍後,陳界華、楊秀宮和我三人,還跨足去參加歐崇敬主持的「南方華人論壇」。那邊成員也很多樣化,有政治學者、社會工作者、古典詩代言人、文化遺產行家、蒙藏文化專家、文化創意產業推動者和電腦資訊翹楚等。我有關生態災難和靈療的系列論文,約有半數就是在那個階段寫成發表的。只不過論學已被社會議題佔滿,詩興無由穿越而自動呈隱遁狀態;再加上不久歐崇敬投入立委選舉和去當電視名嘴,連才剛起步的智庫型論學模式也一併中斷了。即使如此,我還是體驗過了一段況味殊異的知識交流歷程,從中感受到文人雅集的代變風貌。

倘若說雅集是一種非尋常所見吃喝玩樂式的閒聚,那麼它所銜負的功能就得指出向上一路而自我成就一個高尚的集會典範。換句話說,它在此時此地是要專為功在學術而舉行的;而在方式上可以是一對一「捉對廝殺」的,也可以是多對多「集體拚鬥」的,總要能夠見雅出奇而傳為美談的為上乘。而這在我的經歷裏,已經充分領略到了,不但頻頻參透「獨學而無友,則孤陋而寡聞」(《禮記‧學記》)的古訓樂趣,還在自我勤力學術上見證了更事精進的絕妙好處。

構思建言東大改造成小而美的大學

到臺東師院任教第五年，學校為因應大環境的變遷而準備改制為臺東大學。在獲准籌設期間，校內辦了幾次公聽會，想了解大家對未來發展的意向。由於高層所提出的構想，僅限於大部分系所轉型去新增的人文學院和理工學院，以及擬了幾個空洞的願景填塞（如深耕研究、邁向國際、教學卓越和關懷社會等），使得公聽會上的討論始終難以聚焦，自然也影響到了相關策略的無從形塑。

我個人屢次建言，希望學校改造成小而美的大學，才能在規模無法擴大的情況下快速辦出自己的特色。但聽者藐藐，不僅系所轉型拖泥帶水很不像樣，連學校究竟要朝那個方向發展的基本理念也全然懸而未決，感覺才升格的臺東大學就已預見一路要歪歪扭扭的走下去。

其實，只要有心，小而美是可以辦到的。它以穩固精緻為特長，而落實於軟硬體的建設和恆久發皇中。這依我的構思，得先有競爭型理念的確立。當今國人所辦的大學，全從西方習取精神和形式，對於自己傳統有的全才式教育理念早已棄如敝屣。這種寧願喪失自家面目的作法，終究得付出變成西方附庸的代價，是否有前途還等時間的考驗；而眼前的事實是大家對於西方大學也在頻繁變動中卻不甚明瞭而疏於趕上步伐，這樣恐怕連尾隨的機會都沒有，更別說什麼跟人家競爭了。

　　據金耀基《大學之理念》、黃俊傑主編《大學理念與校長遴選》和戴曉霞《高等教育的大眾化與市場化》等書所敘，西方大學從古迄今約略經歷了四次精神理念上的大轉變：第一是起源於古希臘時代的博雅教育和學術研究，以追尋教育的內在自為目的和內在價值性以及探索真理為主；第二是起源於十七世紀啟蒙運動的實用效益教育，以尋求教育的表現性和知識效益為主；第三是起源於二十世紀五、六〇年代的博雅職業教育，以發展通才的博雅教育和專門的技職教育為主（目的在協調先前的知識本質論和效益論）；第四是起源於二十世紀八〇年代的反大學運動，著重在揭露和批判現代環境中大學如何透過跟企業建立的「知識工業」和「學科制度」的劃分來再製和符應資本主義社會的勞力資本、生產關係和生產線等。

　　國內每一次教育改革的呼聲，所見於黃政傑等主編《大學教育的革新》、教育部編《邁向教育新世紀：全國教育改革檢討會議》和中國教育學會主編《跨世紀教育的回顧與前瞻》等書的羅列細數，無不是以西化為標準。問題是西方的大學時而強調基進取向，時而又要回歸傳統，至今四種精神理念依然參錯並存於社會，試問國人到底要吸取那一種或者乾脆就統統接受？可見大家奢言國際化（也就是西化）的多，真能洞見此中難處的少。到頭來還是得經由制高點式的後設思維，對大學所理當前進的方向再下一針砭。

　　這時回返我們傳統的全才教育，也就有重啟理念跟並世競爭特色的意義。而它所需的資源，則盡在典籍裏。所謂「子路

問成人。子曰：『若臧武仲之知，公綽之不欲，卞莊之勇，冉求之藝；文之以禮樂，亦可以為成人矣！』（又）曰：『今之成人者何必然？見利思義，見危授命，久要不忘平生之言，亦可以為成人矣！』」（《論語・憲問》）和「古之教者，家有塾，黨有庠，術（鄉遂）有序，國有學。比年入學，中年考校。一年視離經辨志，三年視敬業樂群，五年視博習親師，七年視論學取友，謂之小成。九年知類通達，強立而不反，謂之大成。夫然後足以化民易俗，近者悅服而遠者懷之，此大學之道也」（《禮記・學記》）等，正是這一觀念的具體宣示。換句話說，教育要以使人德能兼備為最終目標；而實際上有以一經一藝為課或取士也依德能分科，那只是為考慮人有心智性向的差異和自勉學習的勤惰而權為設定的。《禮記・大學》所說的格物、致知、誠意、正心、修身、齊家、治國和平天下等八個條目，長期以來就是教育成人的典範格局。這全是緣於中國文化所繫的氣化觀，以至人在別無關注的前提下就會傾力於經營人間樂土（不像西方人凡事都要對上帝負責並對天國衷心的嚮往），要求大家都有同樣的蘄嚮（但不強求德能不足的人膺此重任）。

今天我們的教育所以辦得不夠出色，就是因為內質難變，學不來西方人要以學術成就去榮耀上帝而勤於著述立說，又沒有多餘時間好好延續自己的傳統並加以發揚光大。試想當國人還普遍沈醉在長治久安（綰結人情／諧和自然）的夢想或氛圍中時，我們的大學教育卻要學人家朝專精技藝（挑戰自然／媲美上帝）的方向邁進，兩頭落空（既技藝不精又博聞全無）顯

然是不可避免的了。

從這一點來看，我們的大學教育在專精教育方面除非能辦得比西方厚實有效，否則它還是得回歸以全人教育為主的傳統，這樣才能彰顯自主別他的應時特殊性。

然後是積極發展相應的學術。教育理念的確立是在引導辦學的方向，至於如何發揮此一核心價值及其廣為用世的途徑等，那就得仰賴深入的對策研究來統領帶動。因此，學校必須長期性提供論學的平臺（無法寄望各系所自發糾合同道相互切磋，畢竟那很容易因利益衝突而中斷，或因本位主義作祟和抱殘守缺拖累而難以持久），採主動邀約和自由參與並重的方式，集中力氣於探索和規模學術的未來；同時也得提撥經費成立出版社，專門出版研究成果，以便累積績效和傳播威信，冀能獲得普遍仿效而徹底改善國內大學的體質（如果是任由各人投稿外面出版社，那麼相關的流通就只有點的效果，無法產出厚實廣達的作用）。如此一來，教學踐履就不必重走當今所見自行降格的市場導向老路，而可望反轉命運成為改造社會的一股穩定力量，也就是將局勢推向後全球化時代。

此刻就大不同於醞釀自其他社會許多反全球化的作為。後者固然有原始主義（返回未有全球化時代）、社會改良主義（主張在發達國家和發展中國家間建立一種平等互利的關係）、民族主義（反對西方文化的入侵和普遍化擴張）、原教旨主義（想透過自己所認同價值觀的普遍化擴張來對抗西方價值觀的普遍化擴張）和馬克斯主義（要打破資本主義一統天下的局面）

等反全球化運動，但實際上它們僅是消極抵抗或不附和而未能極力批判，到頭來都成了全球化的組構成分而欲後無由。更何況裏面所摻雜的要從普遍價值原則（如保護生態環境、控制核武擴散、尊重人權和信仰自由等）來解決全球化偏狹困境的遐想，也如同天邊雲霓，杳不可及！因為全球化的單一價值觀如果可以被扭轉也就不致有今天不堪的下場了。

舉世所以會這般翻滾，就是西方創造觀型文化單一價值觀所強力促成的，如今要它容受其他文化的價值觀，那就等於不必認同它而全球化也可以不發生了。但事實卻不是這樣，只要全球化存在一天，西方創造觀型文化的單一價值觀就不可能退讓而自行縮手。因此，所謂的普遍價值原則，最後也都要由西方人所欽定才算數，不可能經過別人的認定而後要求他們來信守。但這在培植一個深具抗衡力量的華語敘述上就不同了；它除了可以自持，還可以推廣去拯救世界的危殆（也就是既能不隨人起舞又能看準世界弊病而提供新療方），遠比那些只能從自己立場出發的反全球化運動來得務實有效。

從理念確立到學術發展到教學實踐一貫施行中，還得搭配一些軟硬體的建置，包括豐富藏書、營造氣氛和美化校園等。學校毋須耗費資源來添加宏偉建築和寬廣校地等設備，但絕對不可缺少基本的豐富藏書，畢竟那是人才養成的一大保證（大家不妨想像美國一所哈佛大學的圖書藏量是我們國內各大學圖書藏量的總和，要叫它不人才輩出也難）。這不僅要多編經費購置，還得尋求管道向外界廣為募書或接受捐書，並予以有

效的典藏運用，學校的地靈人傑才可能因此而埋下種子。

至於營造氣氛和美化校園部分，這是一體成形的。它一方面必須給師生比較自由的空間吸納涵泳；一方面還得藉由藝文動靜態布置讓校園變成一個人文氣息濃厚的地方，雙雙內化為大家精神生命的表徵（因為那是大家齊力搏造的心靈聖處）。

此外，對於傑出成就者的表揚和獎勵等，也得建立一套良善的制度，使它真正可以發揮給學校錦上添花或長留口碑的作用。也就是說，不論用什麼形式來對待傑出成就者，必定要內含有實質的高度尊崇。就像瘂弦《記哈客詩想》一書中所提及的例子那樣：

> 美國很早便有駐校作家的制度。印象中，佛洛斯特便在維吉尼亞大學待過，條件是不用開班上課，也不必寫首詩來歌頌學校，只要偶爾在校園裏散散步就行了。請一位詩人就好像在校園的湖邊養隻天鵝，什麼事也不必做，就讓詩人在落滿楓葉的小徑閒步，讓學生們看到他，聽到他的足音，得到一份驚喜和感動，那就夠了。

類似這種尊崇，不啻可以從旁激勵傑出成就者付出更多心力研發新學（也就是他們會打從心底受用而知所回報），這才能給學校帶來人才不斷增長的恆久效應。

當我有上述這些構想時，學校已經踩著原先就凌亂的步伐往前進，內部意見無從表達，公聽會也僅是裝模作樣，一直看不見有要認真改造學校命運的對策。尤其是卡著一個國內教改

後漸次多出的評鑑制度，使得大家寧可消極應付，也不願冒險進行大幅度改革，上下和稀泥一片。

說到評鑑，自從學校也賦予學生對教師的專業程度、要求適量性和所教是否有助於就業等莫名其妙的裁量權後（這樣學生都比教師厲害了還要來修課麼），師生關係就變得十分緊張，一些妥協機制也在暗地裏蔓延，而學生更是目中無人連書也不碰了，原來就屢降的質感再度滑落到幾乎丁點不剩的地步！我每每在相關會議中痛斥這種桎梏學校活力的舉措，所得到的回應是：

「沒辦法，教育部規定的！」

是啊，大家要一起沈淪就儘幹這種勾當！試想接下來要實施的同儕互評，那校園還會有安寧日子嗎？而這歸根結柢，正是學校辦不出特色，才會讓上級的箝制得逞。倘若今天學校有能耐一枝獨秀了，它也一定知道怎麼抗拒外來壓迫而反過來成為主導社會風尚的力量。很遺憾的，這一切看來是沒有半點希望了！

有我在的學校就是最好的

縱然教育政策令人嘆惋不已，我該做的事還是一件也沒少過。舉凡研究、教學和服務等從未找藉口而敷衍了事。而我個人的生活，也儘量踐行自己的信念，把對物質的需求降到最低限度，來臺東後除了書籍、簡易傢俱器物和一輛腳踏車代步，

此外諸如電腦、手機和奢侈品等一概戒絕。

有一次，本地作家吳當（掌門）給《文訊》寫通訊，戲稱我的白髮和單車成了「東大校園一景」，殊不知我也是學校唯一不會操作電腦的人。我的作品不是花錢請人打字（多半找家境困難需要收入的學生，利用現有設備完成），就是逕由出版社去處理，為的是減少資源的耗損。至於朋友會有的一些反詰（如出版書也得砍樹費電之類），我則以 「這是最起碼的事業」作答；出了這個範圍，人就只剩純生物形態存在，那也不必談要保障什麼合理的文化生活了。

這總說一句是要使「有我在的學校就是最好的」自許成真（既不給人留口實又有相關表現可供檢驗）。因此，剛來時想「以著作堆積東臺灣的高度」（詳見〈開始有據地東海岸藉以安身立命的覺知〉章），已在實現中，不但在每一本封面折口註記我任教的學校，以顯明我來這裏沒有虛渡光陰；而且書中所規模人類的前景，更暗示有學校要據邊地發聲了（即使整體上尚未啟動也無妨於這一有如正式宣示的存在）。

另外，在校內我還不斷邀集同事論學、合作寫書和辦活動，以及為新成立的華語系策畫《臺東學》刊物等，希冀以聚少成多活絡校園氣息的方式給東大增加知名度。尤其是後者，我原構想以學校的地理特性，適足發展一門後環境生態學來揚聲。前提是現行的環境生態學，大多為了因應臭氧層破洞、溫室效應、酸雨危害、熱帶雨林減少、土地沙漠化、野生動物瀕臨絕種、海洋汙染和有毒廢棄物等問題，但實質成效卻極有

限。這癥結乃在西方資本主義所帶動的全球化，迫使舉世參與耗用資源所造成的；大家不反資本主義，就拯救不了地球。因此，新的解決途徑，就在從恐懼全球化出發，徹底反資本主義，並使相關議題推進到後環境生態學的層次。後山是臺灣僅存的淨土，很可以將各族羣維護生態的經驗廣為傳揚，提供世人啟憂殷鑑的資源。只可惜礙於經費無著，辦了兩期，還沒在這一部分正式開張就戛然止息，徒留空悵於人間！

　　至如對外方面，跟學界中人的互動也關係到我能否一併擦亮東大這塊招牌而讓人不敢小覷。這是要確定「有我在的學校就是最好的」最終決戰場，向來我都謹慎以對。好比我才輾轉到臺東，就有真理大學臺文系一位張姓教授和清華大學臺文所一位陳姓教授來函邀我加入他們的團隊，我全未予理會，因為那形同是要收編我這個研究人力，往後功勞都歸他們，這樣我入駐臺東就會給人感覺只是在找個落腳處，而沒有跟此地一切共俯仰的真心。再說對方所擁有的人事資源多半是僥倖得來的，本身並無過人的學術表現，貿然跟著他們去吃香喝辣，反倒會損及我的格調，從此很難再在學術界進趨自如，而想讓東大更顯威名的企圖也會變得弔詭不已！

　　我明白這樣做得面對一些不堪的情境。包括他們會惱羞成怒阻絕我相關的申請案和在學術會議場合讓我出糗等。前者，我已抱定不升等也不提國科會研究案，他們是不可能有機會的（唯獨有一次，二〇〇四年，秀威資訊科技公司總經理宋政坤跟我商量，要拿在他們那邊出版的《後臺灣文學》去申請獎助。

我明知背後都有那些人在審查把關，送了也是白送，但不好違拂他的好意，我還是勉為同意。結果正如所料被封殺了，這讓他們意外撿到了便宜）；後者，則難以預防，不確定什麼時候他們會乘機倒打我一耙，但我也已有心理準備。

不巧，距離秀威案不到四年時間，臺灣文學館舉辦紀念葉笛逝世週年的學術研討會，我受邀去參與，並發表一篇論文〈臺灣文學如果要有希望──以葉笛的文學論述為一個參考點〉。會中有清大那位陳姓教授和他的同夥一位應姓教授，兩人聯合起來砲口對準我猛轟，似乎要討回當初遭我冷拒失去的顏面。我同樣不甘示弱的還擊，一點也不讓他們的氣燄獨霸全場。

有趣的是，我女兒正在成大藝研所就讀，聞訊趕來旁聽。才一結束，就看見她一副要殺人的樣子，口中直嚷：

「那兩個人，真想斃了他們！」

父女同心，真讓我感到驕傲。不過，很快的她又加了一句：

「爸爸，你的論文寫得很好，只是口才遜了一點！」

原來她也聽出我的反制還沒用盡力氣，等於輕饒過對方，這又是知父莫若女了。

後來他們就把我的論文排除不編入論文集（他倆都是那次會議的籌備委員），理由是我的論述跟葉笛無關。顯然這是「欲加之罪，何患無辭」，我明明就在談論贊許葉笛的文學論述，怎麼會沒有關係？我不曉得最初的名單是誰提供的（因為籌備委員中還有我認識的李漢偉教授和張清榮教授二人），但要這種手段來進行報復，也未免太過小人了！

　　類似的情況，還有兩個人。他們被我批評過一次，就一直懷恨在心，只要逮到機會就想反噬。當中一人是清大中文系一名胡姓教授：一九九六年臺師大國文系許俊雅教授策畫了一場有關臺灣本土文化學術研討會，邀我發表論文並評論胡姓教授一篇談民間文學的文章。在評論胡文中，我才點出他採用外來文本概念卻又不明原委（還沒重批他對民間文學價值的妄自高估及其乏效研究取向等），他就當場跳腳發了一頓脾氣，聲明不接受我的質疑。爾後遇到我，就像看見仇人一樣，眼紅的很！連有一次我在中興大學中文系主辦的「雅俗文學學術研討會」發表論文，不關他的事，他也要擅用主持人免被批判的保護傘隔場數落我的講法（他大概駭怕再度被我擊中而不敢在我那一場發言），讓我覺得滑稽又可悲！

　　另一人是中央大學哲學所一名王姓教授：九二一大地震後我在天地教總院參加宗教學術會議那一次（詳見〈宗教在我心倏忽幻滅〉章），王姓教授提了一篇狀似大學生讀書報告的短論充數，還給自己先打了一劑預防針，說他最近忙於審查別人的論文，沒空寫文章。我對他這種只會對別人操生殺大權而疏於自持的作法，頗為反感，所以在綜合討論時，就語帶調侃的質問他：

　　「王教授你已有一定的社會地位，別人會邀你演講，出版書還可以收取版稅，無妨考慮捨執的問題；但這對還沒有類似機會的年輕人來說，你也叫他們捨執，這有道理嗎？」

　　我邊說會場邊有笑聲響應，而臺上的王姓教授則已臉色一

片鐵青。他的答覆自然又是避重就輕,雅不願承認他對《莊子》學說的闡釋有問題。發言時我都尊稱他為「王教授」,但他的回應所用詞卻盡是「你你……」,很明顯又在給他自己平添一項倚老賣老的罪名!

　　當時有兩個人對我的發言明著附和贊同過:一個是曾昭旭老師,他繼我的發言後指責對方寫的東西不像論文(意思是欠嚴謹);一個是林安梧,他在午餐時不諱言的對我說:

　　「你剛才說的真好!那些話我也想講,只是不敢當面說。」

　　看吧,他們同為鵝湖幫的人都這樣講了,那王姓教授豈不該感到慚愧而從此得謹言慎行?回程中,在林正珍教授的車上,聽她說王姓教授氣到沒去餐廳吃飯,原因是從來沒有人敢這樣頂撞他!

　　過沒多久,鄭志明教授在臺北辦了一場「生命關懷與心靈治療學術研討會」,邀我評論他發表的論文〈從《太平經》談道教的生命觀〉,那場次的主持人是那位王姓教授。我以為他又會語出不屑的「你你……」到底,不料收到的卻是這麼一句:

　　「現在請周教授評論。」

　　這客氣到讓我暗自訝異不已!可見人沒有被教訓,不會學乖!這是我當初的想法。但後來發生一件事,才驚覺我錯了,他心中的氣還在!

　　那是二〇〇八年,淡大中文所二十週年慶辦的「社會與文化學術研討會」上,我發表一篇論文〈果茶與奶蜜:中西抒情詩中愛情「濃度」的比較——一個以文學文化學為基底的研究

模式〉，講評人是趙衛民。他不顧我論述的完整性，一逕的嘲諷且支裂批評我的講法。在回應時，我不惜撂下重話，請他也寫一篇來給人看看。沒想到這被坐在後面的王姓教授聽到了（那時他已從中央大學申退去淡大中文系專任，當了肥貓），在他接著主持的場次，借題發揮說他不喜歡叫講評人寫文章來較量的話。雖然他沒指名道姓，兩眼也故意望向別處，但我很清楚那是他伺機在報老鼠冤！

由於研討會已近尾聲，我不想多啟事端，所以就放過他這一次；否則他很可能會被我再修理一次，因為他假公濟私且隔場批判，實在有虧職守！

經過這一連串的意外事件，讓我不免想起一段趣聞：羅斯福（Franklin D. Roosevelt）在尚未當上美國總統前，家裏遭小偷，朋友寫信來安慰他。他回信說：「謝謝你的來信，我現在很平靜，因為：第一，竊賊只偷去我的財物，並沒有傷害我的生命；第二，竊賊只偷走部分的東西，而非全部；第三，最值得慶幸的是，做賊的是他而不是我。」

我無意以此為喻，只想藉它表明一點：倘若那些人老惦記著報仇，那麼受傷是的他們自己而不是我，畢竟我早已穿越學術叢林的瘴癘，那點不上道的伎倆根本恫嚇不了我！

至於我校的聲譽會不會因此而水漲船高，我無從得知；但至少有我這一番在外面雖是弱勢卻屬強者的折衝世道，諒必沒有人敢輕忽東大的存在，這是我毋須透過求證就可以自豪的地方。

夥伴合作締造的佳績

　　知識的傳遞和接受，不論如何的精準密契，多少都存在著一個如葉維廉《比較詩學》書中所說的模子問題。那是由一則寓言所引起的：

> 從前在水裏住著一隻青蛙和一條魚，牠們常常一起玩耍，成為好友。有一天，青蛙無意中跳出水面，在陸地上遊了一整天，看到了許多新鮮的事物，如人啦、鳥啦、車啦，不一而足。牠看得開心死了，就決意返回水裏，向牠的好友魚報告一切。牠看見了魚就說，陸地的世界精采極了，有人，身穿衣服，頭戴帽子，手握拐杖，足履鞋子；這時在魚的腦海中就出現了一條魚，身穿衣服，頭戴帽子，翅挾手杖，鞋子則吊在下身的尾翅上。青蛙又說，有鳥，可展翼在空中飛翔；這時在魚的腦海中就出現了一條騰空展翼而飛的魚。青蛙又說，有車，帶著四個輪子滾動前進；這時在魚的腦海中就出現了一條帶著四個輪子的魚……

　　模子的難以轉換，未必只見於知識接受的一方，它也相當程度固著在知識傳遞的一方（正如上述寓言中青蛙對人／鳥／車本身還沒有意識到有什麼概念架構可加以描繪）。因此，除非是自己研發的知識，不然都會有轉述的模子障礙。而此時對於接受的顯性歧出，就更不能胡亂給予責怪了。

即使如此，在認知不夠真切或有欠深入的情況下，刻意僅靠所習取一點皮毛就張揚使弄的人，可能讓問題越發棘手難理。就像維納（Norbert Wiener）《控制論》書中所舉一個魔術師徒弟的故事意示的那樣：

> 魔術師徒弟從師父那裏學來了某些咒語，他命令一把掃帚來代替他挑水；但他並沒有真正理解那些咒語，結果無法使掃帚停下來。掃帚不斷挑水，水溢出水缸，差一點把這位徒弟淹死。

這所羼入的誤用或濫用成分，在一些不太講究研究倫理的社羣中，已是眾所詬病的焦點，而往後難保不會變本加厲的惡化下去。以至如嚴祥鸞主編《危險與秘密──研究倫理》一書所說的「剽竊原創」只是冰山一角，背後的藉故滋事和轉嫁遺禍等媒孽更會層出不窮，而使得從事知識生產和傳播無法給人太過樂觀它能夠順適進行。

如果有例外，那麼它大概就是一個開創型研究社羣所在扮演的。這種研究社羣全以創新為務，根本沒有興趣停滯自我炒作兼賣弄知識（而造成上述強伸權力欲望敗壞風氣和徒惹怨嗟等情事）；同時也可以不必在意遠近程的吸納轉譯上的諸般困境，因為這一切都已被新創知識所奪目，而將來時路上的所有不適應症一概消解於無形。

後面這一點，是我長期以來所深刻體會的，也是我在參與經營語教所過程中始終黽勉以赴的。回想以往自己所目睹和經

歷的研究所多半出於一時興起，以及缺乏研究熱忱和創新衝動，致使所中人無暇去深為計慮謀畫相關的精神理念，連帶也耽誤一個必要且可望的知識殿堂的形成。而記取這樣的教訓，在延伸「有我在的學校就是最好的」信念下，自然也要將我們的研究所經營得冠絕臺倫，庶幾不負平生企盼，以及為發用學術蘊蓄許久的苦心。

我知道來東大深造的人，已沒了我過去當研究生所有的那麼多際遇。除了學校僻處臺灣一隅，資源缺乏，更沒有熱絡的學術活動刺激，他們想要在短時間內有大幅度研究能力的成長，就得相當的拚命。而我個人所能做的，就是以過來人的身分經驗，儘量協助他們披荊斬棘和摸索出路。因此，帶他們自辦論文發表會和跨校聯誼（最常跟屏教大中文所合辦論文發表會）等猶有不足，還要在論文品質上嚴格要求創意取勝。具體的作法，則是從事理論建構（如要再作實務探討的，也得先自我建構起理論作為語境背景）。

理論建構，講究的是創新。它大致從概念的設定開始，經過命題的建立到命題的演繹及其相關條件的配置等歷程，然後完成一套具體系且有創意的論說。而所謂有創意的論說，它的可能性主要是由製造差異來保證。本來創新也可以是通俗書如高德（Rich Gold）《夠了！創意》、郝金斯（John Howkins）《創意生態──思考產生好點子》和艾米頓（Debra M. Amidon）《高速創新》等所示，指向幾近前無所承的無中生有。只是它在想像中無慮成立，而於實際上卻難以找到案例。

以至所剩的製造差異，也就成了我們所能創新的唯一途徑。

　　至於製造差異的落實，則有水平思考和逆向思考兩種作法。它們的差異是，水平思考的創意被視為像在挖水井，發現某處顯然已經挖不到水了，就得趕快換地方挖；不然執意挖下去，就會陷入垂直思考不得脫身的窘境。例子如芮基洛（Vincent R. Ruggiero）《實用思考指南》和波諾（Edward de Bono）《水平思考法》二書中所舉的，有雜誌社業務員在自己身上灑臭鼬水而很快就收到貨款和有轟炸機飛行員用尿液代替發動機漏盡的水而安然返航等。而逆向思考的創意，則是以往反方向去做而顯現的。好比有人開便當店叫黑店、經營餐館招牌菜叫隔夜菜或最糟菜、賣梳子給出家人、做立體式的壁報和寫復仇故事結尾復仇者反被收服等，這多所著錄於郭一帆《思路決定財路》、王偉忠《歡迎收看王偉忠的……》和楚映天《壞事沒你想的那麼壞》等書中的，都是典型的例子。

　　如此再經由問題意識（所探討的問題憑什麼可以成立）、方法意識（得採用那些可靠的方法）和價值意識（研究成果如何廣為發揮作用）的貫注，以及全程性的管控（包括研究生的自我要求和指導教授的從旁監督）等，一部具十足創意的論著就可以期待成形了。而這也就是我在跟研究生共拚產值過程的實況：他們來我這裏作研究寫論文的是這樣磨練，我自己挑燈夜戰不曾鬆懈於著述的也是這般律則。以至在短短不到十年時間，就有了相當可觀的成績。

　　因為得著跟秀威資訊科技公司合作的機會，所以我將品管

過的研究生論文推薦給他們（包括少數非我指導的論文及外所外校我指導的論文），前後出版了黃連從《童詩閱讀教學探究——以〈在夢裏愛說童話故事的星星〉為例》、江芷玲《越南新移民跨文化語言學習策略研究》、陳佩真《電視字幕對語言理解的影響——以「形系」和「音系」文字的差異為切入點》、陳意爭《圖畫與文字的邂逅——圖畫書中的圖文關係探索》、林明玉《少年小說中的人物刻畫——以紐伯瑞兒童文學獎得獎作品為例》、許靜文《臺灣青少年成長小說中的反成長》、許淑芬《作文病句探究——以小四到小六學生寫作現象為例》、李麗娜《解除寫作的夢魘——小學生作文病句的診斷與補救途徑》、廖惠珠《拒絕游牧——流浪教師的修辭策略》、林璧玉《創造性的場域寫作教學》、陳湘屏《成語的語法、修辭及角色扮演》、葉玉滿《新移民女性子女國語文補救教學》、顏孜育《飲料名稱的審美與文化效應》、石國鈺《現行國小語文教育的缺失與改善途徑》、潘善池《漢語語法的社會與文化功能——以漢語語法的靈活性為切入點》、廖五梅《唐傳奇戲劇化在閱讀教學上的應用》、陳雅婉《數學教科書中的語言表達——教你看懂數學課本的文字敍述》、匡惠敏《新移民女性的語文教育——讀報讀書會的運用與實例》、曾麗珍《一個橋樑書的新願景——從圖像到文字閱讀的教學研究》、林桂楨《莊子寓言在讀者劇場中的應用》、麥美雲《越南童話的文化審美性及其教育價值》、黃靜惠《「文化回應教學」與國小讀寫課程設計》、蔡秀芳《小琉球的風土人文與語文教學》、許峰銘《童

詩圖像教學》、嚴秀萍《童話中的反動思維——以狼和女巫形象之遞嬗為討論核心》、鄭揚達《澎湖的風土人文與語文教學》、林秀娟《說演故事在閱讀教學上的應用》、林靜怡《中西格律詩與自由詩的審美文化因緣比較》、王韻雅《成語的隱喻藝術》、謝欣怡《色彩詞的文化審美性及其運用——以新詩的閱讀與寫作教學為例》、曾振源《原住民與漢族學童作文病句比較探討》、巴瑞齡《原住民影片中的原漢意識及其運用》、陳詩昀《中西兒歌的比較及其在語文教學上的運用》、楊評凱《金銀紙的秘辛》、陳雅音《文學的另類寫真——文人怪癖與文學創作的關係探討》、王文正《電影文化意象》、陳美伶《電影在語文教學上的運用》、葉尚祐《電影鏡頭下的性別越界》、黃獻加《非人採訪術》、許瓔玲《語文戲劇化教學》、黃紹恩《場域創意閱讀教學》、李玉玫《創意戲劇化圖畫書教學》、邱耀平《從文學與藝術中看語文學習》、許彩虹《識字教學策略》、瞿吟禎《編織式創意記敘文寫作教學》、張銘娟《創意論說文寫作教學》、林怡沁《寫作戲劇化教學》、李心銘《李後主詞的通感意象》、何秋菫《注音符號的文化演現》、林慧玲《語文閱讀教學策略》、鍾文榛《孤獨與疏離：從臺灣現代小說透視時代心靈的變遷》、許瑞昌《電影影像與文字的關係探討》、江依錚《現代圖象詩中的音樂性》、蔡秉霖《英雄歷險與困境糾纏——中西科幻小說中的文化性差異》、黃春霞《橋樑書在寫作教學上的運用》、周靖麗《閱讀評量之創意閱讀認證》和程麗華《向世界發聲——原住民散文中的文化演現》等

五十多種。

我們這些夥伴的努力，外界也感應到了。除了部分書籍的賣相不惡（顯見已蒙受歡迎），還有意外驚喜（如有別家出版社循線來跟我們夥伴邀稿和有學校請我們夥伴去作系列演講等），以及東大語教系系友和學界友人都在關注不輟等。謹以我編的《告別歷史——一個獨特語文教育研究所的結束》一書所收文章為例，就有底下這類包含整體特色在內的肯定：

> 對我來說，每次到了語教所總有「賓至如歸」的感覺，或者說到語教所令人「流連忘返」。原因不是因為臺東的好山好水使人佇足，也不是校園優雅的緣故。而是語教所學生的「氣質」與「好學」，加上周教授的「學者風範」、「良師形象」共同營造出的氛圍，那也正是我研究與教學的生涯裏所殷切盼望的情境。（楊秀宮〈過客美麗的回憶——我眼中的語教所〉）

> 創作與主編的作品能達到一百冊以上的人不要說是當代華人，就是古今的華人都不多見……是什麼樣的力量，讓一位生於一九五七年，在二○一○年才五十出頭就完成了這樣蔚為壯觀創作風格豐富多元的成果？我體會到周教授身上存在著一股因為寫作而偉大的力量，也就是說他的意志力和創作力合而為一，並且轉化在對學生的教學工作和論文的指導上。（歐崇敬〈因為寫作而偉大〉）

> 學術雖然地處邊緣偏僻的東臺灣一隅，我們卻看到驚人的

出版力量。無論是碩士學位論文出版抑或是東大語文教育叢書、東大詩叢,都是精采無比,替語文教育界增色不少。(彭正翔〈緬懷、唏噓與惋惜〉)

原來老師自二○○七年後,開始與秀威出版社合作,除了出版自身的學術論著外,更推出了一系列以「東大」為名的叢書,內容包含:將語教所碩士論文出版成冊的「東大學術」、為語教所師生所創作的詩集「東大詩叢」、將語教所舉辦的學術研討會論文集結為「東大語文教育叢書」等。不禁令我深深感受到,周老師雖然潛居臺東一隅,卻仍以著述的千鈞力道,不斷地向外爭奪話語權力;如今甚至以排山倒海的書叢氣勢,試圖撼動原近寂寥的學術大陸,似有「一夫當關,萬夫莫敵」的氣魄!(黃亮鈞〈那一年,我認識了周慶華教授〉)

這約略就是「德不孤,必有鄰」(《論語·公冶長》)吧!只要佳績恆在,識者就不會吝於給掌聲。

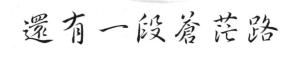

還有一段蒼茫路

遺憾太早來臨要隨語文教育研究的中止而滿懷

創作和理論相互印證的階段性結算

最當感謝的一些出版人

提早退休後新的學術承諾

遺憾太早來臨要隨語文教育研究的中止而滿懷

　　現實會給努力者溫暖，但也是殘酷的！當那些努力正要撐起一片天，還等著瞭望遠方的雲霓，這邊卻已有一大批人以無法眼見前景為由在遮斷你的視線，抹去你的腳印，讓你頓失佔地，也將你的呼喊一起消音！我說的就是語教所在一個系所整併政策下，被迫走入歷史。

　　二〇〇九年，是我經歷中最不堪的一年。我不知道學校已經放出風聲，要終結於前年才正式更名獨立的語教所。現任所長先得知後單獨落跑轉去臺南大學，另外兩位教授也即將退休，我只好「晚節不保」的接下主管職位（如不是僅剩我一人，我怎麼也不會想去碰行政工作）。這一接，立即面臨校方無情的施壓，三兩天就來一次公文逼迫我們提整併案；連要補聘教師也都進不到校教評會一關就先一再遭到院教評會刁難和否決；而我還有日間班和暑期在職班幾十個研究生得照顧，真不知如何熬過去！

　　就在我幾度抗辯不成，又全無奧援有如陷入絕境後，心一橫自提停招（本來還可以爭取系所整併後仍維持既有的方向，但由於人力不足而他系也不願意等因素，只好忍痛把所交出去），將名額轉給華語系，讓他們去成立碩士班。這個決定，是因為我看透了一些把持校政的人。平時嚷的好聽，說什麼教

授治校，講什麼民主程序，一旦涉及權益衝突，馬上一轉變成黨同伐異、強勢欺凌弱勢！否則也不致有先前語教系所分家由不得我們決定，現在系所媒合又在重演相同的戲碼（而那些強勢系所永遠不動如山）。既是如此，與其徒然憤慨拚鬥，不如省下力氣來思考結束的問題。

原本我就對民主不抱希望（詳見〈新局勢難了引發更新的憂慮〉章），如今為了語教所無端被耍弄蹂躪，更讓我心寒它的惡劣（更別說這段期間還見識到既得利益者藉機整肅異己所露出的猙獰面目）！以前曾不捨民主政治跟生活脫鉤的邱吉爾（詳見上註章），在英國議會連番掣肘他首相的施政後，也不免說出「民主只是大多數的白痴來排擠天才的合法程序」這樣沈痛的話；無奈輪到我們一個小小研究所的命運轉折，竟然同樣要面對非理性的壟斷阻撓，想來眼前一片烏雲罩頂，如何也開心不起來！

此外，螃蟹效應的醞酵，也助長了那些把持校政者予取予求的氣燄！很多人明知語文教育研究的重要，但每次開會他們卻像簍子裏的螃蟹一樣選擇旁觀，而不敢公開聲援我們（駭怕會重蹈螃蟹有要兀自爬出簍外而被集體拉下去痛扁的覆轍）。這麼一來，保不住語教所也就成了定局，我得自求多福了。

再從整體趨勢來看，本該統攝一切教育的語文教育無形中萎縮到僅存語言／文學（文章）教育，而又被其他專科教育搶去風采，最後不淪落到這般可有可無存在的地步也難！了解這一點後，我又突然可憐起那些貿然踐踏語文教育研究的人，畢

竟他們已無知到但存生物性的掠奪本能，始終搞不清楚自己也沒多大差距的處境。

原因是晚近教育所要傳遞的知識實體和熱情，已遭逢全球化浪潮而出現機構和專業的認同危機。這種危機，也使得學習誘惑在教育內的定位顯得無比弔詭。換句話說，全球化早已迫使集體學習瓦解，以及促成不同行為的可能性。這樣所謂的教育研究又要研究什麼？它不就在教育理想性失落的過程中也喪失了著力點？因此，對於在大學殿堂卻又甘願退守象牙塔的那些人，還誤以為自己所從事的教育及其相關研究比他人重要，這我就只能報以苦笑，此外絲毫也無法原諒他們的狹心愚昧！

我明白語文教育研究在全球化時代的命運一樣乖舛，不論是市場導向還是認同危機，它都不得不進入慘淡的黑暗期。而在我們努力嘗試突破現況，才要覓得一塊小領屬，卻又發現前有敵陣後有潰兵；而呼求不見響應，孤立無援猶如身陷長年寒冬！

雖然如此，有個事實仍然不可否認，就是語文教育還一直存在著。而存在著的語文教育又不能沒有相關的研究來提升它的品質和引導未來的走向。因此，儘管已經到了後全球化時代而語文教育研究還在持續蕭條，我們依舊得期待它從新活絡過來，這才相應於大家正要過渡後全球化時代的理想需求。

實際上，並不是沒有表現可以給這個看似空窗期的後語文教育研究階段增添光彩的。因為東大語教所從設立以來，就以

全國唯一從事專業語文教育研究相標榜，十年間已有一百多篇
學位論文以及學位論文出版五十多種（詳見前章）。另外，還
有語文教育叢書出版以及我個人出版的書等。這些成果固然還
嫌單薄，也未必都朝著反全球化的方向，但在語文教育研究一
片沈寂的後全球化時代，我們是有那麼一點信心想喚醒正在居
後而卻還不知清醒的心靈。只不過很可惜，這樣一個研究成效
超常的研究所，卻迫於現實環境被整併終結了，永遠不再招
生；明明才剛站起來演奏一首好曲子，卻馬上要成為絕響！因
此，原該再出餘力反全球化的，現在就真的參與了蕭條的行
列。這實在是一齣時代的反諷劇，連我們身在當中的人都訝異
莫名！

　　語文教育研究的最後一個據點撤去後，似乎相關的志業也
要停止了。這是我不得不憂心的地方！但也因為前路被截斷
了，所以恰好可以促使大家再行思考後續反全球化的能量積蓄
問題。換句話說，正由於一個有能力開啟新氣象的語教所被迫
結束經營，才激起我們想到接下來那裏找轉機的問題。因此，
上面所說持續蕭條的語文教育研究如何使它從新活絡一事，也
就是因為有語教所的終結而遺留給大家一起來研議。它可以不
成功，但不能沒有此一志意。

　　今後的語文教育研究，終究是要致力於形塑華語敘述且作
為反全球化的制衡力量（詳見〈後全球化時代批判論述的規模〉
章），從自我完足到落實為第一線教育的參鏡來發揮影響力，
它才有現實感和理想性。而這也不能緣於一個研究所的結束，

就放棄別的可能的新生期待。

由於華語敘述不是一蹴可幾，所以它也不可能有相關研究所的存在就會絕對績效卓著，更何況它就在吹熄燈號了呢！於是務實一點的，我們是要靠它的連鎖效應來展開全面性的批判，使得反全球化成為日益普遍的運動；同時以不隨順興作科技、資本主義和殖民征服等自然的化解能趨疲危機。而這種連鎖效應，是以寄望已經播下的研究者種子及其研究成果直接間接的激勵更多人加入反全球化行列為最近途徑的。而在此一情況下，一個有指標性的研究所的終結，毋乃也因此希冀可成而如同獲得了新生。也就是說，研究所的結束倘若能夠引發大家珍惜所擁有的經驗而有機會就去實行推廣，那麼研究所不就重獲新生了嗎？

以這種方式來自我釋放滿懷的遺憾是很無奈的！學界朋友聞訊，也都困惑不解，難以相信一個發展有望的所竟是這樣硬生生被阻斷絕營業！而我們已畢業或在學的夥伴，得知這個家遭致強力解散，更是氣憤有加！有的還代他朋友埋怨：

「才買書來看，準備報考語教所，怎麼一聲不響就打烊了？」

我理應要解釋的。但太多的不堪處遇，反使我口澀舌訥起來。既然有苦說不出，那我只好跟他們坦白一件事：我有跟擺我們幾道的某研發長在夢中打了一架！夥伴們聽後，還急切地問：

「打贏了嗎？」

「當然，」我說，「他那麼瘦小，根本禁不起一槌！」

似乎這樣我也該氣平了，其實並沒有。只要憶起那段被欺凌的過程，就覺得那一拳還在尋找回敬的快意！

創作和理論相互印證的階段性結算

「你為什麼還不升等？」

平時不知道被問過多少遍這個問題，彷彿我持續寫書都不及升等來得迫切而重要。這的確是我多年來最感難以回答得好的一個問題，前前後後已經想出了幾套答案在看人給。

「我對升等沒興趣。」這是用來應付初識的朋友的。

「升等制度有問題，我不喜歡。」熟識的朋友通常會得著這樣的回應。

「等我退休再說吧！」熬不過再三逼問我的長輩，就會跟他開個玩笑。

「下輩子我會認真考慮這個問題。」當有表情嚴肅而等待我給個交代的晚輩來訪問時，這可能是我最真誠的說法了。

事實上，以上這些都不足以表達我的心意於萬一！我真正想說的是「會審到我著作的人，都不如……」卻很難啟齒。以前跟《臺灣新生報》副刊退休主編林期文有過一段受邀稿的知遇（當時他正在編《大眾週刊》），在一次閒聊中我問及他主編副刊那麼多年，也當文學獎評審很多次，為什麼自己不也寫些文章？對方瞪直了眼，激動的說：

「我寫，誰來評我？」

這說的真好！而從那句鏗鏘有力的話中，我聽出了那並不是說沒有人能評他的文章，而是說他根本還不準備要瞧得起別人！

每當有人在升等與否的問題上一定要我表態時，我就會起林期文的話；只是他的口吻怎麼學也學不來。

從某個角度看，面對一場場動機都不單純的問答，有趣但也很傷心神。因此，在我自己的總結裏，就得有一個進階版的說詞來收尾，好讓它不必再費思慮而成了當然的定案。也就是說，我沒有興趣，是因為：不提升等，我就可以在折衝世道時直言不諱，而讓那些被我批判的人苦等不著報復的機會；不提升等，我就毋須被強延攬去擔任學校各處主管，而還可以對一些喜歡坐大位卻又幹不了什麼事的人挑他幾根經絡，等他回神想糾眾防堵我晉級時，我早已不給縫隙而自在來去了；不提升等，我就有藉口要靠學術成就來彌補此項缺憾，而這也包括我近年重拾創作的筆，寫它個沒完沒了！

知曉創作可以千變萬化，是從我鑽研學術而建構起一套套理論開始的。早期所寫收於《追夜》和《蕪情》二書中的散文／小說／詩等，還屬摸索自揣階段，所以粗略生澀可見。爾後探勘古今中外文學的變遷，熟悉各門路的技藝格力，致使內化外發，寫來逸興趣向就無所止境了。

當中比較費於取材經營的散文和小說，已被學術論述所取代；而戲劇也仍停在閱讀接受中，還無暇嘗試；僅剩詩最常敘

寫，以至於樂此不疲。但不論如何，我都已為它們的現存和進境等，予以理論的說明和預期。所得既能看出文學的流衍歸趨，又能印證相發我個人的創作。

好比從語言表出本身的透明度，所能分別予以隱喻的有：詩是舞蹈（不透明）；散文是漫步（半透明）；小說是快走（透明）；戲劇是跑步（最透明）。而用意象和事件間接表意以成就文學定義且由詩和小說作為代表的（散文乃介於詩和小說的光譜中間；而戲劇則又居小說延伸光譜的另一端，二者的代表性都不及詩和小說），也有前者以意象安置／韻律經營為普遍律，在高標上得有奇情或深情的蘊涵，以及在低標上陌生化語言或變化形式等；後者衍生出敘述觀點（包括全知／限制／旁知等）、敘述方式（包括語態／時序等）和敘述結構（包括語言結構／意義結構等），以及相關的理念風格等。而這落實於特選詩類型的，則已有《七行詩》、《未來世界》、《我沒有話要說──給成人看的童詩》、《又有詩》、《又見東北季風》、《剪出一段旅程》、《新福爾沙組詩》、《銀色小調》、《飛越抒情帶》、《游牧路線──東海岸愛戀赤字的旅行》、《意象跟你去遨遊》和《流動偵測站──列車上的吟詩旅人》等多部計畫性寫就的詩集。

又好比依傳自西方的學派劃分，有前現代的模象／寫實、現代的造象／新寫實、後現代的語言遊戲和網路時代的超鏈結等。它們在詩藝上各自展現了優美／崇高／悲壯、滑稽／怪誕、諧擬／拼貼和多向／互動等風格特徵；而在小說技巧上則

從基本的涵蓋情節／人物／衝突／意外結局等結構，各自添加
故事性／寫實性／藝術性、轉為新寫實性（故事性稍弱／藝術
性稍強）、從新遊戲化和超鏈結化等敘述規律。而這在我所體
現於詩創作中的，也無不多寬有餘裕。姑且舉幾首短詩以證（超
鏈結詩只能存於網路上，有他人作品可參看，此處不提）：

都是蟲惹的禍
　蛀牙
　爛蘋果
　未婚懷孕

拔得太慢
　蛀牙
　爛蘋果
　未婚懷孕

反美學
　蛀牙
　爛蘋果
　未婚懷孕

〈都是蟲惹的禍〉一首，可以當作是在「反映現實」；〈拔得
太慢〉一首，有啟示或預警的作用，可以視為是在「創新情境」；
〈反美學〉一首，兼有諷喻和拼貼兩面性，可以列入「以解構
為創新」的範圍，它們就分別意示了一道從前現代到現代再到

後現代的風格光譜（以上三詩，收於《剪出一段旅程》後記）。

又好比據世界現存三大文化體系中文學的整體表現，有創造觀型文化的敘事寫實（主要在模寫人／神衝突的形象）、氣化觀型文化的抒情寫實（主要在模寫內感外應的形象）和緣起觀型文化的解離寫實（主要在模寫種種逆緣起的形象）等。而這從我最多對列於詩創作中的，更屬超常的演出。也姑且舉幾首短詩以證：

兩粒芒果（一）

　　成熟還隱藏在青澀底下路人看到樣子笑了

　　那是撒旦引誘夏娃後回頭塞給亞當偷偷去播種的禮物

兩粒芒果（二）

　　提早離開枝頭葉子會痛苦

　　明天把你煲燙想像已經給它迴向

兩粒芒果（三）

　　撫摸一次華髮會抗議兩次

　　從旁邊走過去外面的陽光正燦爛

〈兩粒芒果（一）〉一首，旨在聯想翩翩；〈兩粒芒果（二）〉一首，明著感動連類；〈兩粒芒果（三）〉一首，暗含煩惱已去，它們也分別展現了各自的文化屬性（也就是挑戰自然／媲美上帝、綰結人情／諧和自然和自證涅槃／解脫痛苦等），彼此難可互通共量（以上三首，收於《飛越抒情帶》）。

　　這都先有理論建構（詳見我相關的文學論著），而後才試煉寫成的；偶有跑野馬的現象，又自徵候著創作的回饋潛能，二者相靡相盪沒有了時！於是前面所說的「詩最常敘寫，以至於樂此不疲」，就是一個總結式的宣示。

　　為了徵得高雅助興，部分詩集有楊平、孟樊、丁敏、余崇生、王萬象、董恕明、賴賢宗、黃筱慧、蔡瑞霖、簡齊儒、簡光明和楊秀宮諸位友人惠贈序文，以及王聖馨、周秀春、陳怡妘、吳培年、邱盈翰、蕭淑慧、吳卓穎、陳郁芬、陳茹匯、楊燕山、簡郁芩、陳意爭、許靜文、林婉婷、郭蕙鳳、黃鈺婷、李金青、葉明慧、郭寶鶯、嚴秀萍、曾麗珍、陳雅婉、夏洪憲、呂秀瑛、林桂楨、黃香梅、蕭孟昕、黃美娟、羅文西、林秀娟、陳家珍、鄭揚達、吳淑玲、許峰銘、張藍伊、林彥佑、許慧萍、徐培芳、何瑞蓉和匡惠敏諸位語教系所夥伴提供評論稿，形同生面別開。

　　此外，部分詩集還嵌有學界／詩人朋友如楊平、張堂錡、丁敏、孟樊、王萬象、董恕明、莫渝、簡政珍、岩上、張默、徐慶東、渡也、賴賢宗、歐崇敬、簡光明、蔡瑞霖、楊秀宮等互贈著作往來的寫影，以及於後記中收入語教所夥伴如徐碧鴻、邱耀平、林怡伶、石國鈺、林亭君、江芷玲、陳佩真、徐巧縈、黃嫈喬、陳意爭、許靜文、許淑芬、林明玉、范姜翠玉、張金葉、陳淑瑜、蔡藻藻、鄭孟嫻、黃婷珊、曾詩恩、李麗娜、林璧玉、鄭嘉璇、陳湘屏、吳靜芳、蔡秀芳、廖惠珠、劉佩佩、葉玉滿、董霏燕、沈珠帆、林美慧、黃靜惠、吳麗櫻、林桂楨、

羅文酉、鄭揚達、林彥佑、徐培芳、曾振源、王文正、巴瑞齡、江宏傑、江依錚、呂蕙芸、林月香、陳君豪、許晏綾、許瑞昌、陳詩昀、陳雅音、王朝茂、黃詩惠、葉尚祐和楊評凱等修我相關語文課程習寫的詩作，也體例逾常多姿（甚至《我沒有話要說——給成人看的童詩》還有小女怡賢的插圖增趣）。

在意態上，創作和理論相互印證演實已經出入古今中外無數回了，接下來當是我所期許的資訊文學化的開展。過去自己寫詩，經常緣於要釋放過多的能量，以及體驗「因為野蠻，所以有詩」屬維柯（Giambattista Vico）《新科學》所說飛躍想像的快感，如今多了一項創體欲求加勉（融匯古今中外所有學科知識而產製新體），後續的詩風將會有新的變化。

最當感謝的一些出版人

朋友看我跟十幾家出版社合作過，不是認定我本領通天，就是以為我背後有什麼厲害人士罩著。其實，他們全是憑空設想。我的書大多很艱辛才找到出版機會，而被退稿的家數遠比檯面上的多出好幾倍。

我很能理解史上空前被退稿了一〇六次的楊恩（Gilbert Young）《「世界政府」的十字軍運動》（曾列入《金氏世界紀錄》）是怎樣的煎熬，因為我也差不多是這樣的遭遇（只是我的是各本總合而非單本），過程挫折哀怨備嚐！而對於柏納（André Bernard）編的《退稿信》一書所記載康明斯（e. e.

cummings）反調侃退他稿的出版社，我更有同感他那內蘊的
幽憑：

> 我不感謝的，包括以下出版社：法拉與萊恩哈出版社、賽
> 門與舒斯特出版社、科渥—麥肯出版社、限量發行出版
> 社、哈科與布雷斯出版社、藍燈書屋、艾奎諾出版社、史
> 密斯與哈斯出版社、維京出版社、科諾夫出版社、達頓出
> 版社、哈潑出版社、史氏父子出版社、科維奇出版社和佛
> 烈德出版社等。

這如果要由我來列，那麼還會有更長的一串（結果康明斯
加了這段〈獻詞〉的那本書出版人是他老媽；而上述楊恩的書
則是他自掏腰包出版），看了勢必要再從新難過一次！因此，
最後能獲得青睞的，已是我要千萬感謝的對象；沒有那些少數
出版人的雅納成全，走這條學術路就不知會多麼的顛躓難行，
畢竟我總不能寫了都藏在家裏吧（那又算什麼學術事業）！

出版我學術書的，依次有文史哲出版社、三民書局／東大
圖書公司、揚智文化公司／生智文化公司、五南圖書出版公
司、里仁書局、萬卷樓圖書公司、洪葉文化公司、秀威資訊科
技公司、弘智文化公司、唐山出版社和新學林出版公司等（上
海東方出版中心那一家，完全是龔鵬程老師接洽的，跟我沒有
過從）。

有的我只投過一次稿，卻意外的得到出版人的賞愛。如萬
卷樓總經理梁錦興、弘智老闆李茂興、唐山老闆陳隆昊和新學

林總經理毛基正等。毛基正擔任五南副總經理時就常有接觸，他轉任新學林總經理後，很慷慨的接受我策畫的《華語文教學叢書》（除了我的《華語文教學方法論》，還有其他朋友預備撰寫的《華語文教學理論與實務》、《華語文教學：語言文字篇》、《華語文教學：古典文學篇》、《華語文教學：現代文學篇》和《華語文教學：民俗文化篇》等）；而梁錦興乃因有林文寶找我合寫書在先，順勢推出我那本《創造性寫作教學》而被他一併惠賜出版的。至如李茂興和陳隆昊二人，則全無淵源，不是透過遊說，就是透過遊說兼盧來的（前者指的是陳隆昊，他找別人看過我的《語用符號學》書稿，勉為同意出版；後者指的是李茂興，原在電話中談妥幾分我的《身體權力學》，但看他仍有點猶豫，我乾脆跑去他那兒，一次自我推介的夠，而終獲他的採用）；但這依然無損於我對他們由衷的感謝。

　　至於接納我學術書兩本以上的出版社，那就有不少故事可說了。當中三民、揚智、五南和洪葉四家，所洽談的對象幾乎全在編輯部，而那些編輯人大致上都很好商量。像三民總編黃國鐘，沒聽他講過一句不中聽的話；揚智總編孟樊（後來轉任），不論是受稿或邀稿，都給予我最大的方便和惠賜；洪葉企畫主編郭淑玲也在接過我的《語文研究法》後，還期待我的另一本《靈異學》儘快完成付印；而出版我最多書的五南，前有副總編李郁芬和總編王秀珍，後有主編歐陽瑩和副總編黃惠娟，幾乎我有投稿他們就收受。尤其是總編王秀珍，特別謙沖且能體諒學者苦心，在兩年內接連用了我投稿的《作文指導》、

《後宗教學》、《死亡學》和《故事學》四本書後，又跟我邀稿一本《文學理論》。後書簽約時，我請她吃飯，在餐館她對我悠悠的說了一段話：

「我們要把老師推上學術的高峰……」

我受寵若驚，從來沒有做過公關，也未曾拜過碼頭，卻能獲致她這樣的信任和賞識，真不知這是那來的福份。也因此，我前後送給她兩副親撰的嵌字聯「秀出編才頻教看，珍懷謙德更傳聽」「文壇藏郁秀，學海出奇珍」，聊表對她的感念。

最後是文史哲、里仁和秀威三家，我接洽的都是發行人。文史哲老闆彭正雄愛護我，自是沒話說。他一人行政、編務和業務兼包，對自己所出版上千種圖書如數家珍。每次去出版社，都和他們一家人窩在一個小空間，斷斷續續的領取他談學界那些事（因為他一會兒要接電話一會兒又有家事立即得處理，很難一次把話講完），竟也了解了一家出版社的運作。後來聽他說收入每況愈下，僅剩略夠一家人餬口，我就不便再去打擾他，駭怕看到那冷清的場面後，我也會隨著黯然神傷！

里仁老闆徐秀榮，是另一種典型的出版人。他親自下海，專做別人不做也做不來的典籍校注。書局就靠那些書賣給中文系當作教科書賺錢；而回饋給學者的，就是幫他們出升等著作或教學用書。

他的出版策略是，教科書學美國要經常更新，而學術書則學日本一版就停（否則再版就要堆倉庫）。他說這穩賺不賠，也不容易倒店（除非中文系所都先收攤了）。所以現在也進軍

中國大陸市場，天天坐以待「幣」（人民幣）！

跟他在一起聊天，大多聽他一人說話。他的健談，少有人能及，可以從他的新發現談到他的營業額，再從他的營業額談到他的市場布局，彷彿我是他的股東或親密家人，從不避忌。

他也是罕見手不釋卷的出版人。有時在書店街相遇，問他來做什麼，他答道：

「找本書，要用到裏面的資料。」

不過，為了不佔據空間，他會將利用完的書折價賣出去。他認為這樣做才可以讓書流動，顯然跟我們學者家裏都像一座小型圖書館大不相同。

還有他也常去外地視察業務、參加學術活動，甚至受邀演講或當評鑑委員等。而每到一處，都會颳起一小陣旋風，讓人十足感受到他對學術的熱忱和推廣出版品的強烈企圖心。我在臺東，就接待過他許多次，聆聽他永不枯竭的話題；也蒙他厚愛，無條件出版我的書。

對於寫書或搞出版，我猜他最想講的一句話是：「好好幹，這是名山事業啊！」只是我們都心照不宣，畢竟那已是在做的事，又何必擔心別人不知道而再說一遍。

秀威總經理宋政坤，他創建了一個數位出版王國，年年都在逆勢成長。他也很能授權給底下的人（如前後任企畫主編林世玲和黃姣潔等），所有的洽商幾乎都是一通電話就解決了，合作一直很愉快。

我在他們那邊出書，也策畫《東大詩叢》、《東大學術》

和《東大語文教育叢書》等請他們出版，合起來已有八、九十本。倘若沒有他們開了數位出版這種便利門，那麼我和夥伴的學術事業就會缺一大角。也因此，我心底著實的欣慰，十分慶幸能搭上他們業績逆勢成長的列車而拓展學術的版圖。

　　一條寂寞的學術研究道路，因為有了這些出版人的支持鼓勵，反過來顯得光華常在，而不斷誘引著大家趨向前去，享受它的溫慰，也體驗它的魅力！

提早退休後新的學術承諾

　　語教所確定要停招後，我跟學校爭取保障研究生的權益和助理的工作權，先把內部安頓好，然後才考慮我的去處。由於抗爭過程心力損耗嚴重，而所見權謀整人又徒添厭憎，以至等一切就序後，我也決定辦理退休而遠離學校生活。

　　從我繼任所長到將剩餘業務移交給華語系，前後歷經三年時間。這三年的語教所，是狀況最好也最艱困的時期。最好，是因為夥伴們不畏外面的狂風暴雨，仍然同舟共濟，齊力維護所的優質傳統；最艱困，則是所被迫關門歇業，甚至還常有人在覬覦所現有的資源。

　　由於所僅存最後一個階段，而我接掌所務又不願看到所因外在壓力而無所作為，所以連續辦了三場學術研討會、六場語文教學工作坊、十幾場學術演講和出版六本語文教育叢書（包括《語文與語文教育的展望》、《閱讀與寫作教學的新趨勢》、

《流行語文與語文教學整合的新視野》、《語文產業》、《跨領域的語文教學》和《後全球化時代的語文教育》等，全由秀威出版），以展現所最大的熱力。夥伴們也都卯足了勁，在跟所一起應和舞動，一點也看不出所就要結束的傷感落寞。

在這個過程中，有不少學術界的朋友慷慨協助所的運作，如校內的王萬象、董恕明、簡齊儒、傅濟功、溫宏悅、杜明城、黃琇屏和校外的陳界華、賴賢宗、蔡瑞霖、陳淑娟、林秀玲、孟樊、謝正一、劉渼、余崇生、吳懷晨、楊秀宮、黃筱慧、歐崇敬、簡光明、鍾屏蘭、許文獻、蔡佩玲等，他們或幫忙開課，或幫忙審查口試論文，或應邀來演講及發表論文，或給予精神上的支持，盛情恆在而令人感動！

至於日間班和暑期在職班的夥伴們，平時就很貼心自辦許多活動在熱絡所的運作，如今不論畢業的或還在學的，仍不斷捎來問候、致贈禮物和保健食品以及關心所走出歷史舞臺的善後問題。

這促使我構想透過徵文，結集成一本紀念性文集《告別歷史——一個獨特語文教育研究所的結束》，提供大家最後一個緬懷的機會。結果學界友人和語教所夥伴甚多響應，終於順利編成此書，且商得秀威予以出版。書中涵蓋〈熄燈號響起〉、〈學界朋友的慰勉〉、〈夥伴們道別離〉、〈留住課堂的一點迴響〉和〈回顧語教所做的事〉等五部分，攏總的將東大語教所曾有過的美好經驗匯聚一起，也留作一段可為大家從事語文教育研究借鑑成果的歷史。

　　到此地，我的任務已了，於是寫了一首詩〈歷史跟你告別〉（收於詩集《意象跟你去邀遊》序文中），以對我自己說話的方式來誌記這一段臨退的心情：「坐久等待渾然的驚奇從東海岸升起／它的輝光經常伴著季節風送來一對迷濛的眼／然後夢中有彩染護貝的故事邀你進駐／時間開始加入快捷波長的摺痕／／老鐵馬踩響大地的呼吸十六年了／心在山海的間隔裏還沒有完成一次閒閒的趑趄／結束黌舍生涯的話語就想跟你道別離／每一聲都希望爬出歷史的重量／看著你從那裏遁逃／／喜歡吟哦在清空的廊道／遇見仲春苦楝紫色的花舞輕飛向天／再去滿滿接收夏日成排菩提強撓疾翻的梵海／那時背影准許你放聲讚嘆狹仄裏奔逸的雲／／獨來膠著風光喧嘩過後還要獨往／你指隙結的繭已經堆出一座文字山／給別人攀爬也給自己凌空躑躅／睡著醒來黏稠的苦詣仍在／走往戶外白晝剩餘有滿天的繁星／統統裝成一袋記憶／／如今乍然回眸渥著／歲月的年輪正在計算往後佻蕩的日子／允諾你書寫另一頁陶然的傳奇／騰出這裏的嚴謹給來人」。

　　詩中所謂「允諾你書寫另一頁陶然的傳奇」，是我新的學術承諾，預計在退休後一一去完成。而這粗略估計，約有幾個方向：首先是先前就已擬定要寫的文化五書（包括《嘲戲：笑話文化》、《幹：粗話文化》、《巫：靈療文化》、《嘿咻：A片文化》和《縱逸：旅遊文化》等），以及《靈異語言學》、《藏在中文裏的神秘世界》、《文字文化學》、《國學符號學》、《諸子臺北學》、《那話兒的故事———一個文化學式的考察》

和《中國文學哲學史》等延續《語言文化學》的課題。這既是要深耕，又是要擴面，而使得相關的理論建構更具帶狀效果。

其次是為我有餘力要兼從事的文學服務作一學理式的探討，以便給現實環境和人心的美化得著依循。畢竟在後全球化時代，哲學慰藉已被唾棄，宗教救贖還不成氣候，藝術療癒又太昂貴，只剩文學布置最好改變環境和人心；而這文學服務新志業的開展，正需要有一套說詞來著成典範，以為社會整體救渡的可用憑藉。

再次是我向來未曾趨入的領域，如果時機成熟了，也不妨再自我挑戰一次。而這則有朋友玩笑話的刺激在先，我必須重作思考。那是有一次大夥在討論學界歪風的問題，普遍傾向擔憂學術路被人非理性阻擋，而我則力排眾議，以自己為例，表明：倘若你呆呆的死守一個領域，當然容易被擋；反過來你能同時跨幾個領域，誰能擋得了你，所以那種憂慮就屬「一曲之見」不太管用了！我才說完，那位愛擡槓的朋友又開口了：

「那麼你能跨多少領域？」

「已經跨過文學、哲學、語言學、美學、歷史學、符號學、教育學、宗教學和神祕學等，」我說，「將來還可能涉足物理學和天文學等領域吧！」

「哼，」他噴出一鼻孔氣，激動的想跟我打賭：「你少吹牛了，如果你也能跨向數學或人工智慧，我就把頭剁下來給你當椅子坐！」

這就說到我的痛處了！我不敢回應，只在心裏計議著：面

對這種情況，我依然可以發展出自我防衛式的語言，宣稱那些我跨不了的領域都是沒什麼用處的！這是當時的想法，如今則已有調整。也就是純以學術來說（不涉及文化帝國主義或文化企業那一套東西），我不該這般妄自止境。生命的流轉倘若沒有盡處，那麼追求學術也不能停步；就讓一顆躍動不已的知識心繼續向前奔跑，無所終局！

如此一來，縱已離了職場，但學術研究仍為我的第一春不變，也是沒得回返的不歸路。而姑且要總結的是，這一趟在紅塵裏翻騰究竟遵循了什麼法則。我興起在退休前夕，將前些時候摸索的靈數學帶出來一算：從一九九六年八月一日起任職到二〇一二年七月三十一日去職，兩端靈數都是七；來臺東前後十六年，靈數也是七；生平教書時間（包括四年大學兼任在內），累計共三十四年，靈數還是七，而七乃我生命的靈數（用出生年月日推得）。

這種種巧合，又是運行東南版的再現（詳見〈求職原來還得看命運〉章），想來也怨怪不了逼我不得不提早退休的那股頑強力量。但願往後的日子，新的學術承諾可以讓我逐漸淡忘那段不愉快的經歷。從此我就真的能夠享有最近所寫〈手工業〉一詩（收於詩集《流動偵測站——列車上的吟詩旅人》中）這種沒有繫縛的生活：

> 攤開稿紙就會看到阡陌
> 我是一個農夫用筆練生產
> 思緒像跑馬燈必須超速追趕

寫了後面靈感來忘了前面

再次回顧又有驀地蹦出的新題材

附錄：作者著作一覽表

一、論著

1. 《詩話摘句批評研究》，臺北：文史哲，1993。

2. 《秩序的探索——當代文學論述的省察》，臺北：東大，1994。

3. 《文學圖繪》，臺北：東大，1996。

4. 《臺灣當代文學理論》，臺北：揚智，1996。

5. 《佛學新視野》，臺北：東大，1997。

6. 《臺灣文學與「臺灣文學」》，臺北：生智，1997。

7. 《語言文化學》，臺北：生智，1997。

8. 《兒童文學新論》，臺北：生智，1998。

9. 《新時代的宗教》，臺北：揚智，1999。

10. 《佛教與文學的系譜》，臺北：里仁，1999。

11. 《思維與寫作》，臺北：五南，1999。

12. 《中國符號學》，臺北：揚智，2000。

13. 《文苑馳走》，臺北：文史哲，2000。

14. 《作文指導》，臺北：五南，2001。

15. 《後宗教學》，臺北：五南，2001。

16. 《故事學》，臺北：五南，2002。

17. 《死亡學》，臺北：五南，2002。

18. 《閱讀社會學》，臺北：揚智，2003。

19. 《文學理論》，臺北：五南，2004。

20. 《語文研究法》，臺北：洪葉，2004。

21. 《創造性寫作教學》，臺北：萬卷樓，2004。

22. 《後佛學》，臺北：里仁，2004。

23. 《後臺灣文學》，臺北：秀威，2004。

24. 《身體權力學》，臺北：弘智，2005。

25. 《靈異學》，臺北：洪葉，2006。

26. 《語用符號學》，臺北：唐山，2006。

27. 《紅樓搖夢》，臺北：里仁，2007。

28. 《語文教學方法》，臺北：里仁，2007。

29. 《走訪哲學後花園》，臺北：三民，2007。

30. 《佛教的文化事業——佛光山個案探討》，臺北：秀威，2007。

31. 《轉傳統為開新——另眼看待漢文化》，臺北：秀威，2008。

32. 《從通識教育到語文教育》，臺北：秀威，2008。

33. 《文學詮釋學》，臺北：里仁，2009。

34. 《反全球化的新語境》，臺北：秀威，2010。

35. 《文學概論》，新北：揚智，2011。

36. 《語文符號學》，上海：東方，2011。

37.《生態災難與靈療》，臺北：五南，2011。

38.《華語文教學方法論》，臺北：新學林，2011。

39.《文化治療》，臺北：五南，2012。

40.《華語文文化教學》，新北：揚智，2012。

41.《新說紅樓夢》，臺北：里仁，2016。

42.《文學經理學》，臺北：五南，2016。

二、詩集

1.《蕉情》，臺北：詩之華，1998。

2.《七行詩》，臺北：文史哲，2001。

3.《未來世界》，臺北：文史哲，2002。

4.《我沒有話要說——給成人看的童詩》，臺北：秀威，
   2007。

5.《又有詩》，臺北：秀威，2007。

6.《又見東北季風》，臺北：秀威，2007。

7.《剪出一段旅程》，臺北：秀威，2008。

8.《新福爾摩沙組詩》，臺北：秀威，2009。

9.《銀色小調》，臺北：秀威，2010。

10.《飛越抒情帶》，臺北：秀威，2011。

11.《游牧路線——東海岸愛戀赤字的旅行》，臺北：秀
    威，2012。

12.《意象跟你去遨遊》，臺北：秀威，2012。

13.《流動偵測站——列車上的吟詩旅人》，臺北：秀威，

2016。

三、散文小說合集

1. 《追夜》，臺北：文史哲，1999。

四、傳記

1. 《走上學術這條不歸路》，新北：生智，2016。

五、雜文集

1. 《微雕人文——歷世與渡化未來的旅程》，臺北：秀威，2013。

六、編撰

1. 《幽夢影導讀》，臺北：金楓，1990。
2. 《舌頭上的蓮花與劍——全方位經營大志典：言辭卷》，臺北：大趨勢，1994。

七、合著

1. 《中國文學與美學》（與余崇生、高秋鳳、陳弘治、張素貞、黃瑞枝、楊振良、蔡宗陽、劉明宗、鍾屏蘭等合著），臺北：五南，2000。
2. 《臺灣文學》（與林文寶、林素玫、林淑貞、張堂錡、陳信元等合著），臺北：萬卷樓，2001。
3. 《閱讀文學經典》（與王萬象、董恕明等合著），臺北：五南，2004。

4.《新詩寫作》（與王萬象、許文獻、簡齊儒、董恕明、
　　須文蔚等合著），臺北：秀威，2009。

走上學術這條不歸路

作　　者／周慶華
出 版 者／生智文化事業有限公司
發 行 人／葉忠賢
總 編 輯／閻富萍
執行編輯／謝依均
地　　址／22204 新北市深坑區北深路三段 260 號 8 樓
電　　話／(02)8662-6826
傳　　真／(02)2664-7633
網　　址／http://www.ycrc.com.tw
　E-mail ／ service@ycrc.com.tw
　ＩＳＢＮ／ 978-986-5960-12-4
初版一刷／ 2016 年 12 月
定　　價／新台幣 420 元

國家圖書館出版品預行編目（CIP）資料

走上學術這條不歸路 / 周慶華著. -- 初版. --
新北市 : 生智, 2016.12
面 ; 公分

ISBN 978-986-5960-12-4(平裝)

1.周慶華 2.臺灣傳記

783.3886   105017346